ビジネスのためのメタバース入門

メタバース・リアル・オンラインの選択と法実務

グリー株式会社
コーポレート本部法務知財部　編

弁護士　関　真也
弁護士　平井佑希　編著

商事法務

はしがき

もし、上司から「メタバースで何かできないか考えて欲しい」といわれたらどうするだろうか。メタバースという言葉は知っていても、エンターテインメント以外のビジネスシーンでどのように利用されているかを知っている人は多くないだろう。そして、実際に利用したことがなければ、ビジネス上の課題がどこにあるのかイメージしにくいのではないか。

実は、メタバース上で発生する課題の多くは、既存のビジネスや、インターネットの利用により生じる既知の問題がほとんどである。しかし、イメージを持ちにくいがゆえに、未知の難しい問題が潜んでいるのではないかと利用をためらうケースが少なくない。

そこで、本書では、第1部においてメタバースがどういうものであるのかを概観した上で、第2部において、読者の方々が日々行っているようなビジネスをメタバース上で展開したらどうなるのか、実例等も交えて紹介している。メタバース上でビジネスを展開する具体的なイメージを掴んでいただくことにより、ありもしない懸念を払拭し、読者の皆様の「メタバースで何かする」ことに対するハードルを解消することが目的である。

こうした目的を達成すべく、本書では企業内で実務を担うメンバーと、この分野に関して専門的な知見を有する専門家が協力して執筆した。ビジネスを行う上での課題は、法的なリスクだけではない。コストに対してどの程度のリターンが期待できるのか、与えられたリソースの範囲内で実施可能な施策なのか等、ビジネスを行う上で勘案すべき事項は多い。読者の皆様の不安を払拭するため、そのいずれの課題にも対応できる内容とするには、両者が協働することが必要であると考えたためである。

しかしながら、1冊の書籍において、多数の事例を紹介しつつ、ありとあらゆる論点を深掘りするのは困難である。ゆえに、本書では、各々の観点から大きなポイントを拾いつつ、詳細については他の専門書等に譲ることにより、結果的に幅広い疑問に答えられる内容とすることで、上記の不安を解消できる構成を目指している。

その意味において、本書はビジネスにおいてメタバースを活用するための入門書という位置付けとなる。冒頭のようなミッションを課された事業担当者の方や、社内でそうした方から相談を受ける法務担当者の方に向けた入門書として、はたまた、これからメタバース分野に参入しようと考えている法律家の方が全体を俯瞰するためのツールとして、幅広くご利用いただければ幸いである。

なお、本書の執筆者はメタバースに関する様々な問題に取り組んだ経験を有するが、世にあるすべてのビジネスに精通しているわけではない。メタバース上で展開されるビジネスそれ自体については、日々実際にビジネスをされている読者の皆様こそが専門家である。また、本書の性質上、すべての論点を網羅することを目的とはしていないため、専門家である読者の皆様からすれば、記述が不足している例もあると思われるが、その点については何卒ご容赦いただきたい。加えて、本書はビジネスシーンを中心とした構成のため、書籍中で同じ論点に言及している箇所が存在する。この点も併せてご了承いただければ幸いである。

本書の執筆にあたっては、様々な方に多大なお力添えをいただいた。本書の企画を提案いただいた梅屋智紀氏およびメタバース総会などの点で助言いただいた松村真弓氏、事業面・技術面から助言いただいたREALITY XR cloud 株式会社の石田正浩氏および皆様、グリーグループの様々な部署との調整に尽力いただいた武田幸輝氏、そしてメタバース事業において、責任ある立場として忙しくされている中にもかかわらず、本企画に快くご協力くださった荒木英士氏、杉山綱祐氏、春山一也氏および水谷誠也氏には、この場を借りて心より感謝を申し上げる。

最後に、本書を無事出版できたのは、慣れない作業で予定どおりに作業が進まない中、忍耐強く、かつ、細やかにサポートいただいた商事法務の辻有里香氏のお力添えあってこそであり、深く御礼を申し上げたい。

2023年8月

グリー株式会社 コーポレート本部 法務知財部
弁護士 関 真也 ・ 弁護士 平井 佑希

目次

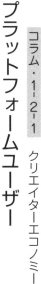

第2部　メタバースビジネス──具体的な活用法と法的な課題

第1章　メタバースビジネス総論

第5章 メタバースで「広告する」（広告出稿・プロモーション活動）

第6章　バーチャルタレント（VTuber）の起用

第3部　メタバースビジネスの未来

執筆者紹介

関　真也（せき・まさや）……………………………………………
関真也法律事務所 弁護士、ニューヨーク州弁護士、上級VR技術者
２００７年東京都立大学卒業、２００８年弁護士登録。漫画、アニメ、ゲーム等のコンテンツやファッションに加え、ＸＲ・メタバース、VTuber、ＮＦＴ、ＡＩ等を多く取り扱い、関連する官公庁の委員も務める。ＸＲコンソーシアム監事、日本商標協会理事、日本知財学会コンテンツ・マネジメント分科会幹事等。主な著作に『ＸＲ・メタバースの知財法務』（中央経済社、２０２２年）、『ファッションロー』（共著。勁草書房、２０１７年）等がある。

平井　佑希（ひらい・ゆうき）……………………………………………
桜坂法律事務所 弁護士、弁理士
２０００年北海道大学農学部森林科学科卒業、２００３年北海道大学大学院農学研究科環境資源学専攻修了、２００７年横浜国立大学大学院国際社会科学研究科法曹実務専攻修了。２００８年弁護士登録、２０１２年弁理士登録。特許、著作権など知的財産権に関する紛争案件を中心に扱う。主な著書として『事例に学ぶ 著作権事件入門――事件対応の思考と実務』（共著。民事法研究会、２０２３年）、『トラブルを防ぐ 著作権侵害の判断と法的対応』（共著。日本法令、２０２１年）等がある。

野﨑　雅人（のざき・まさと）……………………………………………
グリー株式会社 コーポレート本部 法務知財部 副部長、弁護士
２００７年早稲田大学大学院法務研究科法務専攻修了、２００８年弁護士登録。アンダーソン・毛利・友常法律事務所、特許庁総務部総務課制度審議室を経て、２０１６年9月に入社。事業法務グループにて管理職を務めた後、２０２３年10月より現職。メタバース、VTuber、Web3等の事業をはじめ、グループ全体の事業法務分野を統括。近年は生成ＡＩその他のテクノロジーを用いた法務業務の効率化を研究。メタバースのほか、リーガルテックに関する講演等も行っている。

野澤　昌多（のざわ・まさかず）……………………………………………………
グリー株式会社 コーポレート本部 法務知財部 事業法務グループ所属、弁護士
２０１４年弁護士登録後、都内法律事務所、ソーシャルゲーム、イラスト制作会社の法務担当を経て、２０１９年に入社。広告事業、ウェブメディア事業の担当を経て、２０２３年４月より、REALITY 株式会社・REALITY XR cloud 株式会社の法務チームマネージャーに就任。その他、VTuber 事業、ブロックチェーン事業など幅広い業務を担当。

星野　裕香（ほしの・ゆか）……………………………………………………
グリー株式会社 コーポレート本部 法務知財部 事業法務グループ所属、弁護士
２０１４年弁護士登録後、都内法律事務所、ソーシャルゲーム開発会社の法務担当を経て、２０２０年に入社。現在は、ゲーム・アニメ事業およびメタバース事業を中心に、ゲーム開発・ライセンスや、メタバース開発契約など幅広い業務を担当。

本田　真知子（ほんだ・まちこ）……………………………………………………
グリー株式会社 コーポレート本部 法務知財部 事業法務グループ所属
都内総合エンタテインメント企業の音楽部門の契約、著作権管理業務担当を経て、２０２１年に入社。メタバース・VTuber 関連の契約を担当し、現在は所属 VTuber 関連の権利管理や法務業務に係る課題の調査・分析、業務改善などを担当。

第1部

メタバース概論

第1章 メタバースとは何か

I メタバースの定義

1 メタバースの語源

「メタバース」とは、Neal StephensonのＳＦ小説『Snow Crash』(Bantam Books, １９９２年）に登場する仮想空間サービスの名称を語源とし、「高次の……」という意味の「meta」と宇宙を意味する「universe」を掛け合わせた造語だといわれている。しかし、実際は２０２１年10月にFacebook, Inc. がMeta platforms, Inc.（以下「Meta社」）に社名変更し、メタバース事業に力を入れていくという報道に接してメタバースという用語を知った方がほとんどではないかと思う。この頃はまだ、日本政府の審議会などでメタバースについて議論をしているような専門家の方々においてすら、メタバースという用語は知っているがそれが一体どういうものなのか、どういう問題をはらんでいるのかというイメージをお持ちではない方が少なくなかった。

2 インターネット普及開始期との類似性

その後、２０２２年にかけて、急激にメタバースという用語が流行りだし、３ＤやＶＲ的な要素が絡むサービスは何でも「メタバース」関連であると自称するようになる。こうした流れは、１９９０年代半ばから２０００年頃にかけて多くの会社が「インターネット」関連のサービスを展開していると自称していたのと似ている。

今日において「インターネット」がどういうものなのか、それで何ができるのかを知らない人はほとんどいないと思われるが、１９９０年代後半において、パソコンやインターネットの普及率はまだまだ低く、実際にインターネットで何ができるのか知らない人も少なくなかった。

今後、メタバースのことを正しく理解する人が増え、情報の非対称性が解消するにしたがって、自称にすぎなかった事業者は徐々に淘汰されていくものと推測される。

3　インターネットに次ぐ新たなインフラ

それではメタバースとは一体何なのか。細かな話を抜きにすれば、メタバースとは、仮想空間において現実空間と同じように社会経済活動を営むことのできる世界である。実は、メタバースで何ができるのかという質問は、このリアルの世界で何ができますかという質問に限りなく近い。仮想空間内では分身としてアバターを操作することになるが、技術的にはアバターが服を着ることも家に住むこともできる。仕事もできるし、余暇を楽しむこともできる。つまり、できることの幅がきわめて広く、ホワイトリスト形式で書きだすことはおよそ不可能なのである。

逆に、メタバースではできないことには大きく2種類ある。1つは、ソフトウェアによる制約である。ユーザーにとっては、利用しているプラットフォームに起因する制約として表出する。たとえば、仮想空間内で決済を行おうとしても、プラットフォーム側がその機能を実装していなければユーザーは決済機能を利用することができない。現実においても、国や地域によってインフラの状況が異なるように、仮想空間内の環境はおのおののプラットフォームで異なる。

もう1つは、仮想空間を体感するために用いるハードウェアの性能による制約である。仮想空間を体感するために用いるハードウェアの典型はヘッドマウントディスプレイ（ＨＭＤ）である。ＨＭＤとは、頭部装着型のディスプレイであり、ソニー・インタラクティブエンタテインメント社のPlayStation VRシリーズ、Meta社のMeta Questシリーズ、HTC社のVIVEシリーズなどが有名である。HMDには単眼、複眼など、様々な種類のものがあり、性能にも差がある。HMDはディスプレイであり、視聴覚的な効果により仮想空間への没入感を高めることに長けているが、現在の技術水準を前提とすると、HMDなどの一般家庭に普及しているハードウェアでは視聴覚以外の五感を再現することは難しいといった制約がある。なお、ソフトウェアほど直接的ではないものの、プラットフォームごとに対応するハードウェアが異なることを考えると、これもプラットフォーム起因の制約の1つと捉えることもできるだろう。

このように、メタバースを一括りにして「できること／できないこと」を議論することにはあまり意味がない。メタバースを活用するにあたっては、メタバースで何をしたいのかを明確にし、事業者が展開したいサービスに合ったプラットフォームを選択することこそが重要である。これは何も特殊なことではなく、現実でも事業をする際に事前に展開先の地域のルールや環境を調査しているのと何も変わらないといえよう。その意味において、メタバースとは、仮想空間において社会経済活動を行う時代におけるインフラのことであるということができるかもしれない。

◆ コラム・1-1-1　ブロックチェーン

ブロックチェーンとは、個々の取引履歴がブロックのような形で格納され、それが順番にチェーンのようにつながっている分散型のデータベースのことをいう。端的にいえば、不動産取引における登記簿や、取引台帳のようなものである。各ブロックには1つ前に生成されたブロックに基づき算出されるデータ（ハッシュ値）が格納されるため、改ざんすると後続のすべてのブロックに影響を及ぼす。そのため、耐改ざん性が高いとされている。

不動産登記の場合、登記官が提出された申請書などを基準として誤りがないか形式的に審査を行うように、ブロックチェーンについても、トランザクションが形式として間違っていないことを誰かがチェックした上で新たなブロックとしてチェーンに組み込む必要がある。このチェックの方式として有名なものに、プルーフ・オブ・ワーク（PoW）とプルーフ・オブ・ステーク（PoS）の2つがある。

PoWとは、ビットコインやイーサリアム1．0などで採用されている方式であり、多数の者（マイナー）が速度と正確性を競い合ってトランザクションのチェックを行い、競争に勝った者がデータ承認の報酬を得るという方式である。このチェック作業のことをマイニングというが、マイニングには膨大な計算が必要となる。そのため、マイニング競争に勝ち抜くためには十分なマシンパワーおよびそれを支える電力などのエネルギーを確保できる資本が必要となるが、そのような資本を用意できる者は多くない。結果、競争の参加者が固定化してしまう可能性があり、不適切な人間が承認権限を掌握してしまう懸念もあった。

PoSは、PoWで懸念されたいくつかの問題への対抗策を講じた新しい方式で、イーサリアム2．0などで採用されている。PoSとは、文字どおり、投資金額による方式であり、暗号資産を出資（ステーキング）し、出資した数量や保持期間などによってネットワークに選出された者（バリデータ）がチェックを行う。PoSでは純粋なマシンパワーで承認者が決まるわけではないため、消費エネルギーの観点でPoWよりも環境に優しいといわれている。他方、バリデータを決定する仕組みはそれぞれのブロックチェーンによって異なるものの、バリデータになるためには、高い技術と、ステーキングするための多量の暗号資産を必要とする。そのため、PoSの方式をとる場合でも、承認者が固定されるなどの問題は生じがちである。承認者が少人数・固定となれば、乗っ取りの危険に直面する。実際、少数のバリデータノードで構成されるネットワークにおいて、主要なバリデータノードが乗っ取られ、不正取引が発生したという事案が起きている。

また、ブロックチェーンにはパブリック型、プライベート型、コンソーシアム型といった、管理者に応じた分類もある。厳密な定義はないが、ビットコインやイーサリアムといった暗号資産に用いられている場合のように、不特定多数の者がネットワークに参加するタイプのものをパブリック型といい、特定の管理者が存在するものをプライベート型、特定複数の者で共同管理するものをコンソーシアム型と呼ぶことが多い。一般に、プライベート型やコンソーシアム型の方がパブリック型に比べてノード数が少ないため、取引を迅速に実行できるというメリットがある一方で、セキュリティ面では課題が大きい。どのようなブロックチェーンを採用するかは、かかるコストや取引の承認速度、中央集権的な管理を良しとするかどうかといったポリシーなど、様々な要素を総合的に勘案して決定することになる。

なお、不動産登記を例としてあげたように、あくまでこれらのチェックは形式的なものであり、記録されたとおりの取引が実施されたかといった取引の実態をチェックするものではないことには注意が必要である。

◆コラム・1-1-2 Web3

［図表 1-1-1］ Web1.0、2.0、3 における情報の発信

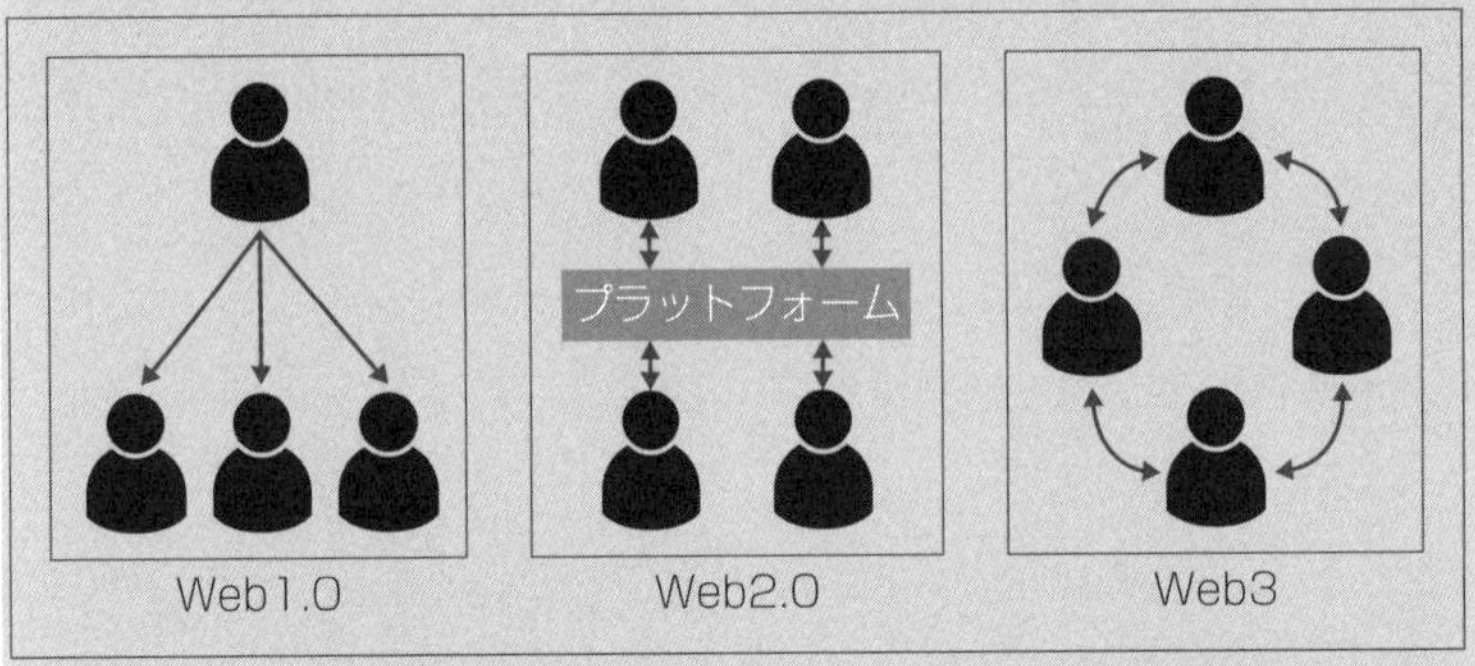

「次世代インターネット」といわれるのが、2021年後半から盛り上がりをみせたWeb3という概念である。明確な定義は定まっていないが、ブロックチェーン技術（**コラム・1-1-1**を参照）を活用した新しい分散型のインターネットの仕組みのことを指し、Ethereum の共同創業者である Gavin Wood 氏により初めて提唱された。

インターネット初期の段階では、情報の発信者・閲覧者が固定され、一部の情報発信者が一方的に発信する情報を、その他多数の閲覧者が閲覧するという形が多かった（Web1.0）。

その後、Web2.0の時代では、X（Twitter）、Facebook、Instagram などを用いて、あらゆる人が情報発信者となることができるようになり、発信者・閲覧者の立場の固定化がなくなった。Web1.0では一方通行だったやりとりが、双方向性を持つようになった。現代のインターネットがこれにあたる。Web2.0では、GAFAMを始めとした特定のプラットフォーム事業者に個人のデータが集中することによるプライバシーやセキュリティが問題とされることが増えた。

Web3では、ブロックチェーンの技術を用いることで、これまで存在したプラットフォーム事業者にあたる中央管理者がおらず、参加者同士が直接繋がる仕組みとなる。一部のプラットフォーム事業者などに個人情報などを提供する必要がなくなり、ブロックチェーン技術によって改ざんも困難となる。中央管理者に集中した情報の流出防止や正確性確保に資することから、Web2.0で問題視された点が解消するとされる。

なお、Web3とWeb3.0は、明確に使い分けられていない場合も少なくないが、2000年代後半にWeb2.0が話題になった際に、今後のWebの発展形としてWeb2.0の延長線上にある概念として取りあげられたのがWeb3.0である。一方、現在Web3といわれるものは、Web1.0、Web2.0と連続性のある概念としてではなく、異なる思想により提案されたものである。そのため、Web3.

0とWeb3とは明確に使い分けるべきであるとも主張される。本書では、「Web3．0」ではなく、前述の「Web3」の概念を採用する。

Web3は、メタバースとあわせて唱えられることがある。本文で述べたように、「メタバース」は明確に定義付けされておらず、その内容によってはWeb3の下でしか成立し得ないものではないので、必ずしも常にメタバースがWeb3とイコールで繋がるわけではない。また、Web3の中央管理者不在という理念の下でも、実際に運営される際には、中央管理者的な存在が発生することも十分考えられる。定義に踊らされることなく、何を実現したいのかに応じて、取り得る方法を冷静に考えていく必要があると考えられる。

II 世の中で「メタバース」と呼ばれているサービス

つづいて、現状において「メタバース」と呼ばれているサービスがどのようなものなのかを概観したい。

1 人のいるメタバース

プラットフォーム内に常時一定数のユーザーが参加しているようなメタバースのことを「人のいるメタバース」と呼ぶことがある。

仮想空間でアバターを操作すると聞いて、多くの人が思い描くのはゲームの世界ではないだろうか。まさにオンラインゲームがこの「人のいるメタバース」の典型例となる。有名なものにEpic Games社の「Fortnite」などがある。

オンラインゲームの場合、通常はプラットフォーム事業者がコンテンツを制作・運営してユーザーに提供することになるが、プラットフォーム事業者以外の企業や個人が提供するコンテンツをコアとしてユーザーを集めているサービスもある。たとえば、クラスター株式会社の「cluster」などである。中間的なものとしては、Mojang Studios社の運営する「Minecraft」やRoblox社の「Roblox」などがあげられるだろうか。

ただ、いずれのパターンのサービスについても、ユーザーの全員が、そこで提供されているゲームその他のコンテンツ自体に強い興味を持っているわけではない。コアとなるコンテンツを目的に集まった人たちと交流することを目的としたユーザーもいる。その意味では「人のいるメタバース」にはソーシャルネットワーキングサービス（SNS）に近い特性があるともいえる。実際、ゲームのようなコアとなる明確なコンテンツはなく、仮想空間内での交流を主目的として人が集まったサービスも存在する。具体例としてはVRChat社の「VRChat」や、Decentraland Foundationの「Decentraland」などがある。「Decentraland」などは、その名のとおり、自律分散型組織（Decentralized Autonomous Organization, DAO）のような概念に親和的なユーザーが一定程度いると考えられる。

一般にメタバースと呼ばれているサービスの成り立ちはこのように様々であるが、サービスインの時期にコアとなるコンテンツが何であったかにかかわらず、典型的なメタバースとされるサービスはいずれも現時点では仮想空間内でのユーザー間でのソーシャルな交流要素に重きを置いているものが多いように思われる。

◆ 事例紹介・1-1-1　REALITY社「REALITY」

アプリ「REALITY」は、REALITY株式会社の提供するスマートフォン向けメタバースである。顔や髪形、服装などのパーツを選ぶことで簡単に自分の3Dアバターを設定できる。アバターには、スマートフォンのインカメラで映した自分の動きを読み取って、目や口を閉じたり、首を傾げたりする動きがリアルタイムで反映される。こうして設定したアバターを用い、顔出しをせずにライブ配信をすることが可能となっている。
ライブ配信は、視聴者とコメントのやりとりをしたり、他のユーザーとゲームをしたり一緒に配信するなどコミュニケーションの場となっている。また、ワールドと呼ばれるバーチャル空間に他のユーザーと一緒に入り、空間ごとの雰囲気やギミックを楽しみながら配信を盛り上げることができる。

2 人のいないメタバース

これに対し、イベント開催時には展示物などの様々なオブジェクトが配置され、多くの人がアクセスしてくるものの、プラットフォーム内に常時人を抱えているわけではなく、普段はただ建物などの箱物が多数置かれているだけのサービスもある。リアルでいえば、東京ビックサイトや幕張メッセのような展示・イベント施設のイメージに近い。

常時人のいるメタバースであれば、百貨店や量販店の催事スペースのように、展示・イベントそれ自体に元々興味がなかったユーザーに対しても自然な形で興味を持ってもらうことが可能であるのに対し、人のいないメタバースではそれが難しい。

他方、人のいるメタバースでは、コアとなるコンテンツやサービスの世界観を壊すような施策や機能を持ち込むとユーザーの体験を損なうことにつながるため、難しい面がある。そのため、専用のイベントスペースを自前で用意したいが、コスト的にゼロから仮想空間を作るのは難しいといった場合には、人のいないメタバースを利用することも選択肢に入ってくるだろう。

Ⅲ 専門家による定義

実際にメタバースと呼ばれているサービスがどのようなものかを概観してきたが、つづいて、専門家がメタバースをどのようなものと定義しているかについて、簡単に俯瞰しておきたい。メタバースの定義については、定まったものがまだない状況であるが、有名なものとしては、舘暲ほか監修の『バーチャルリアリティ学』（コロナ社、2010年）の定義、バーチャル美少女ねむによる『メタバース進化論――仮想現実の荒野に芽吹く「解放」と「想像」の新世界』（技術評論社、2022年）の定義、バーチャルシティコンソーシアムが策定した「バーチャルシティガイドライン」の定義などがある。また、海外でも様々な要人がメタバースの特徴に関する発言をしている（これらの発言の一部をまとめたものとして、日本政策投資銀行産業調査ソリューション室石村尚也らによる「AR／VRを巡るプラットフォーム競争における日本企業の挑戦」（DBJ Research No.354-1, 2021年）などがある）。総務省の「Web3時代に向けたメタバース等の利活用に関する研究会」の中間とりまとめ（2023年）では、その他の専門家の定義例なども踏まえて、「ユーザー間で『コミュニケーション』が可能な、インターネット等のネットワークを通じてアクセスできる、仮想的なデジタル空間」を「仮想空間」として定義した上で、①利用目的に応じた臨場感・再現性があること、②自己投射性・没入感があること、③（多くの場合リアルタイムに）インタラクティブであること、④誰でも仮想世界に参加できること（オープン性）、といった①～④の要素を備えたものを「メタバース」としている。なお、本書での「メタバース」の定義については後記Ⅳで述べるが、まず共通して論じられている項目を以下で取りあげてみたい。

1　3次元空間であるか

多くの専門家は、恒常的にアクセス可能な3次元の仮想空間が存在することをメタバースの要件としている。ある種あたりまえのように感じられるかもしれないが、実際はクオータービューのものなど、3次元の仮想空間がないようなサービスでもメタバースを自称していることが少なくないし、メタバースの話題ではよく登場するVTuberについても、3Dのアバターではなく、Ｌｉｖｅ２Ｄのアバターしかないというものもまた少なくない。そのため、3Dであることを要件とした場合、それだけでメタバースといえなくなるサービスがかなり発生することには留意したい。

なお、一部の専門家は恒常性に加え永続性を要件としているが、その場合、メタバースと呼べるサービスはほぼ存在しない結論となってしまうため、適切とは思われない。

2　他者との体験の共有ができるか

通常のＳＮＳとメタバースの違いとしては、ユーザーが同じ仮想空間内で他者と体験を共有できるという点があげられる。ただ、どのレベルでの体験の共有を求めるかという点で専門家間の意見が分かれている。たとえば、ＨＭＤを使用するなどして十分な没入感が得られることを求める意見もあるが、多くの専門家はそこまでのものを必須の要素とはしていない。推測ではあるが、現時点におけるデバイスの普及率を考えるとＨＭＤ利用者は限られるため、サービス提供者側としてはスマートフォン利用者を視野に入れざるを得ない。そのため、ＨＭＤの使用をメタバース必須の要素としてしまうと、世のサービスの多くがメタバースの定義から外れてしまい、実態に合わなくなることを専門家も懸念したのではないだろうか。そのためあるべき論ではあるが、将来十分にデバイスが普及してきた段階においては、高い没入感が得られるデバイスを使用するサービスであることをメタバースの要件とすることに違和感は示されないのではないかと思われる。

3 同時接続性・リアルタイム性があるか

前記1でも述べたとおり、メタバースの要件としては恒常的にアクセスできる3次元空間が必要であると専門家は口をそろえる。この空間は他のユーザーと共通の空間であり、仮想空間内で行った自分や他のユーザーの行動はリアルタイムに反映、記録されるのが通常である。記録された状態は仮想空間のルールに従って継続することとなり、オフラインの1人用ゲームのように自分の都合で勝手にリセットはできない。

このリアルタイムでの反映という要件は、他のユーザーの行動を当然の前提としている。したがって、複数の者が同一の仮想空間に同時に接続し得ることもメタバースの要件となる。ただ、どの程度の数が同時接続し得ることをメタバースとなるための要件とするのかは、必ずしも見解の一致をみていないようである。同時接続数が多い方がリアルに近づきメタバースらしいとはいえるであろうが、実際にはコストの問題もあって、同時接続数は仮想空間内のアバターその他の表現のリッチさとトレードオフの関係になりがちである。したがって、同時接続数の大小でメタバースか否かを定義するのは適切さを欠くといえるだろう。

4 アバターが存在するか

アバターなど、メタバースで自己を表象するものについては自己投射性、自己同一性など、専門家によってその呼び方は様々である。明示的にアバターの存在を必須の要件と記載していない専門家もいるが、ユーザーがそこにいると感じられるような世界であるという限度において、見解の一致をみているようである。

アバターには様々な種類のものがあるが、前記3で既述のとおり、表現のリッチさ（質）と、同時接続数、そしてコストはトレードオフの関係にある。なお、アバターの質の良し悪しによって、メタバースか否かを線引きする専門家の見解はみあたらないようである。

5　経済性があるか

仮想空間内での取引によって何らかの経済的利益が生み出されるというレベルに留まる見解もあれば、ユーザーがクリエイターとなって、仮想空間内での取引で稼いで暮らしていけることまでを求める見解もある。他方、その重要性は認めるが経済性を必須の要件としては掲げていない専門家もいる。

オープンメタバース（**コラム・2-3-2**参照）についてどのような考え方をとるかにもよるが、特定の仮想空間内で経済圏を確立することをメタバースの必須要件とするのは難しいであろう。たとえば、就労していない社会人や不登校の生徒・学生への支援といった、非営利活動を仮想空間内で実施するということも考えられるところ、こうした活動が定義上メタバースにあたらないとするのは適切ではないからだ。

Ⅳ　本書におけるメタバースの定義

前記Ⅲでみたように、メタバースの定義については、専門家の中でも詳細については意見が分かれており、絶対的なものはない状況である。また、デバイスの普及やメタバース関連のサービスの広がりによって、今後もその定義は変遷していくと思われる。

したがって、メタバースを正確に定義することは難しいが、**第2部**以下の解説の射程を明確にするため、本書においては、**［図表1-1-2］**の要件にあてはまる事例をメタバースの事例であるとして取り扱うこととする。

［図表 1-1-2］ 本書でのメタバースの仮の定義

・ 恒常的にアクセス可能な3次元の仮想空間が存在していること
・ 当該仮想空間において、他者と体験を共有することができること（HMDの利用は必須としない）
・ 同時接続性・リアルタイム性が認められること（同時接続数の多寡は問題としない）
・ 当該仮想空間において活動するためのアバターが存在すること
・ 当該仮想空間において社会経済活動が営まれていること

また、本書では、メタバースと直接の関連性はないものの、世の中ではメタバースと一緒に触れられることの多いVTuber／バーチャルタレントについても、解説することとする（後記第2部第6章）。

なお、［図表1-1-2］はあくまで本書で解説するための仮の定義にとどまる。その内容を大まかに理解するのであれば、メタバースとは「仮想空間において現実空間と同じように社会経済活動を営むことのできる世界」であるといってよいだろう。

第2章 メタバースの参加者たち

前記**第1章**では、メタバースとはどういうものであるかを概観してきた。本章では、どのようなプレイヤーによってメタバースが成り立っているのかを概観しよう。

I プラットフォーム事業者

前記**第1章**で述べたとおり、メタバースには恒常的にアクセス可能な3次元の仮想空間が必要である。いい換えると、そのような仮想空間を提供できるプラットフォームがなければならないことになる。

ここで注意が必要なのは、プラットフォーム事業者＝仮想空間の提供者ではないということである。プラットフォームの中にはプラットフォーム事業者の提供する仮想空間しか利用できないものもあるが、Roblox のようにユーザーが自分で作った仮想空間をプラットフォーム上で公開するものもある。REALITY の場合は、プラットフォーム事業者である REALITY 株式会社が提供する公式の仮想空間（例：桜ワールド）と、事業者が制作する仮想空間の2パターンが存在する。

第1章でも述べたとおり、メタバースでできることはプラットフォームおのおので異なる。あらかじめ用意された既成の仮想空間上でビジネスをするのではなく仮想空間自体をオリジナルにしたいのであれば、それを実現できるプラットフォームを選択する必要があるし、また、仮想空間を自分で作ることができたとしても、使えるアセットが限られていて自由にアバターや建物などをデザインできないなどの制限に直面することもある。他にも、仮想空間内で取引を実施したいのであれば、決済その他の機能があるプラットフォームを選択する必要がある。メタバースを活用するには、自分がメタバース上で何を行いたいかを鮮明化し、その内容に応じたプラットフォームの選択をすることこそが重要なのである。

　たとえば、経済活動のできるだけ多くの部分をメタバース上で行いたいと考えるユーザーにとっては、仮想空間上で稼ぐ手段があることが重要になってくる（コラム・1-2-1参照）。

◆コラム・1-2-1　クリエイターエコノミー

「クリエイターエコノミー」とは、個人クリエイターが行う情報の発信や行動によって収益を得ることができるように設計された経済圏である。

　これまでクリエイターとはごく一部の表現者を指す言葉であったが、現在では誰もが自由に自己を表現し、発信し、その表現が評価されるようになってきた。NeoReach と nfluencer Marketing Hub が共同で行った「Creator Earnings-Benchmark Report 2021」[1] によると、クリエイターエコノミーの総市場規模は約1042億ドルとのことである。

　前記のように「クリエイターエコノミー」が発展していったのは、YouTube, Instgram, TikTok, note, Pixiv, Boothなどのプラットフォームが登場し、そのプラットフォーム内に収益化の手段が整備されたこと、また、新型コロナウイルス感染症の影響によりステイホーム期間が長引いたことで、自宅で楽しめるコンテンツの消費が増加したことが要因として考えられる。

　クリエイターはプラットフォーム内で主に次のような機能を利用して収益を得ている。①自らの動画やブログ内で広告を配信する枠を設ける機能、②クリエイターグッズや、有料コンテンツ、書籍などの販売機能、③動画内やグッズ販売の際に得られる投げ銭機能、④ライブコマース、⑤ファンクラブなどである。
　①、②、⑤は従前も存在していた収益手段であるため説明は不要と考えるが、③、④についてはここ数年プラットフォームが提供を開始した収益手段であるため、簡単に説明する。
　③の投げ銭とは、クリエイターのファンからクリエイターに向けて贈られるおひねりである。YouTube などのプラットフォームでは、動画配信者であるクリエイターに対してコメントをする際に投げ銭を行うことができ、投げ銭を行うことでコメントの表示時間が長くなるなどの効果がある。④のライブコマースは、通販と実演販売を合わせたもので、動画の視聴者と

コミュニケーションを取りながら通信販売を行うものである。

クリエイターエコノミーは、プラットフォームから前記のような機能の提供を受け発展してきた。そして、その発展とともに様々な関連プレイヤーが登場し、利用法が多様化した。たとえば、クリエイターを管理する事務所が登場し、プラットフォームに特化した広告ビジネスが展開され、さらには企業が自社アカウントを作成しECプラットフォームのような要素を持った利用を行うようになった。

すでにメタバース向けのアバターやファッションの売買、空間利用のためのサービス提供を事業とする主体も登場としてきているが、今後もメタバース向けの第3次産業的な産業が増えていき、今後も「クリエイターエコノミー」は拡大していくものと考えられる。

(1) https://neoreach.com/quarterly-reports/creator-earnings-benchmark/

Ⅱ プラットフォームユーザー

前記**第1章**で述べたとおり、メタバースは大まかには、仮想空間において現実空間と同じように社会経済活動を営むことのできる世界であるといってよい。つまり、メタバースには社会経済活動を営む主体、すなわちユーザーの存在が必要不可欠である。

一般に経済活動が営まれる際、そこには情報・モノ・サービスなどを提供する人と、消費する人がいるのが通常である。しかし、その役割は必ずしも人ごとに固定されているわけではない。

たとえば、インターネットを通じてモノを販売する場合、自社ＥＣであれば、提供者と消費者の立ち位置が固定されている。他方、メルカリや楽天ラクマのようなＣtoＣプラットフォームにおいては、ある取引では消費者だった者が、別の取引では提供者となることもある。Amazonや楽天市場などのECモールは企業ユーザーが提供者のメインではあるものの、普段消費者として利用しているユーザーが提供者側に回ることも可能であるという意味で、この中間にあたる。同様に、YouTubeなどのサービスではコンテンツの発信者と視聴者が分かれがちである一方、LINEやDiscordなどのサービスでは参加者間でフラットな交流が行われていることが多い。

これはメタバースにおいても同様であり、企業ユーザーの多いECモールのように、企業ユーザーの提供コンテンツを一般消費者たるユーザーが享受するという使われ方がメインになっているプラットフォームもあれば、ユーザー間でのフラットな交流が盛んなプラットフォームもある。当然、プラットフォームごとに参加するユーザーの属性は異なるため、消費側に回ってメタバースを楽しみたい一般ユーザーとしても、そうした消費者向けにビジネスをしたい企業ユーザーとしても、どういうユーザーが多いサービスなのかを知ることは重要である。

Ⅲ メタバース参入支援事業者

プラットフォームユーザーとしてメタバースに参入する場合、自分のやりたいことに応じて、仮想空間やアバター、メタバース上で売買するアイテムやコンテンツなど、様々なものを準備する必要がある。「REALITY」のアバターのように、プラットフォーム事業者の側でサポートするツールを用意してくれている場合もあるが、プラットフォーム事業者が初期的に提供してくれないケースもあるだろう。また、プラットフォーム側が用意したデフォルトの設定をカスタマイズできるのであれば、店舗や内装などをユーザーが好みに応じて修正したいといったこともあるだろう。

しかし、企業・個人を問わず、そうしたものを用意するスキルを持ち合わせていないことは多いだろう。そこで活躍するのが、メタバースの参入を支援する事業者である。会社業務をデジタル化する際のＤＸ支援業者のメタバース版と考えるとわかりやすい。

企業がＤＸを進める場合、自社のシステム部門がしっかりとプロジェクトマネジメントを行えるのであれば、実際の開発作業についても適切な委託先を選定することで安価に実施することができる。また、自社の事業を正しく理解し、かつ、ＳａａＳなどの商品知識も豊富であれば、適切な商品の選択も容易であろう。この辺りはメタバースも同様であり､単に仮想空間の構築やアバターの制作などを委託するだけであれば､個人のクリエイターなどが比較的安価に対応してくれることもある。

しかし、現状では参入の時点でメタバースやそれにかかわる様々なサービスやツールに関する知識を自社で豊富に備えている事業者は限られるため、自社での完結を目指すよりも専門の支援事業者に頼った方が事業としての成功確率は高いといえるだろう。なお、コストの傾向についてはＤＸ支援と同様である。自分のやりたいことを十全に実現するために独自のシステムを開発しようとすれば高額になるし、既存のＳａａＳを極力利用することにして、やりたいことをシステムにあわせて妥協すれば相応のコストで対処することが可能となる。専門の支援事業者を活用すれば、この辺りのバランスをどうするかのコンサルティングもしてもらうことができる。ちなみに、プラットフォーム事業者がメタバース参入支援も手掛けている場合には、汎用的なアセットやコンポーネントがあらかじめ準備された専用の中価格帯のプランが用意されていることも多いので、メタバースに慣れるまでは、そうしたプランの活用も検討してみるのがよいかもしれない。

以上、**第１部**ではメタバースの大まかな定義や、メタバースにかかわるプレイヤーにどのようなものがいるかについて概観してきた。後記**第２部**では、これらの知識を前提として、実際にメタバースで経済活動を行っていく上で生じる問題について概観した後、実際のメタバースビジネスの現場において予想されるトラブルなどについて、実際の事例も交えて紹介することとしたい。

第2部

メタバースビジネス
具体的な活用法と法的な課題

第1章 メタバースビジネス総論

I メタバースビジネスの種類

前記第1部でみてきたとおり、メタバースとは、仮想空間において現実空間と同じように社会経済活動を営むことのできる世界のことである。しかし、メタバース関連のビジネスは、仮想空間上でのみ展開されるものではない。

1 現実空間とのかかわり

たとえば、仮想空間において社会経済活動を行うためには自分の分身となるアバターが必要である。プラットフォームによってはアバターを用意してくれるところもあるが、せっかくなのでワンオフのアバター（オーダーメイドのアバター）を使いたい人もいるだろう。また、仮想空間上で販売するためのアバターアイテム、自分または自社の専用ワールドなど、メタバース上での活動を充実させるために必要なものというのはたくさんあるだろう。しかし、企業、個人を問わず、これらを自力で用意できる人は少ない。そのため、こうした人々をサポートするために様々なクリエイターがメタバース内外で活動している。第1部第2章で紹介したメタバース参入支援事業者もこれにあたる。

ここで重要なのはメタバース「外」、つまり、現実空間からメタバースでの活動をサポートする仕事があるということである。仮想空間において活動するためにはアバターが必要であるが、メタバースにかかわる仕事に携わるためには必ずしもアバターは必要でない。メタバースと聞くと自分とかかわりがない何か遠い世界のように感じられていた人も多いかもしれないが、当然のことながら現実空間と無関係ではないのである。

2 メタバースはエンターテインメント産業という誤解

また、日本国内でメタバースといった場合、ゲームやライブなど、エンターテインメント系のものをイメージされる人が多いのではないだろうか。仮想空間との親和性が高く、固定ユーザーがつきやすいという特性もあってか、**第1部**でも述べたとおり、メタバースとされる有名なサービスにはゲーム系のものが多い。また、仮想空間内でのアバターでの活動ということもあって、VTuberやバーチャルタレントとの相性も悪くなく、メタバースの文脈でよく登場することからサブカルチャー的な要素を感じ取っている人も少なくないだろう。

こうしたイメージが強いと、会社からメタバースで何か企画せよと指示された場合に、広告・マーケティング系の企画が思い浮かびやすいかもしれない。たとえば、ゲームとのコラボや、バーチャルライブへの協賛、VTuberやバーチャルタレントなどのCM起用といったものである。確かに、これらもメタバースのビジネス利用の一例ではあり後記のビジネスモデル紹介にも登場するが、メタバースにはもっと広い可能性があるのである。

以上を踏まえて、メタバース関連のビジネスをいくつか紹介する。

3 メタバースビジネスの例

(1) メタバース上のオブジェクトに関する取引

まず、メタバース上に存在するオブジェクトに関する取引があげられる。ゲーム系プラットフォームにおけるゲームアイテムの販売が典型だが、ファッションアイテムやアート作品、仮想空間内の土地建物など、多種多様なオブジェクトが取引されている。リアルのアート作品や土地建物の取引のように、かなりの高値が付くこともあり、そのための融資や、保険商品なども存在する。これらについては、後記**第3章**などで詳しく触れる。

(2) メタバース上での体験に関する取引

メタバース上で様々な体験を提供するサービスも多い。傾向としては、①リアルとは別の世界として、リアルではできないような体験を提供するサービスと、②リアルでの体験をメタバース上で疑似的に再現するものに大別される。①の典型は、オンラインゲームなどのファンタジーな世界を冒険するようなケースがあげられるだろう。②の例としては、メタバース上に博物館や美術館、観光地の風景などを再現するものなどがあげられる。ただ、両者は厳密に区別できるものではなく、リアルタレントのオンラインライブをメタバース上で行うにあたってリアルでは再現できないような仮想空間ならではの表現方法を取り入れたり、リアルの都市に寄せて作ったはずのバーチャルシティが徐々にオリジナル要素を取り入れて別物になっていく例などもある。詳細は後記**第4章**などを参照されたい。

(3) メタバース上での広告

メタバース関連のビジネスといわれてイメージするものといえば、やはり広告関連のビジネスだろう。たとえば、人がいるメタバースを念頭に置いた場合、メタバースで活動している人々に向けて広告出稿を行うことが考えられる。当然、そのための代理店業務、広告クリエイティブの制作業務などもビジネスとして成立する。メタバース上でのビジネスに関する広告（たとえば仮想空間上でのライブの宣伝）などもあるが、リアルの商品のブランド認知向上のために行われる一般的な広告も存在するし、いわゆるOnline to Offlineのメタバース版のようなものも存在する。なお、Online to Offlineとは、インターネット上のイベントにおいてリアルでの店舗のクーポンを提供するなど、インターネット上（オンライン）とリアル店舗などのインターネット外（オフライン）での施策を連動させて、オンラインでのユーザーをオフラインに誘導するといった試みのことである。

ｗｅｂ媒体の広告もかつてに比べるとかなりリッチなものが散見されるようになったが、３Ｄである仮想空間ではこれまでにない様々な広告表現が考えられる。メタバースでの広告表現は、リアルにおける屋外広告、屋内広告に近いものをイメージするとよいだろう。ただ、仮想空間であり、物理法則がそのまま適用されるわけではないので、支えるものがない空中にオブジェクトやディスプレイを表示するようなことも可能である。また、インターネット広告であるがゆえに、ユーザーごとに広告を出し分けたり、様々なユーザーデータを収集したりすることが技術的には可能であるという特性も持つ。これらはリアルの広告では実現が難しく、メタバース上で広告することの大きなメリットとなる。その他、メタバース上での広告については、後記**第5章**で詳述する。

(4) リアルでのビジネスへの活用

前記**第1部**でも述べたとおり、メタバースには他者との体験の共有という要素があり、ＳＮＳやウェブ会議ツールとは違ったコミュニケーションの在り方を実現することができる。言語や表情といった情報以外にも、仮想空間上での体験を通じて様々な情報を共有することができるため、より感覚的な説明がしやすい面もある。仕事でコミュニケーションが重要な場面としては、営業活動であったり、オフィス業務であったりといったものがあげられるが、こうしたものにメタバースが活用できるとしたらどうだろうか。

たとえば、通常のインサイドセールスとは異なり、リアルでの商談のように実際に商品を手に取ってもらったり、体験してもらったりすることができる。また、メタバースであれば、その場で商品の３Ｄモデルの色や形を変更してみせることもできるし、海外旅行や宇宙旅行など、実際に体験してもらうことが難しいものを疑似体験させることも可能である。さらには、展示スペースや商談ルームなどをメタバース内に設置することで、リアルで展示会を実施し、遠方からお客様に来てもらうのと同じような体験をしてもらうことも可能であり、実際にそのような例もある。

メタバースの必須の要件ではないが、メタバースとXR（VR／AR／MRを包含した概念）などの技術は相性がいい。XRを用いて没入感を高めることによって、より感覚的なコミュニケーションが可能となるのである。一例として、現時点ではメタバースではないが、アステラス製薬株式会社の「HICARI（Hologram Informed Consent Application with mixed Reality Interface）プロジェクト」をあげておきたい。医療従事者から患者に病状の説明をしても、十分なイメージを持ってもらえず、治療や服薬の継続が低下する要因になることがあるという課題に対し、具体的なイメージを持ってもらう手法として、MRを用いた疾患の疑似体験を実施する取組みである。これもメタバースと連携させれば患者のアバターによりリアルに体験させることができ、さらに罹患時のイメージを湧きやすくすることが可能である。メタバースとMRの連携は医療の世界にも大きく貢献する可能性を秘めている。

海外においても、大きなユーザー人口を抱えているメタバースプラットフォームにはゲーム系のものが多いが、欧米ではメタバース＝エンタメというイメージはそこまで強くはなく、ビジネスの場面でも積極的に活用しようという流れがあるといわれている。今後、日本においても、こうした非エンタメ分野でのメタバースが普及していく可能性が高いのではないだろうか。こうした活用事例については、後記**第2章**などで触れることとしたい。

(5) バーチャルタレント（VTuber）の活用

メタバースそれ自体とは直結しないものの、メタバース関連の話題でよく取りあげられるのがバーチャルタレントの存在である。YouTubeなどで活躍している例が多いことから、VTuberと呼ばれることもある。すべてのバーチャルタレントが3Dアバターを持っているわけではないが、もともとバーチャルな存在であることから、メタバースとの相性はよいと一般に考えられている。他方、バーチャルな存在ではあるが、その活動領域がメタバース上に限られるものではなく、リアルのイベントスペースにてライブを実施する例などもある。

リアルタレントと比較した場合、特に容姿などに関する権利の点で違いがあり、タレントビジネスに加えてキャラクターIPビジネスという側面を併せ持っている。そのため、権利処理の点で複雑になりやすいという留意点がある一方で、ビジネスでの応用範囲も広い。VTuberビジネスの詳細については、後記**第6章**において述べることとしたい。

このように、メタバース関連のビジネスといっても、かなり幅も裾野も広い。先行しているサービスのイメージに縛られず、これまでのサービスとは少し異なる特性を持った、第2のインターネットビジネスと考えると様々な活用方法が思い浮かぶ読者の方もいるのではないだろうか。では、これまでの現実空間での取引や既存のインターネットビジネスとどのような点が同じで、どのような点で異なるのか、メタバースビジネスの特性について簡単にみていきたい。

Ⅱ メタバースビジネスの特性

繰り返しとなるが、仮想空間において現実空間と同じように社会経済活動を営むことのできるのがメタバースの世界である。この点が非常に重要である。メタバースでは、現実空間と同じような感覚で様々な体験をすることができる。裏返すと、現実空間で生じる問題の多くはメタバースでも生じることになるが、ビジネス上の問題も法律上の問題も大半の場合、現実空間での対処法がメタバースでも有効である。

同様に、メタバースビジネスもインターネットを用いていることから、これまでのインターネットビジネスで生じていたものと同種の問題が生じ得る。既存の運用や法律による対処が有効であるのも同じである。すでに述べたとおり、メタバースビジネスのイメージに偏りがあり、未知の領域であるという思いが強いからか、机上の問題をとり上げては規制すべきだという議論をする者も少なくないが、メタバースビジネスに詳しい法律家からはこうした議論に否定的な声もある。

新たなビジネスモデルが生まれることにより、新たな問題が生じることはあるが、これまでのところは技術や運用によって解決できるものがほとんどであり、法規制によらなくとも解決できるものではないかという意見がメタバースビジネスの最前線にいる事業者には、根強い。

しかしながら、メタバースビジネスは現実空間におけるビジネスや、既存のインターネットビジネスと全く同じではないため、正しく対処するためには、メタバースビジネスの特性について正しく理解しておく必要がある。

1　現実空間と仮想空間の違い

メタバースでは、仮想空間において現実空間と同じように活動できるとはいえ、現実空間と仮想空間には当然異なる点がいくつか存在する。すべてをあげることは難しいが、代表的なものを紹介したい。

(1)　アナログとデジタルの違い

たとえば、仮想空間のアバターと現実空間の自分は完全に同期しているわけではない。現在の技術を前提とした場合、触覚や味覚、嗅覚といった十分に再現できない感覚が存在する。また、仮想空間のアバターから得られる情報量と現実空間の生身の五感から得られる情報の内容には差がある。生の「空気感」のような微細な感覚を、メタバースで再現するには限界がある。他方、メタバースはデジタルデータで構成されているため、同じものを再現することには長けている。また、プラットフォーム上におけるユーザーの行動や取引の履歴をデジタルデータとして取得可能であることから、こうした情報の収集や分析、活用といった点でも、メタバースの方が向いているといえよう。ただし、データを理論上取得可能とはいっても、ユーザーの行動や取引などの履歴の取得・活用などには法律上一定の制限が及び得る。加えて、ログの保存にコストを要するなどの事情もあるため、プラットフォーム事業者としては不要なデータを管理しなければならない状況を避ける傾向にある。当然、プラットフォームの利用者としてもプラットフォーム事業者側が管理しているデータの範囲でしか恩恵を受けられないため、注意を要する。

(2) それぞれの環境から来る制約の有無

また、仮想空間においては、現実空間における物理法則がそのまま適用されない。そのため、あくまで現時点におけるという限定はつくものの、メタバースでは現実空間では再現できないような世界を実現することができる。たとえば、現実空間では難しい空間的な広さを確保したり、ある地点から別の地点に瞬間的に移動したりするなど、距離の制約を無視することが可能である。つまり、メタバースでは、希望する広さの会場が押さえられないとか、会場内外の導線上での安全確保、天候の影響などを考える必要がない。装置の補助なく空を飛べる、周囲への騒音を気にする必要がないなど、演出面での自由度も高いといえる。また、物理法則とは少し違うが、アバターの活動する環境が過酷であっても、現実空間の自分には必ずしもフィードバックされないため、極寒や灼熱、無重力などの過酷な環境下での活動の訓練などにも向いているといえよう。

広告表現にも差がある。メタバースでは空中で支えなく静止する厚みのないディスプレイを存在させることも可能であるし、Tシャツやフライヤーをデジタルサイネージとして使うことも可能かもしれない。

他方、前記第1部でも述べたとおり、メタバースはユーザーが使用するデバイスや、プラットフォームによるハード面、ソフト面に起因する制約を受けることになる。そのため、現実空間におけるビジネスと、メタバースビジネスでは、お客様へのフォローの内容や発生が想定されるトラブルの内容も当然に異なってくる。

(3) 「物」と「オブジェクト」の違い

現実空間における「物」と違い、仮想空間上の「オブジェクト」はあくまでデジタルデータであり、実体がないという点もポイントである。ブロックチェーン技術を使ってユーザーに一種の支配権があるかのように振る舞わせることはできるものの、実体がない以上、「物」のように所有権や占有権の客体にはならないため、奪われた場合にこれらの権利に基づいて引渡しなどを求めることはできない。

ＮＦＴアートなどについても、よく唯一無二といったいい方をするが、デジタルデータである以上、アートはいくらでも複製可能なのであって、唯一無二なのは来歴を示すトークンでしかない。アートそれ自体の支配権を獲得したいのであれば、アートの「著作権」を得る必要がある。

しかし、一種の鑑定書のように機能しているＮＦＴと結びついていることによって、そうではない他のアートの複製物にはない経済的価値が付与されているのは事実である。そうした価値に対して何らかの法的な保護を与えるべきとする専門家も一部に存在するが、権利調査（クリアランス）対応の負担の増加など、新たな権利を創設することによる悪影響を懸念する声も根強い。実際、スマートコントラクトやプラットフォームの設計・運用、既存の法令の解釈（たとえば、独占的ライセンシーとしての地位や、準占有など）によって十分対応可能な問題であるように思われるため、こうした権利の付与については慎重な議論が必要であると考えられる。

2　一般的なインターネットビジネスとの共通の課題

すでに述べたとおり、メタバースビジネスもインターネット・ビジネスの一種である。そのため、インターネットビジネスにおいて生じている様々な問題の多くはメタバースビジネスにもあてはまる。以下ではいくつか例をあげる。

(1) 遠隔地の相手方との取引

インターネットビジネスでは遠隔地の相手方と取引をするケースが多い。そのため、一般的には対面での取引に比べて、相手方や取引対象に関する情報を取得することが難しいケースが多い。たとえば、カメラなどを使わなければ写真付きの身分証を提示されたとしても、取引している相手方がその写真の人物であるかを同定することができない。また、「購入ボタン」が押されたとしても、相手方が本当に購入するつもりでボタンを押したのか、誤操作で押したのか、売り手側では当然には確認ができない。買い手側では購入したものと実際に送られてきたものの内容が違うというケースも少なくないだろう。そのため、インターネットビジネスにおいては、未成年者リスクを排除するための年齢確認、なりすましを排除するための本人確認、誤操作でないことを確認するための最終確認画面の提示、エスクロー的なサービスの提供など、様々な対策が講じられている。他方、こうした対策はユーザビリティの低下などを引き起こしやすいため、事業者としては双方を両立させ得るＵＩ／ＵＸの開発に力を入れたり、適法な範囲でリスクを取ってユーザビリティとの間でバランスを取ったりすることが求められる。こうした点は、メタバースビジネスにおいても変わるところはない。

もっとも、抽象的には同じであっても、具体的な取引態様を観察すると、メタバース上での取引には、これまでの一般的なインターネット上での取引とは異なった特徴も散見されるため、注意が必要である。たとえば、隔地者間での連絡はメールなどの発達によって一定程度早くなり、これを受けて民法でも発信主義から到達主義への変更が行われているが、今なおインターネットビジネスに関する規制は即時性のある対話が成り立たない場面を想定したものが多い。他方、メタバースの要素としてリアルタイム性を重視する見解が多いように、メタバースビジネスでは即時性のある形で対話が成り立つケースも少なくないため、メタバース上での「対面」販売に関して、即時性のあるやり取りがなされない一般的な自社ＥＣでの通信販売と同様の措置を講じることが必ずしも適切ではないこともあるだろう。この点、内閣府消費者委員会のデジタル化に伴う消費者問題ワーキング・グループにおいてチャットを利用した勧誘につき、通常の通信販売と異なる点に着目して規制のあり方を検討しているのは興味深い。

また、遠隔地には海外も含まれるところ、メタバースビジネスにおいても、国境を越えたビジネスに関する諸問題を検討する必要がある。基本的には従来のインターネットビジネスに関する法律・実務上の対応が引き続き有効であるが、慎重な検討をすべきケースもある。たとえば、国や地域をまたいでメタバース上で映像コンテンツを同時視聴している場面を想像して欲しい。通常のインターネットビジネスであれば、国・地域ごとに適用法令にあわせて表現内容を修正することはめずらしくないが、メタバース上でこうした対応を取ってしまうと、「他者との体験の共有」というメタバースの重要な価値が毀損されるようなことにもなりかねない。このように、具体的な態様によっては、一般的なインターネットビジネスと異なる配慮が必要となるケースもあるので、実際に問題を検討する際には、両者の違いを踏まえて丁寧に処理することが求められる。

◆ コラム・2-1-1　ICTと地域間格差の是正

ICT（情報通信技術）を活用した地域間格差の是正は、長年日本で大きなテーマの1つになっている。特に近年では、コロナ禍を契機として、「教育」という文脈の中で語られることが多いが、実はコロナ禍が始まる前の２０１８年から、地方への財政支援を含めた、教育のICT化に向けた環境整備5か年計画が文部科学省により策定されていた。
子供たちがスマートフォンを手に動画サイトやSNSなどを楽しんでいるのをみると、若い世代のデジタル機器への親和性は非常に高いように感じるが、教育への利用という観点においては、OECDが２０１８年に行った調査において日本は、デジタル機器を使って宿題をする頻度は50の加盟国中最下位という結果であった。これに対して、ゲームやチャットへのコンピューターの利用は、加盟国の平均値を上回っているから、必ずしも日本の子供たちがデジタル機器を利用しない、ということではないようである。

その日本の中でも、さらに地域によって、教育現場のＩＣＴ環境の整備状況の格差は顕著である。コロナ禍におけるオンライン授業の実施状況などをみても、地域・自治体によってオンライン授業の実施状況などが大きく異なるようであった。

子供たちだけではなく、大人たちも、オンラインでの研修や実習などを行う環境が整備されつつある。現在はオンラインセミナーなどの動画コンテンツが主流であるが、ＶＲ技術を利用した研修やセミナーも徐々に普及してきており、大手企業においても、ＶＲ研修を導入する例が増えている。機械や装置の操作を伴うような作業の研修については、臨場感のある映像で学ぶことができるＶＲ技術との親和性が高い。たとえば、細かい手元の作業などは、大きな会場で実践してみせたり、動画で流したりしても、なかなか臨場感を持って伝えることは困難であるが、ＶＲ技術を活用することで、１人１人の手元で様子を再現することができる。また、危険な場面への対応を学ぶための研修との親和性も高く、危険な状況をＶＲ上に再現することで、臨場感を持って伝えることができ、研修効果が高まる。

ＩＣＴを利用することの大きなメリットの1つは、場所的、時間的な制約から解放されるという点にあるが、地方への移住なども盛んに行われる現在、全国あるいは世界のどこにいても、同じ学びが得られる環境の整備に、ＩＣＴが大きな役割を果たすことは間違いない。日本の通信インフラの状況は、ＷＥＦ（The World Economic Forum. 世界経済フォーラム）が策定する国際競争力ランキングでも、国際的にみて高いレベルに位置しており、ＩＣＴによって地域間格差を解消し得る潜在的な環境は整っているように思われる。今後は、人材面の整備を含め、ＩＣＴを積極的に利活用していくことが望まれる。

(2) インフラなどの影響

メタバースはインターネットを用いているため、物理的に誰かと対面することはないし、そのためのスペースを現実空間に用意する必要もない。リモートワークによってコロナ禍などの疫病の影響を小さくしたり、オフィスのサイズの見直しを行ったりすることができるように、メタバースにも同様のメリットがある。他方、インターネットを用いるがゆえに、サーバやユーザーの利用端末、回線その他の各種通信インフラなどによる制約は避けられない。サーバトラブルや通信障害への対策、推奨端末の設定といった、インターネットビジネスでも行っているのと同様の措置を講じる必要がある。

ただ、メタバースのはしりとされる「Second Life」（コラム・2-1-2参照）のリリース当時である2003年頃、さらには流行した2000年代1桁台後半と比較しても、インターネット環境は劇的に進化しているといえる。今ではあたりまえのように利用されているAmazon Web ServiceやGoogle Cloud Platformなどのクラウドコンピューティングも、登場こそ2000年代1桁台後半（Microsoft Azureは2010年）であるが、日本において普及しはじめたのは2010年代に入ってからである。同年代初頭はまだセキュリティその他への警戒感も強く、平成27年度版情報通信白書（2015年公表）によると、クラウドコンピューティングを「利用している」または「利用していないが、今後利用する予定がある」と回答した企業が半数を超えたのは2014年のことである。

また、ユーザーの利用端末の性能も大きく変容している。初代iPhoneが発表されたのは2007年だが、現在の最新機種の性能とは比較すべくもない。2023年現在、比較的リッチなソーシャルゲームを楽しむのに必要な推奨端末はiPhone8以上のことが多いが、これらは2003年時点の最新鋭機であるニンテンドーゲームキューブ、PlayStation2、ドリームキャスト、初代Xboxの性能を超えている。つまり、当時のゲーム専用機以上のことを汎用の携帯端末であるスマートフォンによって実現できる環境が現在は整っているのである。なお、令和4年度版情報通信白書（2022年公表）によれば、2010年に10%程度であったスマートフォンの世帯保有率は2021年には88.6%となっており、端末別の個人のインターネット利用率も2021年時点でスマートフォンが68.5%とパソコンの48.1%を20ポイント以上上回っていることは注目に値する。1人1人にハイスペックな端末があり、しかもそれが持ち歩かれている時代がすでに到来している。これはメタバースの発展に寄与する巨大な素地といってよい。

また、クラウドコンピューティングや高性能な携帯端末が普及してから相応の年月が経過し、サービス提供者と利用者双方が経験を積んだことにより、様々なトラブルへの対処法が確立されているということも2000年代初頭との大きな違いということができるだろう。メタバースビジネスならではの問題もないではないが、そうした新規の問題も、基本的にはインターネットビジネスで生じている「いつかどこかでみたトラブル」の対処法を組み合わせることで解決することができるため、必要以上に警戒する必要はない。

◆コラム・2-1-2 「Second Life」（セカンドライフ）

近年急激に注目を集めた「メタバース」であるが、2000年代前半にはすでにその先駆けとなるサービスが誕生していた。「Second Life」（セカンドライフ）である。Linden Research, Inc.（通称：Liden Lab）というアメリカの企業が運営している。

Second Lifeは、複数のユーザーがアバターとなって参加する、3DCGで構成されたインターネット上のバーチャル空間であり、ユーザー（「住人」（Residents）と呼ばれる）間のコミュニケーションや経済活動が行われていたなどの点で、すでに「メタバース」としての要素を多く備えたものであった。Second Lifeの中ではリンデンドル（L$）という仮想通貨が流通しており、ユーザーはSecond Lifeの公式仮想両替所でこれを売買したり、他のユーザーに対して商品・サービスを提供することで稼いだりすることができる。稼いだリンデンドルを米ドルに換金することもでき、現実の収入源にもなる。Second Lifeで取引される商品・サービスは実に多様であり、ダンサー、モデル、販売員、建築家、ファッションデザイナー、DJなどの仕事もある。ユーザーは「土地」を購入することもでき、建物やアイテムなどのデジタルコンテンツを自由に配置してカスタマイズしたり、友達を招いてイベントを開催したり、自分の好きな音楽を流したりするなど様々に楽しむことができる。

Second Lifeは2003年に運営が開始され、2007年には日本語版のサービスも開始された。その当初は日本企業を含めて多くの企業がSecond Lifeに参入したが、ユーザー数の伸び悩みにより期待された広告効果が得られなかったなどの要因で撤退が相次いだとされる。

メタバースとしての要素を兼ね備えるSecond Lifeが定着しなかったことから、近時のメタバース・ブームも一過性の流行で終わるのではないかとの指摘がある。しかし、現在では、当時と異なり端末や通信インフラの性能が向上し、価格的にも多くの消費者にとって手の届きやすい環境で高品質なサービスを快適に利用しやすくなったこと、消費者のＩＴリテラシーが向上しメタバースとの距離が近づいたことなどから、２００７年当時よりも格段に障壁が下がっているとも指摘されている（株式会社日本総合研究所 先端技術ラボ「メタバースの概要と動向——ビジネスシーンでの活用に向けて」（２０２２年７月１日）参照）。Second Life 自体も、現在、約60万人の月間アクティブユーザーを抱える有力なサービスであり続けている。

　メタバースの先駆けである Second Life は、メタバースを巡る法律問題を議論するきっかけを数多く提供したという意味においても意義深い存在である。たとえば、アメリカでは、バーチャルオブジェクトの模倣に関する商標権侵害や著作権侵害、メタバース上の土地の所有権、メタバースに関連する紛争の仲裁・管轄などに関して訴訟が提起された事例がある。

　近時のメタバース関連サービスにおいても、先進的な Second Life のサービスを参考にしたと思われるものが見受けられる。メタバースのビジネスモデルや経済圏の形成、法律問題などを検討する上で Second Life が行ってきた数多くの挑戦を参考にすることは今なお有益であるといえよう。

◆主な参考事例

- Complaint, Eros, LLC. v. Linden Research, Inc., No. CV 09 4269 (N.D. Cal. Sep. 15, 2009).
- Bragg v. Linden Research, Inc., 487 F.Supp.2d 593 (E.D. Pa. 2007).
- Evans v. Linden Research, Inc., 763 F. Supp. 2d 735 (E.D. Pa., 2011).
- Amaretto Ranch Breedables, LLC v. Ozimals, Inc., 790 F. Supp. 2d 1024 (N.D. Cal. 2011).

(3) データの取扱い

　現在のインターネット・ビジネスにおいて、データの取扱いに関する問題は避けられない。昨今では、特定の個人の識別に繋がる個人情報だけでなく、それには至らないものであっても、購買履歴や属性情報など、個人にまつわる情報（パーソナルデータ）を広く保護しようという流れがある。他方、こうしたデータはインターネットビジネスにおける競争力の源泉でもあり、その収集や分析は極めて重要といえる。メタバースビジネスもインターネットを用いていることから、その弱み・強みの双方はインターネットビジネスと共通している。プラットフォーム事業者とその利用者の関係性も類似しているといえよう。
以上を踏まえて、メタバースビジネス特有のポイントをみていきたい。

3 メタバースビジネス特有のポイント

(1) 生身とアバターの関係

(i) 五感や動きの共有

前記1(1)で述べたとおり、仮想空間のアバターと現実空間の自分は完全に同期しているわけではない。五感のうち、視覚と聴覚についてはかなりのレベルで同期できるものの、触覚や味覚、嗅覚についてはまだ技術的な制約が少なくない。アミューズメント施設など、大規模な装置を用意できる場であれば、風を起こしたり、身体を斜めにしたり、他の五感を刺激することでより没入感を高めることも可能であるが、一般家庭用の設備ではそういったことも難しいというのが現状である。

また、表情のようなものを含め、人間の動きをメタバースで完全に再現することも難しい。高レベルなダンスパフォーマンスをメタバース上で行っている例もあるように、設備によっては一定のレベルまで再現可能であるが、一般的な機材では難しいのは同様である。

そのため、コンテンツを届ける側としては、そうした違いを意識して演出を工夫することが求められる。また、コミュニケーションも、身体（アバター）の動きだけでなく、感情を表現できるエモート機能の活用なども検討すべきだろう。

◆コラム・2-1-3　視聴覚以外のデジタル化

触覚・味覚・嗅覚という、視聴覚以外の感覚がデジタルコンテンツとなり、ネットワークを介して、いつでも、どこでも、何度でも体験できるようになれば、表現の幅が広がり文化の多様性に寄与するであろうし、受け手のクオリティ・オブ・ライフの向上にも資する。たとえば、飲食物のように味・香りが重要な商品に関しては、ECサイトで購入ボタンを押す前にデジタルコンテンツとして「試食」できればより安心して購入できるかもしれない。観光地の名物料理も、外見だけでなく味や香りの体験を事前に提供し、魅力を伝えられるようになれば、実際にそこを訪れる観光客が増えるかもしれない。触感のデジタルコンテンツ化が実現すれば、着心地が重要な衣料品をオンラインで「試着」することもできるようになるだろう。また、マンガやアニメに登場する料理を実際に味わってみたいものである。どんな味がするのかそれ自体ワクワクするし、作中それを食べて涙したあのキャラクターの気持ちにより深く共感し、作品の中に没入できるかもしれない。登場する料理の味や香りをデジタルコンテンツとして演出する新しい職業も生みだされるだろう。

PC、スマートフォン、タブレット、HMDその他の種類を問わず、現在広く一般に普及しているのは、主に視聴覚に対してのみ訴求するデバイスやデジタルコンテンツである。もっとも、触覚・味覚・嗅覚に作用するデバイスなどの開発・実用化に向けた取組みも活発に行われており、近年開催されたXR関連の展示会でも触覚ディスプレイが注目を集めた。また、画面上の視聴覚に味覚を組み合わせて提示する装置の開発も進んでいるという(1)。近い将来、多くのユーザーがこのような体験をできるようになるかもしれない。

一方で、触感・味・香りのデジタルコンテンツ化が実現した場合、新たな法律問題も生じ得る。たとえば、画像または映像として提示される一定の料理に組み合わされて出力されるデジタルコンテンツとしての味またはそのデータは、著作権、商標権等の知的財産権により保護されるか。味またはそのデジタルデータ単体としてはどうか。保護されるとして、その権利の主体となるのは誰か。

触感・味・香りは、視聴覚に訴える表現と比べ、人や環境によって感じ方が異なる主観的なものであるなどの理由で、これまで知的財産法上の保護を受けにくい位置付けにあったと思われる。しかし、各種パラメーターを設定し、場合によっては映像等の視聴覚コンテンツと組み合わせて任意の触感・味・香りを出力できるようになり、ネットワークを介してこれをやりとりできるようになった場合には、文化の発展、産業の発達といった各種知的財産法の目的に照らし、その位置付けを見直すことが必要になるかもしれない。

（1）宮下芳明「画面に写っている食品の味を再現して味わえる味ディスプレイの開発」。

(ii) 容姿、性別、人格等の異同

プラットフォームにもよるが、現実空間の自分とは異なる容姿や性別を仮想空間のアバターにおいて選択することも可能である。現実空間の自分と繋がる情報の開示を求められないプラットフォームであれば、現実空間とは異なる「自分」を演じることも可能である。掲示板やSNSといった既存のサービスをみても、顕名と匿名、それぞれに特徴とニーズがあったように、メタバースにおいてもプラットフォームの運営者やユーザーコミュニティの選択によってサービスごとの特徴が出てくるものと予想される。

(2) 情報の視覚化

メタバースの特性の1つに、現実空間と同じように社会経済活動を営むことができるという点がある。では、現実空間において、そこで生活する人々の様々な行動を広く観察、分析できるとしたらどうだろうか。これを可能とするのがメタバースである。これまで得ることができなかった様々なユーザーの情報を収集、分析することができるのはメタバース上で事業を展開する者にとって大きな強みとなる一方で、それを望まないユーザーとの関係で一層の緊張関係を生じさせるという意味で弱みにもなり得るといえる。

これまで、新たなインターネットビジネスが生み出されるたびに問題となってきた点であるが、メタバースビジネスにおいても、この点は無視できない問題といえよう。世界的にユーザーの自分の情報に対するコントロール権が強まる中、対象となる情報が必要となる理由をわかりやすく明示し、目的外に使用される不安を払拭するとともに、ユーザーにとってのメリットを提示することが必要である。国によってユーザーのデータに対する規制の内容は異なるが、こうした基本的な部分をしっかり押さえた対応が事業者には求められることになろう。

(3) 知的財産関連

最後に、知的財産関連の問題について簡単にまとめておきたい。知的財産関連の問題は非常に多岐にわたり、内容も複雑なため、詳細は関真也『XR・メタバースの知財法務』(中央経済社、2022年)などを参照されたい。

(i) 著作権法関係

様々な論点が存在するが、重要なポイントとして3点、指摘したい。

1点目は、メタバース内において生み出された著作物の権利についてである。メタバース内には、ユーザーの分身となるアバターや建物を始めとして、様々な著作物が存在するが、これらは基本的にプラットフォーム事業者か、そのユーザー(クリエイター)によって作成、提供されているものである。メタバース上でクリエイターエコノミーを成立させるという観点からは、クリエイター自身が創作物を販売等して収益を得る機会を与える必要はあるものの、かかる創作物に関する権利自体をクリエイターに帰属させる必要はない。しかし、プラットフォーム内で売買することを認めているか否かにかかわらず、創作物に関する権利はクリエイターに留保されているのが通例である(例外としては、そうした著作物がプラットフォーム事業者の提供するアセットの二次的著作物等に該当するケースがあげられる)。他方、他の一般的なインターネットビジネスと同様に、この種のいわゆるUGC(ユーザー生成コンテンツ)については、権利こそクリエイターに帰属させるものの、利用規約などにおいて、クリエイターに対し、メタバース内でのスクリーンショットやスクリーンショット画像でのSNSでの配信といった、クリエイター以外の他のユーザーやプラットフォーム事業者による一定利用権を認めさせることにより、プラットフォームに関するユーザーやプラットフォーム事業者による一般的な活動の妨げとならないような措置が講じられていることも少なくない。また、プラットフォーム事業者が権利を有する著作物やクリエイターが創作したオブジェクトのプラットフォーム外への持ち出しなど、プラットフォーム外での著作物の利用に制限がかかっているケースもある。このように、プラットフォームごとにルールが異なるため、個人ユーザーと企業ユーザーとを問わず、ユーザーとしては自身の希望する用途を充足するルールになっているかどうかを十分に確認する必要がある。

2点目は、メタバース上の上演などの行為の取扱いについてである。現実空間における著作物の利用に関しては、上演、演奏、展示等の行為類型に応じて適切な範囲に権利が設定されるとともに、例外規定が定められている。しかし、メタバース上での著作物の利用に関しては、インターネット上での利用となるため、原則として公衆送信権（および複製権）によって規律されることになる。そのため、文化祭における無償での演奏行為といった、現実空間で行っていれば著作権の制限を受けることなく実施できる行為についても、メタバース上で実施するには権利者の許諾が必要となる可能性がある。先に「現実空間で生じる問題の多くはメタバースでも生じることになるが、ビジネス上の問題も法律上の問題も大半の場合、現実空間での対処法が有効である」と述べたが、この点については現実空間での対処法がそのままは使えないため、注意が必要である。

最後に3点目として、メタバース上の「実演」の問題を取りあげておきたい。著作権法において、「実演」とは「著作物を（中略）演ずること」（著作権法2条1項3号）をいうが、メタバース上でのアバターの操作については、必ずしも生身の身体と正確に同期しているわけではなく、また、エモートなどによって実現される動きもあり、それらが「実演」にあたるのかという問題がある。ケースによっては、1つのアバターの操作に複数人の関与が認められる場合もあり、さらにはそれらの者の行為地が異なる国ということもあり得る。「実演」や「実演家」の定義が国により異なることもあり、こうしたものが著作権法上の「実演」に該当するのか、該当するとして誰が「実演家」なのかについては難しい問題をはらんでいる。そのため、メタバース上での「実演」を事業で取り扱う場合には、権利処理について注意を払う必要がある。

(ii) オブジェクトのデザイン関係

意匠法は、近時の改正によって画像意匠にまでカバー範囲を拡げているが、現実空間における工業製品のデザインに関する意匠権が、仮想空間のそれに当然に及ぶものではない。現実空間における工業製品と、仮想空間における同種製品のオブジェクトデータでは物品として異なり、同じデザインのものを製造するために必要な創意工夫の内容が異なる。単純な形状としては似通っていても両者は意匠としては別物なのである。これに対し、たとえば音楽プレイヤーの操作画像の意匠については、現実空間の工業製品と、仮想空間のオブジェクトデータのいずれに適用する際にも違いがないため、双方に及び得る。

また、デザインについては著作権の適用も問題となり得る。著作権については、みた目（表現）が同一または類似であればメタバース上のデザインにも権利が及ぶが、実用性の観点からデザインに制約を受け得る工業製品等の応用美術に関する著作権の取扱いについては議論がある。現実空間における工業製品のデザインを模倣した仮想空間のオブジェクトに対して、著作権を主張していくのは簡単ではないが、仮想空間内のオブジェクトのデザインを模倣した現実空間の工業製品に対しては著作権を主張することができるという見解が多いようである。これは仮想空間内のオブジェクトは実用性に基づくデザインへの制約が少ないため、現実空間における工業製品とは異なり、著作物性が認められやすいことに起因しているのではないかと考えられる。

したがって、いずれの権利に基づく場合でも、現実空間における工業製品のデザインの権利者が、これを模倣した仮想空間のオブジェクトに対して権利行使するのは容易ではない。しかし、両者に営業上の競合関係があるなど、営業上の損害が権利者に生じ得る場合には、不正競争防止法上の商品形態模倣の主張をもって対抗することができる可能性がある。これまで、同法上の商品形態模倣の主張が無体物である仮想空間のオブジェクトに対して及び得るかは議論があったが、令和5年の同法の改正によって及ぶことが明確化された。重要な改正であるため、自社オブジェクトの保護や他者のデザイン利用を考える場合にあっては、十分に留意されたい。なお、権利主張できる時限的な制約が大きいなど、権利者と利用者のバランスの点で意匠法とはかなりルールが異なるため、注意が必要である。

メタバースに関連する知的財産の問題としては、商標権の及ぶ範囲や商品区分の問題など、ほかにも多数存在する。現行法令の適用解釈によって妥当な解決を図れるものがほとんどであるが、そうした問題の詳細については前掲・関のほか、中崎尚『Q＆Aで学ぶメタバース・XRビジネスのリスクと対応策』（商事法務、２０２３年）などを参照されたい。

第２章 メタバースで「働く」「学ぶ」

Ⅰ 「働く」「学ぶ」ビジネス総論と最新動向

メタバースというと、特別なイベントを行う場、またはプライベートでゲームなどの遊びやほかの人との交流を行う場に使われるというイメージが強いかもしれない。しかしコロナ禍を機に、リモートワークやオンライン授業などが増えてきたのに伴い、ハレの場、非日常だけでなく、日常の仕事や学習の場としてメタバースを取り入れるという選択をする事例も増えてきた。

この章では、「働く」場面でのメタバースの利用として、まず、メタバース上のオフィスで勤務する、という社内における利用を取りあげる。次に、主に子どもに対する「学び」の場面で、授業やほかの生徒・先生との交流へのメタバースの利用を取りあげる。さらに、「働く」場面で、社内の業務に関係する研修におけるメタバースの利用を取りあげる。順序が前後するが、社内研修は、教育の一種と考えられるため、まずは教育の典型的なケースとして子どもに対するものを先に説明することとしたい。最後に、「働く」場面における社内にとどまらない利用として、メタバース上で顧客を相手に働くこと、すなわち、メタバース空間を訪れる顧客に対して、アバターの姿で接客するという場面を取りあげる。リアルでのイベント実施や店舗設置にあたって接客スタッフを置くのと同じように、メタバース上で自社に関係するイベントや店舗運営をするのに、案内や接客をするスタッフの配置が必要となることがある。働き手の視点からも、今後メタバースの発展に伴い、１つの働き方の選択肢として広がっていく可能性がある。

Ⅱ 「働く」「学ぶ」ビジネスのリアルとメタバースの相違点

1 バーチャルオフィス

(1) メタバースにおける「勤務」とは何か

業種・職種により様々ではあるが、一般的なオフィスワークを前提にすると、企業や団体などに就職して働くといえば、それぞれ自宅からオフィス、すなわち企業の本社や支社、営業所といったリアルの場に出社して、常にオフィスにおいて業務を行うというイメージが強かった。

しかし、2020年から始まったコロナ禍を機に、リアルのオフィスに出社して行っていた業務を、リモートワークに置き換える企業が増えた。多くの場合は、遠隔地からでも企業のサーバにアクセスすることができるようにしたり、メール、チャット、ウェブ会議システムなどを用いて他の従業員とコミュニケーションを取れるようにしたりすることで勤務環境を整えることにより実施される。

メタバース上における勤務は、こうしたリモートワークの環境をさらに進めて、メタバース空間内に設けた「バーチャルオフィス」に出勤するというものである。バーチャルオフィスにはリアルのオフィスと同じように、個々の従業員が使うデスクや会議室が用意され、ここに各従業員が自分のアバターを操作して「出勤」する。アバターを自由に動かしてバーチャルオフィス内を移動したり、自分と同じようにバーチャルオフィスに出勤している他の従業員に話しかけたりすることができる。

チャットやウェブ会議システムを使う場合と異なるのは、アバターで３Ｄ空間に入り込むという点である。メタバースにおけるバーチャルオフィスでは、前述したように個々人がそれぞれアバターを自己の分身としてメタバース上で「出勤」させる。３Ｄの映像により、ほかの従業員の様子などがリアルタイムで直感的にわかり、リアルのオフィスと同じように、近づいて声をかけたりすることができる。リアルな状況、シチュエーションを想定しやすく、偶発的、自然発生的なコミュニケーションが生まれやすい。このように、よりリアルタイムの「他者との体験の共有」（前記第1部第1章Ⅲ2参照）が実現できる点が、メタバースを用いないリモートワークとの大きな違いである。

◆ 事例紹介・2-2-1 バーチャルオフィス

1 Meta 社「Horizon Workrooms」

Meta 社の提供する Horizon Workrooms は、バーチャルオフィスについて複数のサービスが提供されている中でも、典型的にイメージされるメタバース上のオフィスである。

仮想空間におけるミーティングルーム機能が主な内容となっており、仮想空間の会議に参加するには、ＨＭＤを装着することが前提となる。適宜選択する資料を仮想空間に表示させて操作したり、バーチャルオフィスに設置されたホワイトボードに手書きで書き込みをしたりすることができる。ＨＭＤを用いない場合でも、2D映像と音声とでバーチャル空間にいるほかの従業員との会議に参加することが可能とされている。

2 oVice 社「ovice」

ovice は、oVice 株式会社が提供するバーチャルオフィスやイベントスペースなどに使えるバーチャル空間サービスである。

クォータービューの2D空間上に執務デスク、会議室や打ち合わせスペースが用意されたバーチャルオフィス空間では、空間内にログインしている従業員のアバターが2Dの画像アイコンで表示される。アバターについては、声が届く範囲が設定されており、ほかの従業員のアバターに自分のアバターを近付けると会話を始めることができる。また、オープンチャットや特定の相手を指定したテキストチャットも利用可能となっている。打ち合わせ時には本人のビデオ映像が表示されるので、顔をみながらやり取りをすることができるようになっている。

なお、oViceが提供するメタバース空間は、3D空間ではなく2D空間であるので、定義次第では「メタバース」からは外れる場合もある。しかし、**第1部第1章**で述べたように、定義上、厳密な意味でのメタバースにあたるかどうかそれ自体は、サービス選択において比重を置く項目ではなく、むしろ自社で必要な機能を備えているかにより、どのようなサービスを利用するかを検討すべきと考えられる。

(2) リアルとメタバースの相違点

まず、後記(i)において、①リアルなオフィスに出社して勤務する場合と、リモートで勤務する場合との違いを検討する。その上で、後述(ii)において、リモートワークのうち、②メタバースを用いない単なるオンライン勤務の場合とメタバース上のバーチャルオフィスで勤務する場合と比較をする。

①、②の前提としてリモートワークにおいては、そもそもその従業員の担う業務が、遠隔地からでも実施可能なのか、という問題を検討する必要がある。物理的に触ったり、物を動かしたり、または従業員自身がその場所にいることが必要な職種についてはリモートワークの導入は難しいことが多い。しかし遠隔操作できるスイッチを設置したり、ロボットを移動させたり手を動かすなどして、遠隔地からでも物理的に出力可能な仕組みを整えることでリモートワークが可能となることもある。また、全員リアルか、全員リモートかという完全な2択ではなく、リアルでの対応が必要な一部人員のみ出社するという方法もある。本項では主に、遠隔地からの業務遂行が容易なPCを用いた事務作業を念頭に置いて検討したい。

(i) リアル勤務とリモートワークの違い

ア 通勤を伴わないという違い

リモートワークでは、従業員が各自の自宅などで業務を行うことから、企業側がオフィスに従業員の人数分のスペースを準備する必要がない。企業側としては、賃料や光熱費などのオフィス維持のコストが減少する可能性がある。また、リアルのオフィスの場合、事業の拡大縮小に伴う従業員の増減に応じて、オフィスを拡大縮小、移転するなどの必要があったが、原則リモートワークとした場合には、従業員の人数の増減の影響は小さくなる。会議室や休憩スペースが足りないなどの問題も出づらいと考えられる。ただ、一部の従業員のみが出社する場合、出社している従業員がウェブ会議に参加するときのために会議室や少人数用の会議ブースの用意は必要であろう。

リモートワークでは、従業員はオフィスへの通勤がないため、居住地がオフィスの所在地までの通勤可能な範囲に縛られず、全国どこに住んでいても問題ない。また、身体的ハンディキャップがあったり、怪我をして歩くことが難しかったりする場合にも、物理的な通勤を伴わずに働けるというメリットがある。身体や手を動かすことが難しかったとしても、視線の動きによりＰＣ操作ができる機能も出てきているので、従来のオフィスへの物理的な出社を前提とした働き方とは合わなかった人にとっては、とり得る選択肢が広がる。

このように、従業員本人の負担も減るが、企業側のメリットも考えられる。通勤時の事故や交通機関の遅延などの問題は発生せず、通勤のための交通費も発生しない。通勤中の労災の対応の場面が減る可能性がある。台風や地震などの災害によって、通勤中の安全確保が図れない、交通機関の運航に支障が出ているなど、出社は控えたほうがよいが勤務自体は可能な場合に、リモートワークでは通常どおり勤務が可能である。ただし、個人の自宅の状況は様々であるので、避難に関する情報が出ていないか、安全が確保されているか、個々の従業員の状況に応じた対応が必要となろう。また、豊かな人材の確保が可能になるメリットもある。

イ　従業員の管理上の違い

リアルの出社を伴うか否かにかかわらず、雇用という形態をとる以上、原則として勤怠管理を行う必要がある。リアル出社の際に打刻機を用いて出勤・退勤を管理していたのであれば、これに代わる方法を採用したり、システムの導入が必要となる。リモートワークは、オフィスの開館・閉館時間や終電の問題がなく、リアルに比べて長時間労働や深夜労働が発生しやすい環境とも考えられるため、個々の従業員の勤務実態の把握は重要である。特に、未成年者を雇用する場合には、深夜労働をさせないなどの勤務時間管理は一層重要となる。

リアル出社の場合もリモートワークの場合も、情報漏洩防止の問題は共通である。リアルのオフィスに出社する場合は、書類やデータの持ち出し禁止の措置をとったり、キャビネットに鍵をかけたり、オフィスの物理的、ネットワーク的なセキュリティ対策などをとることと思われる。これに対し、リモートワークの場合は、ＰＣにセキュリティ対策が必要となるのはリアル出社の場合と同様だが、ＰＣなどの情報機器を各自の自宅に持ち出すことがほぼ必須となるため、持ち出し途中の取扱いや自宅における情報機器の管理について従業員に徹底させる必要がある。

リモートワークでは従業員が物理的に出社しないことから、物理的、身体的接触を伴うタイプのセクハラ、パワハラは基本的には起きない。ただ、セクハラもパワハラも必ずしも物理的な接触があるものとは限らないので、全く対策する必要がなくなるわけではない。言葉や態度などコミュニケーション時にハラスメントの問題が生じ得るのはリアルでもリモートでも同様である。リモートワークでは、ウェブ会議システムやチャットを用いてコミュニケーションをとることから、ビデオをオンにして自分や自室の映像の表示を強いられるようなことが起きることも考えられる。また、チャット機能は24時間利用可能なため、仕事とプライベートの境が曖昧になり、プライベートの時間に上司からの連絡に応えなければならないという悩みも生じる可能性がある。いずれも、企業側として一定のルールを定めることでまずは未然にトラブルを防止する方策を検討しておく必要があるだろう。

一方でリモートワークでは、チャットやメールなどのツールを用いたコミュニケーションが中心になるため、利用するシステム次第ではチャットなどのログが残せることが多く、右のようなトラブルが発生した際には、従業員同士のやりとりのログを検証することが容易である。なお、すでにチャットなどのツールを導入している場合は同様の対応となるが、通信ログを企業側で確認しようとする場合は、通信の秘密や従業員のプライバシーの問題が発生する。すべての履歴を無条件で確認することが許容されるとはいいがたいので、各社において検討の上、就業規則などで社内ルールとして定めて、従業員に周知するなどの対応が必要である。

ウ　勤務に必要な機材・備品などの違い

リモートワークにおいては、従業員の自宅にネットワーク環境の整備が必要となる。企業側において、ＰＣのセキュリティ対策とともに、信頼のおけないフリー Wi-Fi などを利用することのないよう従業員に対する周知が必要である。業務に利用可能なネットワーク環境がない従業員に対しては、モバイル Wi-Fi ルーターの貸与などを検討する必要もあるだろう。

さらに企業側では、リモートワーク中の従業員がアクセスできるようなサーバやリモートワーク用のシステムの用意が必要となる。また、システム側で突発的なトラブルが発生したり、定期的なシステムメンテナンスが行われたりする場合もあり、必ずしも24時間３６５日連続して使いつづけられる保証はない点に留意しておく必要がある。個人単位では、ＰＣなどのトラブルも発生する。ＰＣ作業に慣れた従業員であれば、マニュアルを整備すれば業務遂行に支障がないことが多いかもしれないが、ＰＣが得意でない従業員については、遠隔からのサポートは難しい可能性もある。

業務に何らかの備品が必要になる場合、リアル出社の際はオフィスに用意すればよく、共有とすることも可能であったが、リモートワークにおいては各自の手元に用意することが必要となる。企業側で手配して自宅宛てに送付する、出社した際に持ち帰ってもらう、従業員自身に手配させるなど方法はいくつか考えられる。ＰＣやそのほかの貸出備品を除いて、企業の設備や備品に接触することもないので、破損・紛失・棚卸しなどの対応の必要はなくなるが、従業員に貸与した備品については定期的に所在や状態の確認をすることが必要となる場合もある。また、ＰＣなどの機器に不具合が発生した場合に、代替機器が各従業員の手元に用意されていることは多くないと考えられることから、復旧しないと業務が止まってしまうという問題があり得る。ＰＣ・ネットワークなどのサポート要員を企業側において準備した上で、遠隔からのサポート対応が求められる。

(ii)　メタバースを利用しないリモートワークとの違い

前記(1)で述べたように、リモートワークにおいてメタバースを利用した場合には、同時にバーチャルオフィスで働いているほかの従業員の様子が把握しやすく、業務連携やちょっとした情報共有がはかどるというメリットがある。メタバースを利用しないリモートワークでは、メールやチャットをしてまで伝えるべきことなのか、何か作業や打ち合わせをしているかもしれない同僚に質問してよいのか悩んだり、また、同僚と上司のやりとりを小耳にはさむ、というようなことは難しく、業務に不慣れな新入社員などのフォローが不十分になる可能性がある。バーチャルオフィスにおいては、アバターの状態が表示され、近づいて話しかけるということができることにより、このような悩みはある程度解消できる。

また、バーチャルオフィスでは、アバターを介してほかの従業員と交流を図ることから、自分のみた目が問題とならないという特徴がある。リモートワークでも、ウェブ会議において画面に映る上半身だけ整えておけば下半身はパジャマでも大丈夫、と揶揄するような取りあげられ方をすることもあるが、メタバースでは、任意のアバターの姿で表示されるため、下半身に限らず、上半身、顔や髪形などを整えなくても問題ない。今後は長年一緒に働いていても、1度もリアルの同僚の姿をみたことがない、ということも出てくるかもしれない。なお、サービスによっては、アバターに加えて本人の2Ｄ映像を表示させる場合や、ウェブ会議を利用する場合はアバターではなく本人の上半身の映像を表示させる場合（**事例紹介・2-2-1**の「ovice」がこれにあたる）などもある。勤務中に本人の姿がみえない形で勤務させる場合、雇用したのが書類上の人になりすました他人であったとか、従業員になりすまして第三者が勤務していた、というような事態も可能性としてはあり得ることに留意しなければならない。

リモートワークを行う場合は、既存のメールやチャットシステムなどのサービスを使うことが多いのではないかと思われる。**事例紹介・2-2-1**で紹介したように、バーチャルオフィスにも同様にＳａａＳ型の既存サービスが多々提供されているので、自社で必要な機能を備えたサービスの導入を検討するのがよい。基本的には自社内に閉じた利用となると考えられるため、コスト面、機能、自社で用いているほかのサービスとの互換性などの要素を検討するのがよい。また、「バーチャルオフィス」を１つ契約してもリモート業務に必要なすべての機能が備わっているとは限らないので、連携が必要なシステムがあればそれに対応しているかの確認が必要となる。

一方、既存サービスについて自社の既存のオフィスの間取りを再現した作りにするなど一部をカスタマイズをしたり、自社に必要な機能に特化した内容を新規開発する方法もある。既存サービスをそのまま使う場合は、利用人数に応じて１か月あたりいくら、年間いくらといった料金体系となることが多い。カスタマイズ制作して使用する場合は、利用期間に応じた料金のほかに、カスタマイズのための開発コストがかかる。自社専用に開発する場合は、開発コストに加えて、運用保守のコストがかかってくることにも留意したい。

(3) 個別の問題と法的論点

(i) リモートワークと共通の問題

従業員との関係が雇用関係であることに変わりはないため、労働関係法令の適用がある。通勤時における労災の問題は起きづらくはなるが、リモートワークでも実際に画面の向こうで働くのは生身の人間であることから、その他の場面の労災の問題が皆無になるわけではない。

リモートワークを導入する場合、就業規則に定めている内容の確認をした上で、必要であれば改定の手続きが求められる。従来支給していた交通費の処理や、従業員の自宅における通信環境の整備・維持に要するコストなどの取扱いを検討する必要がある。

リモートワークについては、厚生労働省が「テレワークの適切な導入及び実施の推進のためのガイドライン」を公表しており、労務管理や安全衛生の確保について定めているので、リモートワークを導入する際には参照されたい。リモートワークを行う従業員の自宅については、事務所衛生基準規則は適用されないが、作業環境について、同省により「自宅等においてテレワークを行う際の作業環境を確認するためのチェックリスト」が用意されているので、これを活用して、従業員が適切な環境で業務を行えるよう確保することが望ましいだろう。

多くの場合、従業員本人の自宅において勤務することが想定されるが、従業員が勤務するのは必ずしも本人の自宅に限らない。近頃、ワークとバケーションを組み合わせた「ワーケーション」という言葉をニュースなどで耳にすることがある。たとえば、従業員の希望に応じて柔軟にワーケーションを認めようという場合には、あらかじめ許可基準を示した上で、企業側が許可する場所においてリモートワークが可能とする旨を定めておくという対応が考えられる。

メタバースを用いるか否かにかかわらず、リモートワークに既存サービスを利用する場合は、サービス提供企業が定める利用規約に基づいてＳａａＳなどのサービスが提供されることが多い。利用企業側としては修正の余地がないこともあるかもしれないが、取り扱う情報の機密性に応じて、セキュリティ対策など情報の取扱いに懸念がないかなど、提供されるサービスの内容の確認は必須である。

既存のバーチャルオフィスのサービスを利用する場合は、サービス提供事業者との間の契約が必要となる。自社専用に独自開発したシステムを利用する場合は、自社に対応できる人員がいない場合は、開発契約に加えて運用保守のための契約が必要となることが多くなるだろう。

(ii) メタバースを利用したリモートワーク特有の問題

リモートワークにおいてもハラスメントの問題が生じ得る旨は前記(2)(i)**イ**でも述べたが、メタバース上では、メタバース空間内のつきまといや、デジタル空間におけるアバター同士の接触によるセクハラといった特有の問題も考えられる(詳細は**コラム・2-2-1**参照)。

また、全従業員をリモートワークとし、メタバース上に設置したバーチャルオフィスを本店所在地として法人を設立したいというアイデアも出てくるかもしれない。しかし、法人登記に関して、メタバース空間内に本店や支店の登記をすることはできないため、メタバース上だけでなく、リアルの特定の場所に本店を設置することが必要となる。

◆ コラム・2-2-1　メタバースにおけるハラスメント

人と人の交流が存在する場であれば、ハラスメントが生じ得る。そのことは、メタバース空間も例外ではない。

読売新聞オンラインが2022年11月21日に公開した記事では、メタバース空間でセクハラが横行しており、対策が急務であるなどと報じられた。この記事は、VTuber の「バーチャル美少女ねむ」と人類学者であるLiudmila Bredikhina 氏が全世界876名のメタバースのユーザーを対象に行った調査を元にしたものであったが、バーチャル美少女ねむから、自身のインタビューとともに掲載する約束を反故にされたことや、その報じ方が過剰にメタバースの危険性を煽るものであるなどとして批判され、後日削除されるに至った。

実際の調査内容をみると、876名のユーザーのうち、メタバース上でハラスメントを受けたと回答したユーザーは57.8%であった。受けたハラスメントの内容をみると、ハラスメントの種類としては、「不適切なアバターを見せられる」(69%)、「性的な言葉」(63%)、「性的に触られる」(43%)など、性的なハラスメントが多くみられたが、その程度としては、全体の3分の1は軽度なものにとどまっている。

冒頭で述べたとおり、ハラスメント自体は、人と人との交流が存在する以上、不可避的に生じ得るものであるが、メタバース上でのハラスメントの特徴の1つには、他のオンライン上で起きるハラスメントに比べ、没入感があるため、ハラスメントがリアルに感じられるという点があげられる。前述の調査においても、75.3％のユーザーがVR体験の没入感のためにハラスメントがリアルに感じられたと回答している。

また、リアルと異なり、メタバース上ではリアルとは異なる性別のアバターを演じることもできるが、女性型アバターでプレイしているためハラスメントを受けたという回答が51％を占めた。この点も、メタバース上で行われるハラスメントの特徴として指摘できよう。一方、ハラスメントへの対処法としても、加害ユーザーをブロック、ミュートするなど、特有の対処方法が存在するという点もメタバース上でのハラスメントの特徴としてあげられる。

法的には、リアルとメタバース空間とでは、名誉毀損の成否などの点において、差が生じてくる可能性がある。令和4（2022）年8月31日には、大阪地裁でVTuberへの誹謗中傷が、いわゆる「中の人」に対する名誉毀損に該当するという判決（判例タイムズ1501号202頁）が下され、大きな注目を集めたが、今後は、どのような場合に中の人に対する権利侵害となるのかという点について、判例が蓄積されていくことが期待される。

2　教育

(1)　メタバースの教育活用とは何か

メタバースは、教育分野においても活用されている。コロナ禍以降、教育の場面においてもオンライン授業の導入が増えた。授業のリアルタイム配信ができるツールやウェブ会議システムのようなツールを利用することによりオンライン授業を行うほか、メタバース空間に設置された校舎に通って授業を受けるというものもある。メタバース空間での授業は通信制教育に分類されるが、中学、高校といった学校教育自体をメタバース空間で行うという例はまだ多くなく、塾や予備校などの学校外教育の場面で導入されていることが比較的多い。不登校児童生徒の支援への活用という視点でも注目されている。

また、毎日のようにメタバース校舎に通うというものでなくても、一部の式典や交流イベントだけをメタバース空間で開催するという使い方もされている。具体的には**事例紹介・2-2-2**のようなものがある。

◆事例紹介・2-2-2　メタバース高校・大学・塾

1　角川ドワンゴ学園「N高等学校、S高等学校」

N高、S高は学校教育法に定められる通信制の高等学校であり、2021年から一部にVR学習を導入している。一部のコースでは生徒にHMDが配布・貸与され、生徒はVR授業を受けたり、校内のイベントに参加してほかの生徒と交流したりすることができるようになっている。バーチャル体育祭やドラゴンクエストXオンラインを利用した「ネット遠足」などの課外活動も行われている。

2　東京大学「メタバース工学部」

東京大学では、2022年、「メタバース工学部」が開講され、年齢や地域にかかわらないデジタル技術を利用した教育の場として主に中高生や社会人のリスキリング（学び直し）向けの教育プログラムが提供されている。同年9月には、メタバース工学部の開講式がメタバース上にて行われ、メタバース空間に再現された安田講堂に受講生や教員らがアバターの姿で参列した。

3　早稲田スクール「熊本バーチャル校」

早稲田スクール熊本バーチャル校では、富士ソフト株式会社が提供する教育メタバースシステム「FAMcampus」が利用されている。これは、教室、面談室、フリースペースなどが設置されたバーチャル空間にアバターになって通うことができるサービスである。授業前後のコミュニケーション課題を補完するツールと紹介されており、アバター同士を近づけることで自動的にビデオ通話が開始される機能があり、先生やほかの生徒と簡単にコミュニケーションをとることができるようになっている。授業が始まって教室に座ると、外部のウェブ会議システムに接続され、授業を受けることができる。
なお、「FAMcampus」が提供するバーチャル空間は、厳密には3D空間ではなく、クォータービューと呼ばれる奥行きを感じられる2D空間であるので、定義次第では「メタバース」からは外れる場合もある。

(2) リアルとメタバースの相違点

まず、後記(i)において、①リアルの校舎に通って授業を受ける場合と、オンライン上で授業を受ける場合との違いを検討する。その上で、後記(ii)において、オンライン授業のうち、②メタバースを用いない単なるオンライン授業の場合と、③メタバースを利用した授業の場合とを分けて比較をする。

なお、以下では、基本的には、学校教育法などの規制を受けない塾や予備校などで生徒（子ども）が講師による学校外教育を受ける場面を想定して検討する。

(i) リアル授業とオンライン授業の違い

ア 通学の要否の違い

リアルでもオンラインでも、講師は必要であり、平日、休祝日、長期休暇など生徒のスケジュールにあわせた時間割を組むことが必要な点は変わらない。完全オンラインとした場合には、生徒は自宅で受講することになるので、行き帰りの通学時間を加味して開始時間・終了時間を設定する必要がなくなる。特に帰りの時間については、終電・終バスなど地域の交通機関の事情や、条例などによる夜間外出の制限を考慮する必要がなくなる。ただ、未成年者についてはそもそも深夜遅くまで授業を行うことの是非という問題はあるため、この点については実質的に大きな影響はないことが多いかもしれない。

またリアルの校舎に通学をさせない場合には、校舎を設ける必要がなくなる。もちろん、オンラインとリアルの授業を併用するなど、リアル設備をゼロにしない場合もあるが、アクセスがよく治安にも不安がない場所に全員が入れる校舎を設置する必要がなくなるため、校舎設置場所の選択肢が広がり、賃料など施設維持コストの負担も少なくできる可能性がある。一方、後記**ウ**で取りあげるように、オンラインでは開発、保守運用のためのコストがかかるため、単純に施設維持コスト分のコストがマイナスになるだけではない点は留意する必要がある。

通学、送り迎え時の事故や近隣トラブルへの対処のコストがなくなる。

生徒間の物理的接触もなくなるので、喧嘩などのトラブル対応の頻度も減らせる可能性がある。オンラインでは、私物の紛失や盗難対応の負担もなくなる。基本的には自宅で受講するため、教材や文房具を自宅に忘れた生徒に貸与したり、教室に忘れて帰った私物を預かり保管したりする場面も発生しない。

生徒側も、通学時間がなくなるため、勉強時間が確保しやすくなったり、物理的に近い施設以外も選択肢にあがるため、選択肢の幅が広がるというメリットがある。保護者としても、送り迎えの負担が減り、夕方や夜の通学時の防犯の不安がなくなる。保護者の転勤などによる引っ越しの場合にも、オンライン授業であれば引き続き同じ塾や予備校に通い続けることができる。引っ越し先が海外であったとしても、時差の問題さえクリアできれば引き続き利用が可能である。

リアルの校舎で授業を行う場合、地震や水害などの災害発生時には、塾や予備校側で生徒の安全を図る必要があった。状況をみて休講し、または終了時刻を早めるなどの判断をする必要があるほか、保護者に連絡するなどの対応の負担もある。オンライン授業の場合は、生徒各自の自宅の状況は異なり、基本的には自宅における子どもの安全は保護者にゆだねられるため、塾や予備校側の負担は減ることになるだろう。

イ　いじめ・いやがらせ・欠席時などの対応の違い

物理的接触はないものの、オンライン上だけでも、生徒間のいじめや講師からのセクハラといった問題は生じ得る。利用するシステムにもよるが、リアルの場で行われる場合と異なり、システム側に言動のログが残ることもあるため、被害申告があった際に事実の確認がしやすい可能性はある。なお、公開の場でない1対1のチャットなどの通信ログを塾や予備校側で確認できるようにする場合は、通信の秘密の問題があるためあらかじめ生徒や保護者から同意を得ておく必要があると考えられる。

オンライン授業の場合、リアルの授業の場合と比べて授業の録画が行いやすいため、録画された授業の転売の問題が発生する可能性がある。システム上録画や撮影を禁止する機能を入れることができたとしても、PC画面を直接撮影する方法は防ぎづらいなど完全に防ぐのは難しく、契約した生徒以外の人が授業を受講できてしまう可能性も否定できない。ID・パスワードなどで本人認証をするほか、PCのインカメラで本人確認をして受講を許可するという方法をとることは考えられるが、自宅で隣に座って勝手に授業を聴かれたりすることがあっても把握が難しく、根本的な対策をとることが難しい。

また、オンライン授業の場合、授業を配信するために撮影を伴うことがほとんどと考えられるため、授業の録画を残すことがリアルだけでの授業と比べて容易である。リアル授業でも休んだ生徒のためなどで授業の録画を保存しておくことがあるかもしれないが、オンライン実施の場合はリアルの授業と比べて特別な用意が必要ないため親和性が高い。リアル通学を伴う場合、録画を視聴するために生徒ごとに個別のスペースを用意する必要があることもあるが、オンラインで視聴させる場合には動画視聴できるシステムさえあれば、あとは生徒各自が自分の都合のいい時間、場所で視聴すればよい。生徒側からの復習のために再視聴したいという要望にも応じやすい。

さらに、オンライン授業は、生徒1人1人の手元にPCなどの通信端末があることが前提となるため、授業におけるICTを利用した機能の導入が容易である。講師の質問に対する回答をリアルタイムで選択させたり、アンケートを取ったり、質問や感想を送ってもらうことなどが考えられる。生徒の性格にもよるが、手をあげて質問することは積極的にできなくても、チャットであれば質問しやすいということもあるだろう。

　また、リアル授業の場合は、教室に入れる人数に上限があるが、オンライン授業の場合は物理的な制限はなくなる。ただ、システムによっては上限人数が定められていることもあり、完全に無制限とも限らない。また、双方向で授業を実施する場合には、物理的制約がなくてもある程度の人数に限定しないと効果的な授業が行えないことから、自ずと上限は決まるという側面がある。

　またオンライン授業では、教師と生徒が同じ空間にいるリアル授業と違い、わかりづらそうにしている生徒がいるかなどを教師が生徒の言外の身体の動きで読みとることが難しいことには注意が必要だろう。

ウ　授業に必要な機材・準備などの違い

　リアル授業では物理的な場所さえあれば授業の実施も受講も可能だが、オンライン授業を実施するには、カメラ付きＰＣまたは撮影配信のための機材、通信環境、そして、オンライン授業を行うためのシステム、ツールの準備が必要となる。受講する生徒側でも、ＰＣなどの通信機器と通信環境の準備が必要となる。塾や予備校においてオンライン授業の配信は提供するサービスの中心部分であるので、映像や音声が途切れたり途中で止まったりするなどの通信トラブルは避けなければならない。そのため、安定した通信環境を整備した上で、機材トラブルの対応要員を確保しておく必要がある。通信環境に問題がなくても、システム、ツールにトラブルが生じることも考えられる。

　オンライン授業を行うためのシステムやツールは、既存のサービスを利用することがまず考えられる。自校で必要な機能を備えたシステムを独自に開発することも考えられるが、既存サービスを組み合わせて利用する方がコスト対効果の面からは優れている可能性が高いからである。

　それぞれの生徒の自宅でＰＣなどを用いて授業を行うことが想定されるため、生徒の年齢によっては、ＰＣなどの情報機器の機能制限やフィルタリングの問題にも直面し得る。塾や予備校側がＰＣなどを貸与することがなければ、対策は家庭側において行うことになると思われるが、その場合でも塾や予備校側での対応も必要となる可能性があることには留意したい。

(ii) (単なる) オンライン授業とメタバース授業の違い

メタバースを教育に利用すると一口にいっても、校舎への通学から授業の受講まですべてメタバースで行ったり、メタバース校舎に通学するが授業自体は2Dの映像配信により行ったりするなど、メタバースをどこまで利用するかという点でグラデーションがある。メタバース空間でコミュニケーションをとる点についても、あくまでアバター同士の姿で話すサービスもあれば、話をするときはカメラにより本人の映像を映し出すというサービスもある。本書では、すべてをメタバース空間内で、アバターの姿により行うことを「メタバース授業」と定義して検討する。

メタバース授業の場合、授業の終了後に教室やロビーなどのフリースペースで講師やほかの生徒と交流することができる。ちょっとした質問を気軽にできたり、雑談をすることで講師との距離が縮まったり、仲間と勉強する環境がモチベーションにつながるというメリットがある。

一方、単なるオンライン授業の場合、顔の正面映像だけで細かな反応を読みとることは難しいことが多いと思われる。メタバースの場合でも、少なくともＨＭＤを利用せずＰＣやスマートフォンでアバターを操作する場合には、生徒の細かなリアルの動きは反映されず、積極的に反応しない生徒の様子は読みとれない。居眠りをしているのか黙考しているのかの区別がつかないのである。一方でＨＭＤを利用する場合には、頭の動きや手の動きが反映されることから、リアルの場合に講師が受け取れる情報に少し近づくものと考えられる。

生徒の年齢が低くなると、メタバース空間にログインした状態でもリアルでは別のことに気を取られていたりするなど、集中して授業を受けていない場合が少なくないと考えられるが、アバターにリアルの動きが反映されないシステムを使った場合には、生徒の様子が講師側で全くわからないという事態が生じ得る。その意味では、アバターで授業を受けるよりも、リアルタイムの表情が表示されるウェブ会議システムのような仕組みの方が低年齢の生徒には向いているかもしれない。

子どもにＨＭＤを利用させようとする場合、ＨＭＤの機器側に年齢制限がある点に留意する必要がある。PlayStation VR の対象年齢は12歳以上、Meta Quest は13歳以上とされている。発育途上の子どもの目に悪影響があるといわれていることや、大人の身体にあわせたＨＭＤは身体の小さい子どもに対して負担が大きいことなどから、各社制限が設けられているのである。

(3) 個別の問題と法的論点

塾や予備校によるオンライン授業の際にインターネットを通じて教材を生徒の端末画面に映すことは「公衆送信」（著作権法23条）に該当するため、教材に使う絵、図、文章や映像などの著作物について、許諾を得ることが必要となる。これに対し、塾や予備校以外の、営利を目的としない学校などの教育機関の授業において公衆送信の方法で利用する場合には、所定の要件を満たすことを条件に著作権法35条1項の権利制限規定が適用され、許諾が不要となる。授業をオンライン配信する場合も、メタバース上で授業を行う場合も、公衆送信に該当することに変わりはないため、これらの点においては権利処理の必要性に違いは出ない（ただし、オンライン授業のみを行うか、対面の授業とオンライン授業を同時に併用するかによって、補償金を支払う必要があるか否かが変わってくる場合があるので注意を要する。営利を目的としない学校などの教育機関の授業における利用について同法35条1項により許諾が不要になる場合、原則として教育機関設置者が補償金を支払うことになるが、同条3項は、対面授業と同時に行われるオンライン授業における著作物の公衆送信については例外的に補償金の支払いを要しない旨を定めているからである）。

授業を行う講師との関係では、講師の口述に著作権が発生する場合や、講師の口振りや身振り・手振りが著作権法上の「実演」に該当する場合には講師またはその所属する教育機関との間で、授業の配信や録画、そのほかの利用について権利処理が必要となる。

教育の場では、相手にする生徒は未成年者であることが多いことから、未成年者の保護という視点も必要となる。ハラスメント対策や、時には生徒同士が出会い系サイトのように利用することを防止する対策も必要となることも考えられる。

前述の生徒本人以外による受講防止や、無許可の録画、録音、授業動画の転売については、塾や予備校側と生徒との契約において禁止事項を定めた上、保護者と生徒本人にわかりやすい資料をもって説明する必要がある。確実に本人の出席を求めたい場合には、カメラ画像オンを必須として、塾や予備校側で受講時の様子を確認できるようにしたりするなどの対策が考えられる。

メタバース上などで生徒と講師間、生徒同士で1対1または特定のメンバーの間でクローズドなやりとりができるような機能がある場合、電気通信事業法上、届出などの対応が必要になる。また、生徒間のトラブルなどにより、塾や予備校側でチャットの内容を確認する必要がある場面があるような場合は、通信の秘密の問題があることから、個別の同意が求められ、塾や予備校側が自由に閲覧することはできない点についてあらかじめ対応を検討しておく必要がある。

メタバースの開発や運用保守については、バーチャルオフィスの場合と同様に考えられるので、前記**1**(3)(i)で述べた内容を参照されたい。

3　メタバース研修

(1)　メタバース研修とは何か

本項で取りあげるメタバース研修とは、これまで、リアルの会議室や研修施設、もしくはウェブ会議システムなどを用いて行っていた各種研修をメタバース空間において行おうというものである。

リアルでは機械の操作など、会議室において口頭の説明だけで教えようとしても限界があり、一方で、体験させながら教えようとすると、相応のスペースや設備が必要になってくるという問題がある。メタバース空間におけるリアルの設備や現象の再現度は様々であるが、メタバースであればＨＭＤと３６０度映像を用いることでより没入感を高めたリアルな体験が可能になり、学習効果も高まる。

この項では、メタバース研修を２つに分けて説明する。１つ目は、メタバース空間に研修設備を用意して、受講者が何かを体験しながら学ぶタイプの研修、２つ目は、メタバース上に集まって講義を受けるタイプの研修である。後者は前記**2**で取りあげたような教室における授業を企業内などで行うことをイメージしてもらえればよいだろう。もちろん、これら２種類の研修を併用し、または複合的に用いることも可能である。なお、メタバース空間での研修ではないが、ＶＲ技術を使った研修についても後記(4)で取りあげる。

◆事例紹介・2-2-3　メタバース（新人）社員研修

1　凸版印刷社の新入社員研修

凸版印刷株式会社では、2022年4月から3年連続で、新入社員研修を完全オンラインで行うこととした。同社が開発したスマートフォン向けバーチャルショッピングモールアプリを、コミュニケーションのためにカスタマイズして活用することとしている。メタバース空間において、研修期間中の新入社員同士、また、先輩社員と会話をすることができる(1)。

2　KDDI 社の社員研修

KDDI 株式会社では、株式会社 Synamon が提供するビジネス向けのバーチャル空間サービス「NEUTRANS BIZ」を利用し、メタバース社員研修を実施した。山口県にある同社の衛星通信センターの360度映像コンテンツを視聴しながら、ほかの参加者とコミュニケーションをとることができるものである。ドローンを使って空撮した映像を用いており、現地に行っても通常みることのできない角度から同施設を見学することができるようになっている(2)。なお、Synamon 社は現在カスタマイズを伴う新規のサービス提供は行っておらず、別の新規サービスを提供することとしている。

(1)　https://www.toppan.co.jp/news/2022/03/newsrelease220330_1.html
(2)　https://prtimes.jp/main/html/rd/p/000000029.000025330.html

(2)　リアルとメタバースの相違点

(i)　メタバース空間の研修設備で研修を受ける場合の違い

ア　研修内容による違い

リアルの設備を用いる場合、講師や受講者は物理的に設備がある場所に集まることが必要となるが、メタバース開催の場合はそれぞれPCなどの機材とネットワーク環境さえあれば全国どこにいても問題なく、1人1人が違う場所からでも等しく参加可能である。限られた人数しか対応できない場所、危険な場所、離れた場所にある複数の地点などで研修を行いたい場合、メタバース上での実施に優位性がある。メタバースでは物理的な事故の可能性がなく、アバターが参加できる人数はリアルの場所の物理的な制約はかからず、リアルの場所を再現したメタバース空間を複製すれば、並行していくつかのグループが同時に同じ場所の体験をすることもできる。離れた複数の場所を再現した空間に一瞬で移動するのは、まさにメタバースの得意とするところである。

また、メタバース上に設備を構築すれば、実際の工事現場や工場などの環境や物理的な素材の準備も片付けも不要になる。たとえば、高価で体験するために消費が必要となる素材を研修に使いたい場合には、メタバース上で行う研修に優位性があると考えられる。研修設備、資材などのデジタルコンテンツは、1度制作すると何度でも利用が可能で、消費してなくなるという概念がないからである。また、精密機器など慎重に取り扱う必要がある設備についても、動作を失敗して故障させてしまうということはない。

しかし現時点でのメタバースでの研修は主に視聴覚的再現となり、五感すべてで体感できる点はリアルに優位性がある。開発における再現度の高さをどこまで求めるかにもよるが、質感や重量感などの触覚的な部分や味覚、嗅覚の再現はまだ難しい。一方で、高所作業場所からの落下や建物内の火災など、リアルで体験させることが難しい事故や災害の再現をいつでも体験させることは可能であるので、内容により使い分けをするのがよいのではないだろうか。

リアルの設備を用いて研修を行う場合、講師やほかの受講者と時間をあわせる必要がある。メタバースで行う場合も同じように日程調整は必要である。

イ　研修に必要な機材などの違い

メタバース研修を行う場合、ＰＣなどの機材、ネットワーク環境が必要となる。必須ではないが、没入感を高めるためにはＨＭＤを利用することもできる。リアルの研修設備に代わってメタバースを用いようという場合、平面のディスプレイではどうしても臨場感が劣るため、研修内容次第ではあるが、コスト対効果を鑑みつつＨＭＤの利用も検討するとよい。現在のＨＭＤの普及度からすると、個人で所持していることは多くないので、基本的には研修を実施する企業側で同時受講する人数分の機材を準備する必要があると思われる。ＨＭＤは購入するほかレンタルサービスを実施している事業者もあるため、利用回数が少ないなどの事情に応じて、そういったサービスを利用して機材を試験的に導入することも可能である。受講者が自宅で受講する場合は、おのおのの手元に準備する必要があり、個別に郵送したり、事前に持ち帰ってもらうなどの対応が必要となる。そうした対応が難しい場合は、どこからでもアクセスできるメタバース研修といえども、ＨＭＤを用意してある場に集まることが必要となる。それでも一部は事業所に集まり、一部の遠隔地宛てには郵送するなどの柔軟な対応は可能である。

メタバース研修ではＰＣ、ＨＭＤの機材トラブル、メタバースのシステムやネットワークトラブルなどが発生する可能性がある。

ウ　メタバース研修の開発

メタバース上で研修を実施しようとする場合、既存のプラットフォームをベースに自社用の研修設備を構築する方法、自社専用のメタバース空間の開発をする方法の２つがある。前者は、すでにベースがあるので、開発の自由度には制限があることがあるが、後者に比べてコストが安価で、開発期間も比較的短期であることが多い。研修のために３Ｄ空間に再現する必要のある設備機材がなければ、開発自体も不要となる可能性もある。後者は、自社において実現したいことを自由に組み込むことができるが、ゼロから開発する必要がある分、コストも大きく、開発期間も長くなりやすい。いずれの方法でも、実際に開発したメタバース空間を研修に利用する場合、リアルタイムで受講者がアクセスして利用するためにはサーバを維持する必要があり、また、利用中のシステムトラブル対応のために保守人員が必要となる。契約形態は様々考えられるが、ＳａａＳ型で提供されているサービスについては保守対応が利用料金に含まれていることが多い。そのほか、利用中の運用サポートが必要な場合は、契約内容を確認の上、必要に応じてオプションでの契約を検討する必要がある。既存のプラットフォームをベースに開発した場合には、初期のメタバース空間構築のための開発契約に加えて、サーバの維持を含めた利用期間中の運用保守契約を継続的に締結することが多いと考えられる。ゼロから自社のために独自開発した場合も、自社でまかなえない場合にはやはり運用保守契約などが必要になると考えられる。また、1度開発したものをアップデートをせずに永久に使いつづけることは基本的には難しいと考えられる。ＯＳのアップデートやセキュリティ要件の変化など、最新のインターネット環境にあわせたアップデート開発が必要となる。

リアルの研修では、新しい資材が導入された際には、すぐに研修内容に取り入れることができる場合が多いと思われるが、メタバース空間において3Ｄオブジェクトとして再現しようとすると追加開発が必要となり、即時反映は難しい可能性がある。メタバース空間内で触れることができる3Ｄオブジェクトとしてではなく、写真や映像を用いるのであれば反映のハードルは高くないことが多いと考えられる。

(ii) メタバース上で研修を受講する場合の違い

まず後記**ア**において、①リアルで研修を開催する場合と、オンラインで開催する場合との違いを検討する。その上で、後記**イ**において、オンライン開催のうち、②ウェブ会議システムを利用する場合とメタバースを用いて実施する場合の比較をする。

なお、ここでは、メタバースの特性から、リアルタイムで講師と受講者、または受講者同士がつながることを前提として考える。録画映像を1人で視聴するなど、リアルタイムで誰ともつながらないとすると、「同時接続性・リアルタイム性」（前記**第1部第1章Ⅲ3**参照）が必要なくなるため、メタバースで実施する意味がほとんどないからである。

ア　リアル実施とオンライン実施の比較

前記(i)で述べたのと同じように、オンライン研修でも講師と受講者全員が場所的に一堂に会する必要はないが、日程調整はいずれの場合も必要となる。講義形式で実施する場合、講堂や会議室の準備が必要となるが、オンライン開催の場合は場所の準備が不要で、収容人数もリアル会場の規模に縛られない。一方で、ＰＣや配信のための機材、受講者側にもそれぞれ受講するための機材やインターネット環境の準備が必要となる。

イ　メタバースでの実施とメタバース以外のオンラインでの実施の比較

いずれも物理的な収容人数の制限はないが、配信システムの利用人数が契約上またはシステム上制限されていたり、メタバースでは1つの空間に同時に入れる人数が制限されていたり、それぞれ一定の制約はあり得る。

講師がスライドを表示しながらしゃべったり、映像をみせるだけの研修の場合、単なるオンラインでの実施と比べてメタバースでの実施にあまり優位性はないように思われる。メタバースの場合、リアル講義を実施するときと同じように、目前に講師が立ち、隣の席に受講者仲間が座っているという、一緒に講義を受けているという感覚を得ることができることにどれだけの価値があるか、という点が1つの判断要素になる。近くに座っているほかの受講者とディスカッションしたり、グループを組んで業務シミュレーションをしたりするような場合はメタバースでの研修に優位性があるかもしれない。また、新入社員研修など、ある程度長い期間にわたって同じメンバーで研修を一緒に受けるという要素がある場合は、単なるオンライン開催に比べて、受講者同士の交流の機会が増えるというメリットがあると考えられる。

講義への没入感を高めるにはＨＭＤが必要だが、講義型の研修においてＨＭＤがどれだけ必要かという点は検討の余地がある。ＨＭＤの軽量化にも限度があり、長時間装着した場合には身体にも負担がかかる。また、人によってはＶＲ酔いを起こす可能性もある。ＨＭＤを使用する場合の課題は前記(i)で述べたとおりである。

単なるオンライン開催の場合はゼロから独自開発するよりも、サービス提供会社が提供する既存のウェブ会議システムなどを利用する場合が多いのではないだろうか。そのような場合は、実質的にはサービスの維持といった運用保守的な要素はサービス利用契約の中に前提として組みこまれており、意識することは少ないかもしれないが、独自に開発したシステムを利用する際にはこの点も重要な要素となる。

メタバース空間の開発については、(i)で述べたところと同様である。講義形式で実施する場合は、自社に特化したメタバース空間が必ずしも必要ではないため、プラットフォーム事業者がパッケージとして提供するサービスをそのまま利用するという選択肢も考えられ、自社のために開発する必要がない場合もある。この場合は、ウェブ会議システムを利用する場合と同じ契約関係となる。

講義形式で実施する場合、研修内容を変更するときに、新規の３Ｄオブジェクト開発の必要性がある場面はそれほどなく、基本的にはスライド資料や映像の差し替えと考えられるため、研修内容変更による追加開発の必要性やコスト負担はそれほど大きくないことが想定される。

(3) 個別の問題と法的論点

既存の資料、映像などをメタバース研修で利用しようとする場合、著作権などの権利処理の問題がある。これはメタバース上で用いる場合を含め、オンライン上で用いる場合には必ず確認が必要な事項である。自社に権利が帰属するものなのか、第三者から許諾を受けているものであれば利用範囲の点から問題がないかを確認し、その結果によっては権利処理のための契約をする必要がある。

前記(2)で述べたように、メタバースにおける研修コンテンツの開発契約を締結する場合、当該コンテンツの権利帰属の問題がある。プラットフォーム事業者やベンダ側が有している既存の内容をベースに開発した場合、既存の部分の権利譲渡を求めるのは難しい。自社向けに新規開発された部分の権利については自社へ譲渡を受けることは考えられるが、譲渡を受けさえすれば何にでも使えるようになるというものでもない。これはつまり、全く別のプラットフォームと互換性があるのか、という問題である。メタバースは共通プラットフォームが定まっているわけではないので、必ずしもすべてのコンテンツについて、同じ内容をどこのメタバース空間でも使えるということにはならない点には留意が必要である。

また、設備、機材などの物理的な物品をメタバース空間に３Ｄオブジェクトとして再現しようとする場合、何でも自由に制作することが可能とされるわけではない。著作権、商標権などについて権利侵害が発生する可能性があるため、オブジェクトの制作が権利侵害にあたらないかを確認する必要がある。

既存プラットフォームをベースに自社の研修コンテンツを制作した場合、当該プラットフォームのサービス提供が継続していることが利用の前提となるため、サービスが終了した場合、それ以降継続して利用できる保証はない。長期間運用することにより採算をとることを前提としている場合には、サービスが終了する場合の対応について想定した上でプラットフォーム事業者などと協議しておく必要がある。また、基本的には特定のプラットフォームに依存するため、当該プラットフォームとの契約が継続していることも必要となる。

(4) VR研修

一般的なメタバースの定義からは外れるが、近しいものとしてVR研修がある。メタバースを利用する場合と異なるのは、「同時接続性・リアルタイム性」である。前記**第1部第1章**で述べたように、この項で取りあげるVR研修は、他者との体験の共有という要素がないため、メタバース研修にあたるとストレートにはいえないものと考えられる。比較対象になる研修として、講師がおらず双方向性がないもので、映像視聴で完結するタイプの研修やeラーニング形式によりPC上で行う研修などがあげられる。

VR研修は2種類に分類できる。1つは、従来２Ｄ映像を用いて行っていた研修を３６０度動画に置き換えるというものである。もう1つは、３Ｄ空間を制作し、研修受講者が空間内を自由に動いてみてまわることができるようにする、というものである。前者はＨＭＤを用いない場合には３６０度映像の中央のカメラ視点を自由な向きに操作できるほかは２Ｄ映像をみているのと変わりがないことになる。後者はＨＭＤを用いることで２Ｄ映像を用いる場合と比べて没入感を高められるが、自分で視点を動かして３６０度みることもできる。いずれも没入感は落ちるものの、HMDを使わないという選択もあり得る。

VR研修をリアルの会議室に集まって行ったり、ウェブ会議システムを併用するなどして、講師が直接説明したり質疑に応じたりすることにより、「他者との共有」要素を取り入れることができるので、VR研修でも実質的にはメタバース上で行う場合と遜色ない研修の実施も可能と考えられる。

必ずしもメタバースやVRの定義にこだわらず、実現したい研修効果を念頭に、コスト対効果が最適な研修実施方法を検討するのがよいだろう。

◆ 事例紹介・2-2-4 VRによる社員研修

1 イオンリテール社の社員教育

イオンリテール株式会社では、2022年4月から「イオン」「イオンスタイル」において、InstaVR株式会社が提供するVRプラットフォーム「InstaVR」を導入し、社員教育にVRを利用することを発表した。「わかる」だけでなく、実際に手を動かして、「できる」ようになるまで受講者が1人で実習を進めることができるため、教育担当者の負担を軽減することが可能とされる(1)。

2 大林組・積木製作社「VRiel」

2022年7月、株式会社大林組と株式会社積木製作は、VR技術を用いた鉄筋配筋の不具合をゲーム感覚で探せる施工管理者向け体験型教育システム「VRiel」の販売を開始したと発表した。従来は実地や自社施設内において体験型研修を行っていたものだが、大林組社では、2016年からVR教育システムを取りいれ、実地研修と併用してきた。これを自社内での利用にとどまらず、外部に販売するというものである(2)。

3　住友林業社の社員研修

住友林業株式会社は、グリー株式会社とＶＲを活用した業務研修の共同開発を行ったことを２０１９年11月に発表した。若手の設計・工事担当者を対象にして、実際の建築現場で受講しているような体感を通じて業務プロセスの理解を深めることを目的としている。具体的な研修内容は、①建築計画研修、②仮設計画研修、③安全管理研修、④建築施工現場研修である。仮設工事の流れをＶＲ動画により体感したり、建築作業中の現場のＶＲ動画を通じて危険箇所を抽出し、危険箇所から想定される災害内容を疑似体験するなどして、建築に必要な知識の素早い習得を目指すものとしている[3]。

（１）https://prtimes.jp/main/html/rd/p/000003171.000007505.html
（２）https://www.obayashi.co.jp/news/detail/news20220708_1.html
（３）https://sfc.jp/information/news/pdf/2019-11-27.pdf

4　メタバース空間での接客

⑴　メタバースにおける接客業とは何か

メタバース内で仕事をみつけたいと思ったとき、まず候補にあがるのが接客スタッフの仕事だろう。企業側としても、メタバースを用いて何らかのサービスを提供しようとする場合にシステムエンジニア以外に必要となることが多いのは、来場者や顧客に案内などをするためのスタッフだと思われる。

メタバースにおける接客スタッフとしての勤務は、従業員と企業との関係ではリモートワークの一種だが、特定の企業のオフィスとして閉じられた空間ではないところで消費者や取引先を相手にするという点がバーチャルオフィスでの勤務（前記１参照）とは異なる。

◆ 事例紹介・2-2-5　メタバースの接客サービス

1　クラスター社「cluster」

クラスター株式会社の提供するメタバースプラットフォームの「cluster」では、入口にあたる「ロビー」に常駐の運営スタッフがいる。cluster の初心者ユーザーに操作方法を説明したり、cluster のワールドを案内するなどしてユーザーをサポートする。また、ユーザー同士のトラブルを防止する役割を担っている。運営スタッフは、リモート環境から cluster にログインし、アバターの姿でボイスチャットやテキストチャットによりユーザーとコミュニケーションをとることで業務を行う。

2　Moon Creative Lab 社「メタジョブ！」

デジタルワーク専用のジョブマッチングシステム「メタジョブ！」では、メタバース上の接客業務などの人材募集の掲載がされている。バーチャル空間プラットフォーム「XR CLOUD」の講演・展示イベントの入場者フォローのスタッフや、「バーチャル渋谷 au 5G ハロウィーンフェス 2021」のスタッフ募集がされていたこともある。

(2) リアルとメタバースの相違点

(i) 接客方法のバリエーション

消費者相手の接客の方法は、近時、様々なバリエーションが出てきている。消費者の立場からは①リアル店舗におけるもの、②メタバースを含むインターネット上の店舗におけるものに大きく分けられ、前者①には、ⓐ生身の人間が対応するもの、ⓑ店舗に設置されたモニター・端末などを通じて対応されるものが考えられる。後者

［図表 2-2-1］ インターネット上の店舗における接客方法のバリエーション

消費者からのみえ方	生身の人間の映像／アバター／映像なし
消費者とのやり取りの方法	音声／テキスト／映像のみ
接客の対応主体	人間／ AI

②インターネット上の店舗における接客方法のバリエーションは、［図表2-2-1］のとおり整理することができる。

本項では、②のうちメタバース上における接客を取りあげることとする。メタバース上でアバターを用いて接客するのと同様に、メタバースの世界を飛びだして、リアル店舗においてもアバター接客を導入することも考えられるので、このような事例を後記(4)にて取りあげたい。

(ii) アバターを使ったメタバース上での接客

事例紹介2-2-5で前述した「cluster」の事例は、前記(i)の②メタバース空間において、アバターを用いて、ボイスチャット（音声）またはテキストチャットにより人間が接客するものと分類できる（**［図表2-2-1］**参照）。この項において取りあげる接客は主にこの形式を想定している。

もちろん、アバターを用いず、メタバース空間に生身のスタッフの2D映像を映すことも可能である。たとえば、顧客が店舗をみてまわるときはアバターを利用し、特定の商品についてなど、個別にスタッフから案内を受ける際は生身の映像同士でやりとりをする、という方法も考えられる。アバターの姿で「メタバース空間」にサービスを受けに来た顧客からすると、一貫性がないように感じられるかもしれないが、提供するサービスや取り扱う商品の内容によってはそうした接客方法が適切な場合もあるだろう。

また、**［図表2-2-1］**の「接客の対応主体」にあるように、生身の人間が操作するアバターではなく、ＡＩを搭載したアバターを利用することも考えられる。人件費がかからず、均一なサービスの提供ができるメリットはあるが、ＡＩの開発・運用にコストがかかったり、イレギュラーな対応が難しいという難点がある。メタバース空間のエリア案内やタイムスケジュールの案内など、画一的な案内のために人間のスタッフと併用して補助的に使う方法も考えられる。さらに、急速に発達している生成ＡＩの技術を利用して、あらかじめ自社商品やよくある問い合わせなどの情報を学習させるなど用途やニーズにあわせてカスタマイズした生成ＡＩモデルを用意することにより、自律的なＡＩサービスを提供することも考えられる。

ⅲ　メタバース上の店舗とリアル店舗との差異

従業員を雇用する、という点では、リアルの場でイベント開催や店舗運営をするための従業員を採用する場合とメタバース空間で行う場合とで違いはない。採用活動、雇用契約、勤怠管理や給与の支払いなどは同様に行う必要がある。

一方でメタバース上の店舗では、従業員に出社して勤務してもらう場合もあるが、原則として特定の場所へ移動してもらう必要はないため、リモートワークとすることも多いと思われる。そのため全国どこに住んでいる人であっても、雇用にあたって支障はない。リアル店舗の場合、居住地域その他の属性も考慮要素に入れて従業員を選ぶ必要がある場面もあったが、メタバース空間で接客する場合は、アバターを変更できることもあり、リアル店舗の場合よりもさらに商品知識や接客態度などが特に重視される点になると考えられ、選考基準もリアル店舗のスタッフを採用する場合とは変わり得るだろう。

またＰＣなどの機器を用いてメタバース空間にアクセスしてスムーズに業務を行ってもらうためには、ある程度ＰＣなどの操作に慣れていることが従業員に求められるようになるだろう。この点については、面接をオンライン上やメタバース空間で行うことで、あらかじめ基本的な能力を確認することができる。

さらにメタバース上の店舗の場合、一部のスタッフが勤務できなくなったときにリアル店舗まで出勤してもらう必要がなく、時間さえ空いていればどこにいても問題がないことから、代替要員の手配が、リアル店舗の場合と比べて若干容易である。

リアル店舗とメタバース上の店舗の比較については後記**第3章**で詳しく述べるが、ここでは主に働く側の視点から簡単に違いについて述べたい。

接客という視点から考えると、メタバース上では、顧客との物理的な接触が発生しないため、顧客など第三者から従業員が物理的危害を受けることがないという特徴がある。感染症が流行している時期でも、従業員はマスクや店舗備品の消毒対応の必要性がなく、接客に集中できるのである。また店舗運営側としても、飛沫感染や空気感染の面について従業員や顧客の安全管理の懸念が払拭できる。

しかし物理的に近づかずとも、顧客とスタッフとの応対は発生するため、リアル店舗からメタバース空間に移転しても、顧客とのトラブルはなくならない。メタバース空間においても、高圧的に過剰な要求をするカスタマーハラスメントの問題は起き得る。ただし、メタバースでは、すべてがデジタル化されていることから、顧客とのやりとりなどのログを残しやすく、トラブル発生時に何が原因だったかの原因究明や立証がしやすい。また、場合によっては特定の顧客について、ユーザーＩＤを特定してアクセス禁止にするなどの対応を検討することも可能である。リアル店舗においては、特定のスタッフにつきまとうなどのストーカー被害が発生することがあるが、メタバース上の店舗の場合、出勤時や退勤時にあとをつけられたり、危害を加えられるおそれはなくなる。

ⅳ メタバース上での接客の特性

メタバース上での接客では、リアル店舗に顧客が来店する場合と違って、顧客から得られる情報が限定的である場合が多い。また、アバターの姿同士で顧客とやりとりする場合、アバターのみた目は顧客の好きに変えられるので、現実の姿を反映しているとも限らない。たとえば、アバターに着せたい服と現実で着たい服、似合う服は全くアイテムとなることもある。そのため、丁寧に顧客の要望を聴取する必要がある。顧客の側からすると、みた目がアバターの姿となって匿名化されることで、リアル店舗において対面で購入しづらいと思うような商品について、接客を受けながら購入を検討できるというメリットがある。

一方、過去に来店したユーザー情報を蓄積できる場合は、従業員の記憶力に頼ることなく、また、応対する従業員が変わっても、以前のログを参照することが可能となり、接客の質を上げられる可能性がある。

メタバース上での接客の場合、ＥＣサイトでの商品販売一般と同様であるが、商品の現物を目の前にして顧客に手に取ってもらうことができないため、触感や匂い、味を直接体験してもらうことが難しい。そのため、わかりやすい商品画像・映像を用意するほか、接客する従業員には、言語化して説明するという能力が求められる。メタバース上の接客では従業員それぞれの自宅から勤務可能であるが、従業員本人が体験したことのない商品の説明は難しく、間違いが生じることもあるため、従業員本人には何らかの形で取り扱う商品の体験をさせることも必要となることもあるだろう。言葉だけで説明する場合は、従業員によっては、誇張、断言など、いきすぎた説明がされてしまう可能性はあり、企業側としては特に慎重な説明が求められる商品については研修やマニュアルでその対策を考える必要がある。

反面、リアル店舗で接客する場合よりもメタバース上の接客の方が接客のログを残すことが容易であることから、顧客との間で、いった、いわないのトラブルや説明と違うというクレームの対応について、証明が容易になるメリットはある。

さらにメタバース上での接客では、リアル店舗に立つ場合と違って、顧客側から生身のスタッフの様子が直接みえるわけではないので、マニュアルを手元に置きながらでも自然に顧客に対応することが可能な場合がある。また、顧客に応対している最中でも、システム上または併用するチャットなどのコミュニケーションツールを利用することにより、ほかのスタッフや店舗責任者にヘルプメッセージを出したり、情報共有することができる。

このような機能を活用することで、不慣れなスタッフも、まわりのサポートを受けながら徐々に適応していくことができるというメリットがある。

(v) メタバース接客に必要な機材

メタバース上での接客を行うには、各従業員の手元にそれぞれPCなどの機材と通信環境が必要となる。顧客とリアルタイムでコミュニケーションをとることから、通信環境については途切れや遅延が生じないよう、安定した環境を整備する必要がある。システム面からも、顧客にストレスを与えないよう、応対や操作にどれくらいのラグが発生するのかが1つのポイントになる。

HMDを利用する場合、慣れるまではVR酔いが起きたり、人によって向き不向きの問題で利用が難しい可能性があったり、長時間の連続利用は難しいといった問題はある。

(3) 個別の問題と法的論点

従業員との関係では雇用という形態をとる以上、労働関係法令の適用はある。一時的なイベントにおいては、緊急時のみトラブル対応に協力してもらうほかは一般の来場者と一緒にイベントを楽しんでもらう、という形のボランティアスタッフも考えられるが、消費者に対して何らかのサービスを提供する店舗の運営・接客スタッフということであれば、通常は雇用という形になろう。

労働関係法令の一種として、最低賃金法の適用もあるため、リアル店舗の従業員を雇用する場合と同じ対応が必要である。全国からリモートで勤務してもらう場合、どこの地域の最低賃金が適用されるのかという問題があるが、リモートワークを行う場所にかかわらず、その労働者が属する事業場の場所がどこにあるかにより定まることになる。(1)

店舗やスタッフに危害を加えてきたり、従業員の業務を妨害してくるような顧客について、リアルの店舗では施設の警備スタッフに対応を依頼するほか、警察に通報して暴行、強要、業務妨害罪などについての刑事的責任を問う対応が考えられる。メタバース上では殴る蹴るなど、身体の物理的な接触による暴行罪は成立しないが、強要罪、業務妨害罪については、メタバース上でリアル店舗と同じような行為をする顧客については、同様に犯罪が成立し得る。ただし、インターネット上でリアルタイムで行われていることについて、警察が即時に介入するのは難しいだろう。スクリーンショットや画面録画などで証拠を残した上で、事後的に警察に相談することになると考えられる。民事上の責任を追及する場合には、メタバース空間の運営事業者やプロバイダに発信者情報開示の請求をするなどして加害者を特定する必要がある。

メタバース上で従業員に使用させるアバターは、①新規に用意する場合、②プラットフォーム側などで用意されているものを利用する場合、③従業員が自ら持ち込んだものを利用する場合の3パターンが考えられるが、それぞれ適切な権利処理が必要である。

①の場合、店舗側において画一的なデザインを1種類または何種類か用意して従業員に選択させることもできる。アバターの新規制作を外部に委託する場合は委託先との間での権利処理が必要となり、既存のデザインをデジタル上でも再現しようという場合は、これに加えて、既存のデザインの権利処理が必要な場合がある。

②では、プラットフォーム事業者との契約において、プラットフォーム事業者が有するアバターを利用可能な権利を取得する必要がある。プラットフォーム事業者が有している既存のアバターに店舗ロゴを掲載してもらうようにするなどの場合には、一部に①新規制作の委託を含むこともある。

メタバース上で知名度の高い人を従業員として起用する場合や、従業員の個性が重要になるような場合には、

(1) 厚生労働省「テレワークの適切な導入及び実施の推進のためのガイドライン」(令和3(2023)年3月25日版)

③が選択肢にあがってくると思われる。この場合、利用するプラットフォームの機能上可能かという問題がある。また、従業員に持ち込み利用するアバターについて適切な権利処理を確保させる必要がある。従業員のアバターを統一的なデザインにしない場合、顧客からみたときに誰が従業員なのかわからないという問題があるため、腕章や帽子など、わかりやすいアイテムを着用させるということも検討するとよいだろう。

(4) アバター接客

メタバース上での接客とリアルの場での生身の接客との中間に、リアル店舗に来店した顧客に対するリモート接客がある。

その1つ目としてリアル店舗でのアバター接客がある。リアル店舗にモニターを設置し、モニター上のアバターが来店した顧客からの問い合わせに対応したり、商品の案内を行ったりする。アバターは遠隔地などから従業員がリアルタイムで操作する。2つ目として、同様にリアル店舗に設置したモニターに、アバターではなく生身の従業員の映像を表示させるという方法による接客がある。

この2種類の接客方法には、細かい違いはあるが、従業員として働く側からみると自分の生身の顔や身体を表示するか否か、顧客側からみると表示されるのが生身の人間の映像かアバターかという点が異なる。アバターのデザインは生身の人間寄りのものから、アニメのキャラクター寄りのもの、動物をモチーフにしたものまで様々な選択肢があるので、提供するサービス内容にあわせて選択することができる。

なお、可動性のないモニターではなくロボットにモニターやマイクをつけることで、ある程度自由にリアル店舗内を動きまわることができるようにすることもある。

◆事例紹介・2-2-6　ローソン社によるアバター接客サービスの導入

株式会社ローソンでは、ローソンの未来型店舗においてアバター接客サービスを導入することとし、アバターのオペレーターの一般募集を行った(1)。まずはリアルの場へ出勤して、リモートで各店舗のアバターを操作することとされ、将来的には、機器や通信環境などが整っている人については自宅での勤務も検討されている。オペレーターは特定の1店舗のアバターだけでなく、複数店舗のアバターを担当してもらうことが想定されている。

（1）https://www.lawson.co.jp/lab/tsuushin/art/1458362_4659.html

◆コラム・2-2-2　Play to Earn

「Play　to earn」とは、ゲームなどをプレイした結果として、暗号資産やNFTなどのデジタル資産を獲得することができ、それらのデジタル資産を他者に売却して収益を得ることもできるサービス、またはそのサービスのコンセプトをいう。近時では、収益を得るためのplayではなく、収益も得られるしplayも可能となるようなサービスが求められているため、「play and earn」ともいわれている。

当該コンセプトはブロックチェーンゲームである「Axie Infinity」をきっかけに急速に拡大した。

同ゲームはベトナムのSky Mavis社が2018年にリリースしたブロックチェーンゲームである。同ゲームは、「Axie」といわれるモンスターを購入し、育成、繁殖、対戦するゲームとなっている。

同ゲームが「Play to earn」であるといわれる理由は、ゲームで使用する「Axie」がNFTであり、当該NFTを利用してゲームをプレイすることで暗号資産を入手できる点にある。同ゲームのプレイヤーは、ゲームを利用して獲得した暗号資産を売却して収益を得たり、自ら育成、繁殖した「Axie」を他のユーザーに販売するなどして収益を得ることができる。従前のゲームではRMT（リアルマネートレード）が様々な理由から禁止されていたが、「play to earn」では、それを正面から認めることになった。従前はただのデータであったゲーム内アイテムがリアルの財産として機能するようになったことで、急速に「Play to earn」が広まったものと考えられる。

また、「play to earn」のゲームは様々な関連当事者を登場させ、ゲーム内での新たな経済圏を発生させていった。Axie内でいえば、NFTマネージャーが代表的な例である。

前述のとおりAxieが急速に拡大していく中で、Axieをプレイするために必要なモンスターとしての「Axie」の価格が高騰していった。そのため、新規のユーザーが購入して同ゲームをプレイするにはかなりハードルが高くなっていた。

そこで登場したのがNFTマネージャーである。NFTマネージャーは、自ら、またはギルドが保有している「Axie」を新規のユーザーに貸し出し、その賃料として、一定の暗号資産などを受領するというビジネス、すなわち、賃貸業をゲーム上で行っていたのである。

コラム・1-2-1でも述べたとおり、現状は第3次産業的な産業が増えている状況であり、今後も増えていくことが想定される。

第3章 メタバースで「売る」

――コンテンツ配信・EC・サービス提供――

I 「売る」ビジネス総論と最新動向

物やサービスの売り買いは従前、リアルな物やサービスを、（テレビショッピングなどはあったものの）対面のコミュニケーションを通して行われることが主流であった。しかし、ここ10年ほどで対面のコミュニケーションを介さず、オンラインで行われることも増えてきた。インターネットや通信技術の進歩・普及に伴い、ECサイトでの購入や、ライブコマース（後記Ⅱ1参照）での購入が増えてきた。さらに近年はコロナ禍により外出や対人でのコミュニケーションが回避されるようになりメタバース上でのコミュニケーションを通して物やサービスの売り買いがなされるようになってきた。

また、リアルに存在する「物」だけでなく、デジタルデータも売り買いの対象にもなっている。たとえば、オンラインゲーム上の通貨やアイテムなどである。近年では、同じようにデータではあるもののNFTアートなども盛んに売り買いされるようになってきている。

本章では、リアルの物をメタバース上で売り買いする場合と、デジタルデータをメタバース上で売り買いする場合を、従前行われてきたビジネスとそれぞれ比較しながら、売手の立場からの留意点や実際にメタバース上でビジネスを行う場合に検討すべき事項を説明していく。なお、買手の立場にたった解説は後記**第4章Ⅱ**で行う。

◆ コラム・2-3-1　NFT（Non-Fungible Token）

NFTとは、Non-Fungible Tokenの略である。ブロックチェーン上で発行されている証票の一種であり、他のトークンと代替性がない（Non-Fungible）ことからこのような名称がつけられている。これに対し、代替性のあるトークンのことをFT（Fungible Token）と呼ぶことがある。

イメージとしては、不動産登記簿において地番や家屋番号と所有者情報が紐づいているように、ユニークIDと保有者情報が紐づく形でブロックチェーン上に保存されているのがNFT、銀行の預金口座のように預金量と口座情報が紐づく形でブロックチェーン上に保存されているのがFTである。FTの場合、預けられた日本銀行券の番号が保存されているわけではなく、通貨の種類と数量（「日本円が1万円」など）のみが保存されるようなイメージになる。つまり、同じ仕様、価値のトークンであれば交換可能であるという意味で「代替可能」なのである。

ユニークIDと保有者情報が紐づくという特性から、NFTは会員証などの証明書などに使われることもあるが、よく知られている代表的なものといえばNFTアートだろう。NFTアートはNFT化されたデジタルアートであるといわれるが、実際のところ、アートのデジタルデータ自体がブロックチェーン上に記録されているケースは多くない。基本的には、不動産登記簿のように、取引対象となるアートのネットワーク上の所在情報（URLなど）とその保有者の来歴に相当するデータが紐づいて記録されているだけである（この場合、このような記録をすることが「NFT化」と呼ばれる）。記録された場所にアートのデジタルデータが現存する保証もないし、保有者として記録されている者が正当な権利者である保証もない。

そもそも、複製や公衆送信などの利用を伴う形でアートのデジタルデータをNFT化して販売するためには、販売者が著作権自体を有しているか、または利用権の許諾を受ける必要がある。そうした権利を有しない者がアートをNFT化することも可能だが、そのような海賊版は正規の権利者によって排斥されることになる。勘違いされがちだが、デジタルデータには「所有権」は生じない。本コラムで「所有者」と「保有者」を書き分けているのはその趣旨である。NFTアートを取引する上で、これをNFT化した者が信頼できる人物であるかどうかはとても重要である。

また、ブロックチェーン上に記録されているのがアートのデジタルデータそのものではなく、当該データがどこに保存されているかという所在情報にすぎない場合、保存されているデータ自体はブロックチェーン上にないため、改ざん可能である。その安全性はブロックチェーンによって担保されないため、中身をすり替えることが可能ということである。したがって、保存場所の管理者が信頼に足る人物であることはもちろん、悪意のある第三者に差し替えられることもないようなセキュリティ体制がとられているのかどうかをみる必要がある。加えて、ブロックチェーン上に記録された過去の来歴を改ざんすることは難しくとも、不動産に関する書類を不正に入手して登記を書き換えてしまうように、ブロックチェーン上の情報を書き換えるための権限を不正な手段を用いて入手して、記録上は瑕疵がない形でNFTアートの新たな保有者になることも可能である。

NFTの仕組みは、これまでデジタルでは難しかった来歴証明を容易にし、デジタルデータに新たな価値を付与する素晴らしいものである。しかしながら、本コラムで述べたとおり、ブロックチェーンやNFTの仕組みは完全無欠のものではない。メタバース上のビジネスで利用する場合にはこうした様々な問題点をはらんでいることを理解した上で、必要な措置を講じることが望まれるところである。たとえば、NFTアート等について、唯一無二の所有権や著作権のような支配権が取得できるような記載や、安全安心を殊更に謳った場合、消費者契約法による取消事由に該当したり、景品表示法等の行政規制に抵触したりする可能性もあるので、注意が必要である。

Ⅱ 「売る」ビジネスのリアルとメタバースの相違点

1 メタバース内でリアルの商品を売る（衣料品の販売など）

(1) 「メタバース上でリアルの商品を売る」とは何か

ここでは、メタバース空間に販売店舗を設け、メタバース空間内での接客を経て、リアルの物品（例：衣料品、雑貨、家具など）を販売する場面を想定して説明する。

メタバース内で利用するコンテンツの販売については後記2を参照されたい。

リアルの物品を販売する方法としては、リアル店舗で販売する方法（[図表2-3-1]）、ECモールで販売する方法（[図表2-3-2]）、ライブコマースで販売する方法（[図表2-3-3]）などが考えられるが、ここではこれ

［図表 2-3-1］ リアル店舗で販売する場合の関係者

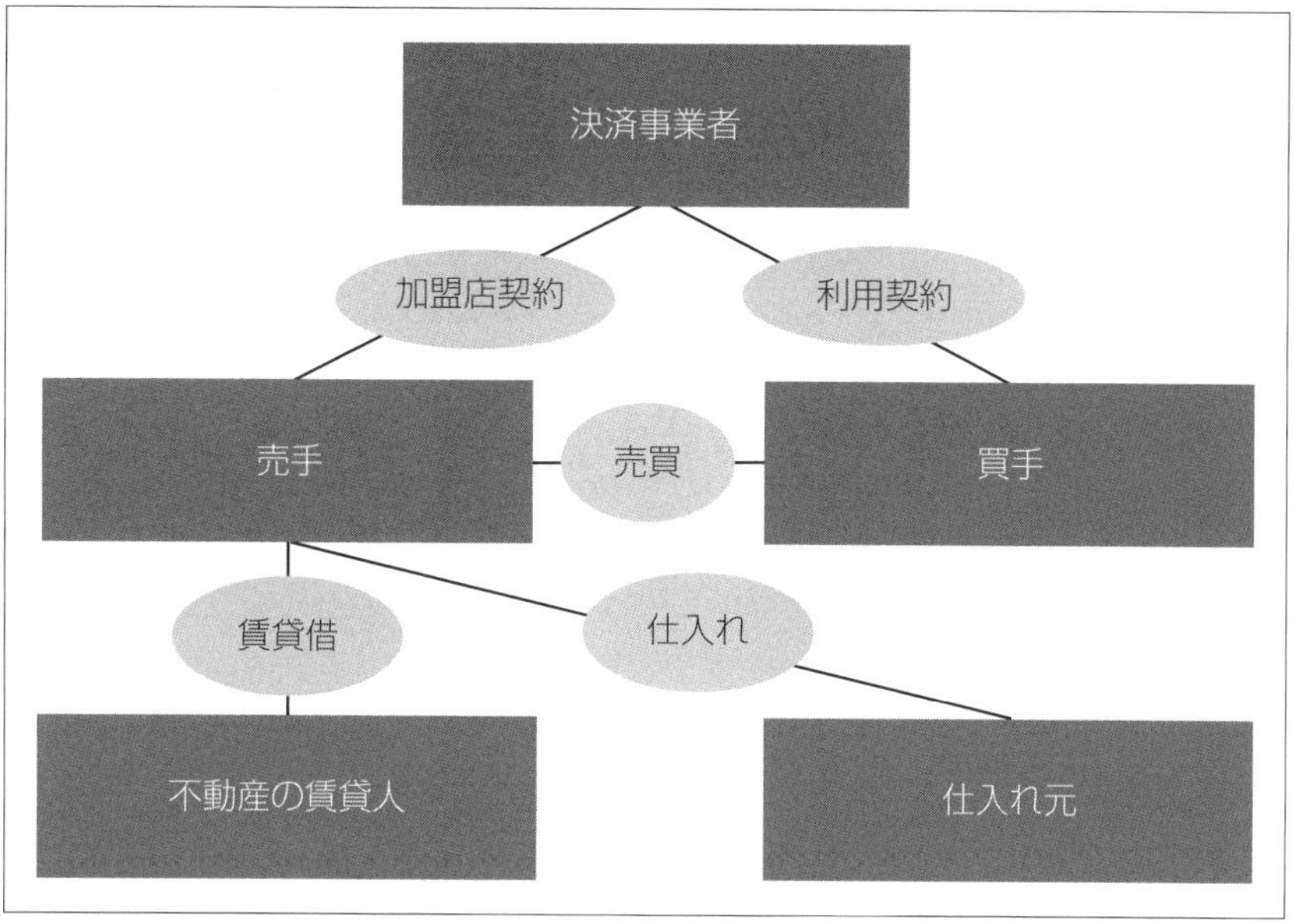

らの方法とメタバース上で販売する方法を比較し、メタバース上でリアルの商品販売事業を行うに際して検討するべき事項などの説明を行う。

なお、ライブコマースとは、SNSなどで商品の売手（または売手が委託する者）がライブ配信を行い、視聴者（買手）と売手がコミュニケーションをとりながら販売できる手法であり、その配信を通じて直接販売する方法、リアル店舗で販売する方法やECモールで販売する方法に誘導するものがあるが、本書ではECモールで販売する方法に誘導する場合を想定する。なお、リアル店舗で販売する場合やECモールで販売する方法に誘導する場合は、一部広告としての性質を有するものであるが、同時に販売方法でもあるので後記(2)で解説する。

◆事例紹介・2-3-1 バーチャル店舗

1 伊勢丹新宿店

株式会社三越伊勢丹ホールディングスは、「REVWORLD」というアプリ上にメタバース空間を構築

[図表 2-3-2]　ECモールで販売する場合の関係者

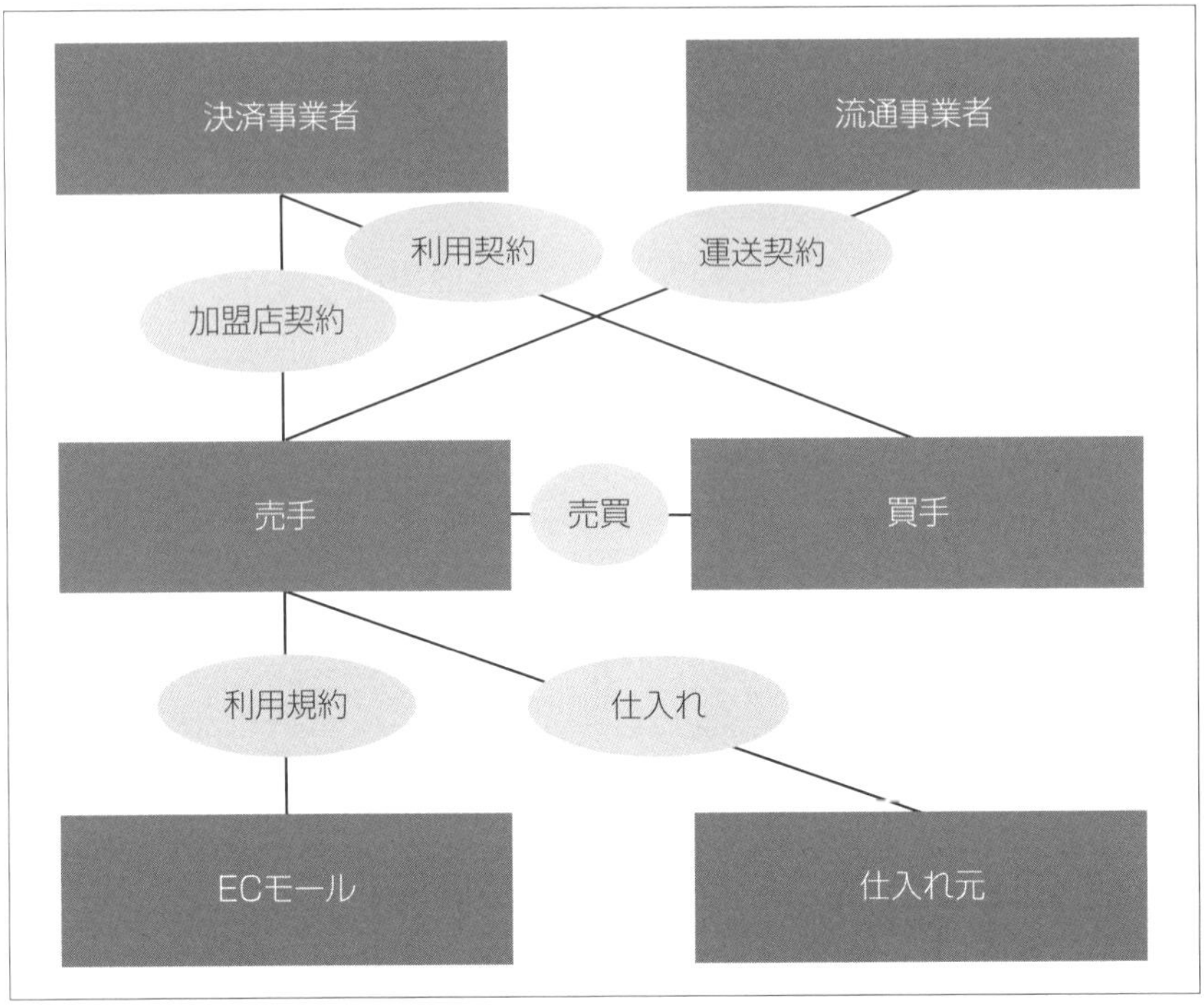

し、その中で伊勢丹新宿店を再現している。ユーザーは自らを表すアバターで同メタバース内を自由に歩き回ることができ、他のユーザーや店舗の店員とコミュニケーションをとりながら、リアルの商品やアバターなどのデジタルアイテムを購入することが可能となっている。

メタバース上に店舗が設けられているが、リアルの商品に関してはメタバース上でそのまま売買するものではなく、購入時はメタバース空間からECに移動して購入する形になっている[1]。

なお、2022年12月21日から2023年1月18日までREALITY株式会社が提供するスマートフォン向けメタバース「REALITY」とコラボレーションを行っており、伊勢丹から提供されたCGデータを利用してREALITY上に伊勢丹新宿が再現されていた。同ワールドでは様々なショーウィンドが用意され、マネキンごっこができるようになっており、ユーザーはおのおの楽しみ方で楽しんでいた[2]。

2　BEAMS社「バーチャルマーケット2022 Summer」

株式会社ビームスは、「バーチャルマーケット2022 Summer」（2022年8月13日から同月28日まで開催）などに参加する形でメタバース空

[図表 2-3-3]　ライブコマースで販売する場合の関係者

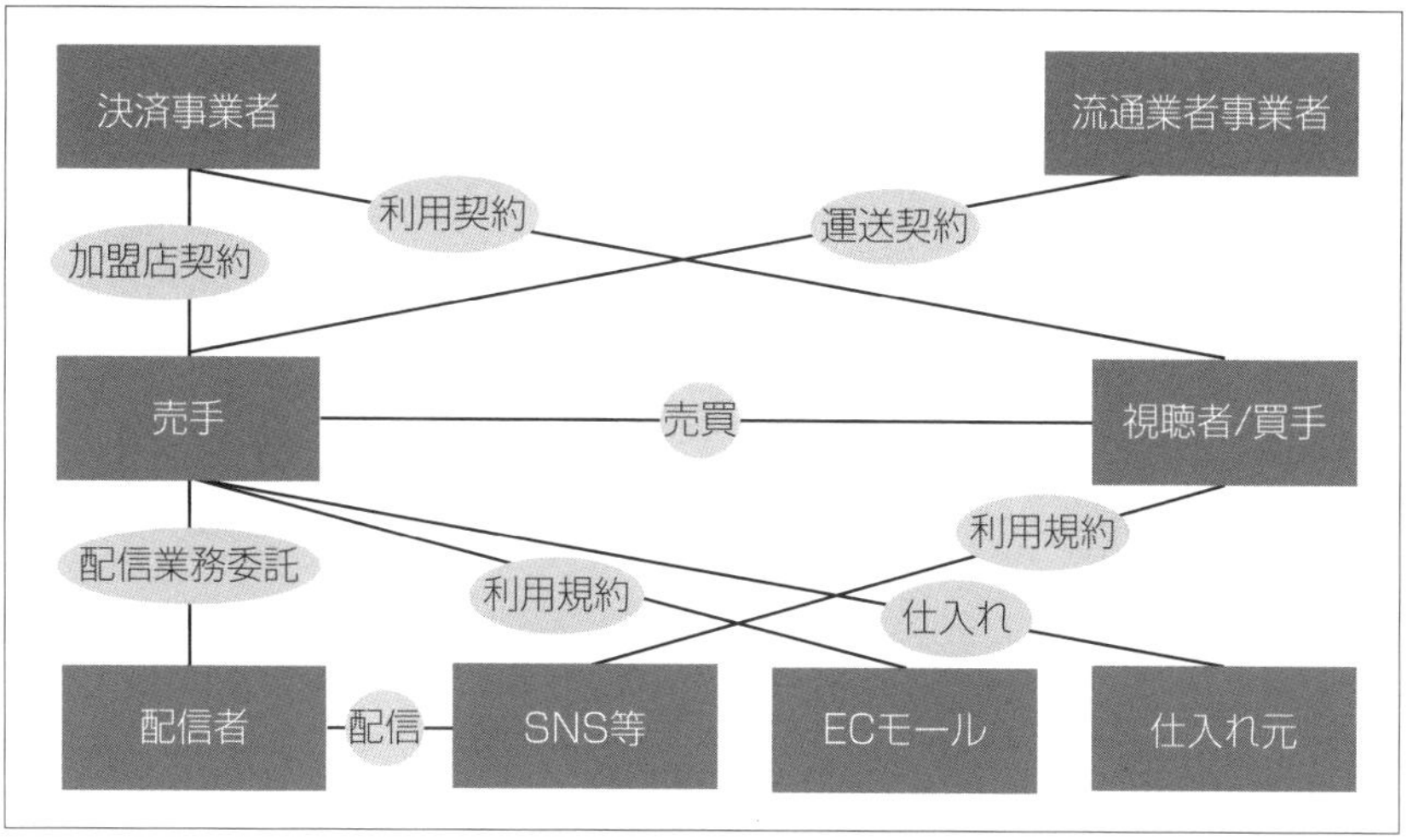

間に出店している。同社従業員が同空間上で接客を行ったり、X（Twitter）などのSNSでの発信、チャットサービスであるDiscordで交流の場を設けるなどの施策を行っていた(3)。

3　ローソン社「バーチャルマーケット2021」

株式会社ローソンも株式会社ビームス同様、バーチャルマーケット（2021年12月4日から同年12月19日まで開催）に参加しており、同店舗では素材とケーキを組み合わせて作る「オリジナルクリスマスケーキ」の制作や、その場で撮影した写真でオリジナルパッケージの商品を作ることができる「オリジナルからあげクン」制作、コーヒーを入れて持ち運ぶことができる「セルフコーヒーマシン」体験などのサービスを提供していた(4)。

（1）https://www.mistore.jp/shopping/feature/shops_f3/vrinfo_sp.html
（2）https://corp.gree.net/jp/ja/news/press/2022/1221-01.html
（3）https://www.beams.co.jp/company/pressrelease/detail/626
（4）https://winter2021.vket.com/circle/584

(2)　リアルとメタバースの相違点

ここでは、リアルの商品を売る場合をリアル店舗で売る場合とオンラインで売る場合に分け、オンラインの場合をさらにＥＣの場合、ライブコマースの場合およびメタバース上での販売の場合

[図表2-3-4]　メタバース上でリアルの商品を売る場合の関係者

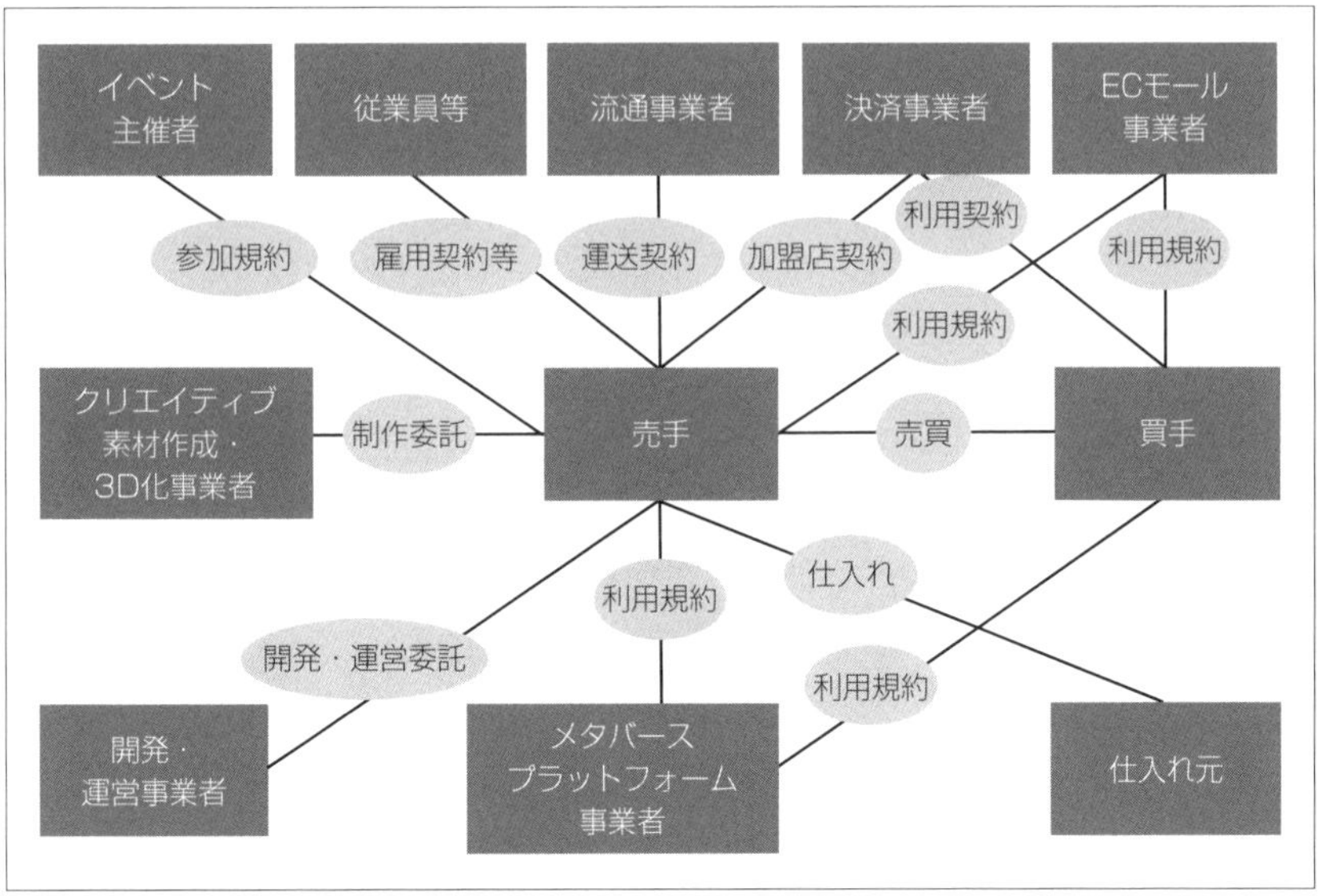

に分ける。その上で、リアルとオンラインの比較、オンラインの中でECとメタバース上での販売との比較、ライブコマースとメタバース上での販売の比較を行う。

(i) リアルでの販売とオンライン上の販売の違い

リアル店舗での販売の関係者は［図表2-3-1］のとおりである。オンラインでリアルの商品を売る場合の関係者（［図表2-3-2］から［図表2-3-4］）と比べると、売手、買手、仕入れ元、決済事業者は同様である。それらの者との間では、それぞれ、売買契約や仕入れに関する契約、決済に関する契約が締結される。リアル店舗での販売では不動産の賃貸人がおり、オンラインではECモールやSNS等、メタバースのプラットフォーム事業者が登場する。当該登場人物が行っている事業は異なるが、売手に与える影響はほぼ同様と考えられる。店舗用に賃貸する場所に契約上の制限がついていることが多いが、ECモール、SNS等、メタバースプラットフォーム事業者が利用規約などで禁止事項を定めることで物理店舗での販売と同様、店舗の利用方法に制限がかかることになる。なお、売手側がイベント出店して販売する場合はリアルでもオンラインでもイベント主催者との契約が必要となり、イベント主催者はリアルでいう不動産の賃貸人、オンラインでいうSNS等、メタバースプラットフォーム事業者と同様の役割を果たすことになる。

リアル店舗とオンラインの差は（当然のことではあるが）インターネット上で行われるかどうかである。オンライン通信を行うためリアルと異なり通信料が発生する。また、買手と売手のコミュニケーションの速度や鮮明さは通信環境に依存することになる点が異なる。

オンラインではインターネット上でコミュニケーションが完結し、人間が物理的に移動したり同じ場所に集まって顔をあわせたりする必要がない。そのため、オンラインでは物理的な店舗としてのスペースは不要となる。オンライン上の販売のうちメタバース空間内の店舗との比較では、建造物の物理上の制約を無視したレイアウトなどができるかどうかが大きく異なる。リアル店舗では物理的に不可能な配置や設計であってもメタバース上の店舗では利用規約などに反しない限りは行うことができる。そのためリアル店舗よりも店舗に関する表現の幅は広がる。

理論上メタバース上の店舗ではスペースや来店者数の限界はないが、現状では接続の負荷やサーバの問題があるため、同一のメタバーススペースに入れる人数を制限してサービスを提供することが通常である。人数制限を超えた場合はコピーされた空間が作られ、そちらに入店することになるので同一の空間ではないが、店舗を利用することは可能である。この点はリアル店舗と異なるところである。

加えて、人が物理的に集まるわけではないので、店舗の収容人数の問題や、混雑、感染症対策の問題は生じない。この点もリアル店舗とは異なる点である。

さらに、商品についても違いがある。リアル店舗では（見本だけ陳列してあって後日郵送されてくるという場合もあるが）現物が陳列してあり、在庫として保管されていることが多い。他方、オンラインでは現物が陳列してあるわけではない。そのため、実際に自分で触ったり試したりすることは難しい。

提供できる情報、得られる情報量の差、質の差も存在するだろう。リアル店舗では、ポップなどでの文字での情報提供、店員の口頭による説明、商品の現物から得られる情報を提供可能である。情報の取得については、売手はみた目（そこから推測できる年齢も含む）、表情、仕草などの情報を得ることができる。他方、オンラインでは、手段によるが、文字情報、音声の情報が中心で、ものによっては商品の現物から得られる情報の提供は難しい場合がある。情報取得については買手のみた目や仕草、表情などの情報を得ることは難しい。またはリアルほどは多くの情報を取得できないが、年齢、性別、店舗内での移動ルート、滞在時間、買い物の傾向などの情報を取得し記録しておくことは可能となる。この点はリアル店舗では正確に取得することが難しい情報であるため、オンラインとリアルで異なる点であるといえる。

(ii) メタバースとECモールでの販売、ライブコマースの違い

メタバース上での販売もECモールでの販売もライブコマースも、オンライン上で行われているという点は同様であるが、メタバースとECモールでの販売、ライブコマースではオンライン上での売手、買手、商品などの表現が異なる。メタバース上では登場人物はアバターで表現され、商品も3DCG化されて表現される場合がある。

そのため、メタバース上の販売では、ECモールでの販売やライブコマースと異なり、アバターの準備が必要となる。アバターはプラットフォーム上で提供される場合と自ら準備する場合がある。自ら準備する場合は、デフォルトアバターをカスタマイズする場合と、完全にオリジナルの場合が考えられる。自ら準備する場合は制作の委託が必要であり、アバターの権利処理も必要となる（**【図表2-3-4】**のクリエイティブ素材制作・3D化の制作委託契約書内での処理などが考えられる）。

アバターと同様、商品も3D化する必要があり、その素材についても著作権などの権利処理を行っておく必要がある（前記同様、クリエイティブ素材制作・3D化の制作委託契約書内での処理などが考えられる）。

また、メタバース上の店舗を構築するためにメタバース空間の開発が必要となる。継続的なメンテナンスが必要となり、店舗運営の負担が比較的大きくなるため、エンジニアなどと開発、運営保守契約を結ぶ必要性が高まる。この部分がECモール、ライブコマースとの違いである。

なお、開発、運用、保守にもパターンがあり、自社で完全に開発する、既存のプラットフォーム上に開発する、既存のサービスが提供する範囲で行う、の3パターンが考えられる。当然自社で完全に開発する場合はコストが高くなり、既存のサービスの範囲内で行うという選択をしたほうがコストは安くなる。運用保守にも程度があり、プラットフォームや利用しているデバイスによって、またアプリなのかブラウザなのか、同時接続数をどのように設定するか、さらにはアバターなどの素材数はどの程度なのかによってコストは変化する。この点は実現しようとしていることを明確化し見積もりをとって確認してほしい。

ア　ECモールでの販売との違い

ECモールで販売する場合の関係者は【図表2-3-2】のとおりである。メタバース上でリアルの商品を売る場合の関係者（【図表2-3-4】）と比べると、決済事業者と仕入れ元、ECモール、流通事業者は同じであるが、メタバースプラットフォーム事業者、素材の制作、3DCG化を行うクリエイター、開発、保守を行うエンジニアなどが登場する点で異なる（ただし、ECモールでの販売の場合でもプラットフォームであるECモールのサービスが不可欠であるし、商品画像などの素材の制作を外部に委託することもあるので、これらの差異の有無・程度はケースバイケースである）。

前述のとおりメタバース上では人物がアバターで表現されるためメタバース上の販売にはアバターの準備およびアバターのクリエイターとの契約が必要となる。また、メタバース上の店舗を構築するためにメタバース空間の開発が必要となり、継続的にメンテナンス運営も必要となるため、エンジニアなどと開発、運営保守契約を締結することになる。

情報発信の観点では、ECモールでの販売では、売手の買手に対する情報発信は画像およびテキストが主である。他方、メタバース上の販売ではテキストでの商品紹介（ポップなど）も可能であるが、それらの商品紹介とあわせて接客することができる。そのため、商品に関する説明や買手の疑問点の解消など、買手と売手のリアルタイムかつ双方向のコミュニケーションが可能となる点が異なる。

さらにECモールでの販売は買手が能動的に商品を探すことがメインとなるが、メタバース上では売手も積極的に販売をしていくことができる。またECモールでの販売は買手が自ら能動的に商品を探すことがメインとなるため、検索機能がかなり発達している。現状のメタバース上の販売はECモールでの販売と比べ発達しているものではない。

イ　ライブコマースでの販売との違い

ライブコマースでの販売の関係者は【図表2-3-3】のとおりである。メタバース上でリアルの商品を売る場合の関係者（【図表2-3-4】）と比べると、決済事業者と仕入れ元、ECモール、流通事業者との関係性は同じであるが、他方、ライブコマースにおけるSNS等や配信者の存在は異なる点である。SNS等はプラットフォーム事業者として場所を提供する際の規律を提供し、配信者は買手への情報提供をする。

ライブコマースは、リアルの商品を画面を通して確認することができ、配信者の補足説明からも情報を得られる。またライブコマースではコメント機能などを利用することで、リアルタイムに近い双方向のコミュニケーションも可能である。そのため買手の体験としてはメタバースで得られる情報と同レベルまたはそれ以上のレベルの情報を得ることが可能な場合もあることになる。なお、商品説明の信用度は配信者によって異なり、メタバース上での従業員などの商品説明とはやや異なる場合がある。

ライブコマースとメタバース上の販売との間の大きな違いは、アバターを通したコミュニケーションかどうかという点である。アバターであることで、（表情などの情報を伝えるのは難しいものの）身振り手振りなどを利用してコミュニケーションがとることができる。この点は異なる。

(3) 個別の問題点と法的論点

(i) メタバース上の販売の特色（他の販売手法との対比から）

リアルでの販売や、ＥＣモールでの販売、ライブコマースによる販売との共通点・相違点を踏まえると、メタバースで「売る」ビジネスに関する主な法的な問題点としては、次のものがあげられる。①特定商取引法に関する対応の問題、②表示、広告の問題、③流通上の問題、④個人情報の利活用の問題、⑤建物の賃貸人、プラットフォーム事業者など、場の提供者との契約による制限の問題、⑥スタッフに対する妨害の問題、⑦（ＥＣモールでの販売、ライブコマースと共通の問題として）接続環境、タイムラグの問題、⑧年齢確認の問題、⑨（ＥＣモールでの販売、ライブコマースと共通の問題）サイズ感、肌ざわりなど視聴覚以外の感覚の伝達の問題である。

①の特定商取引法に関する対応の問題について、オンラインで販売する場合は、通信販売に該当するため同法に定められた表示への対応、売り方、商品説明の仕方など、同法の要請に基づく対応をする必要がある。特に通信販売における契約の解除（特定商取引法15条の3）などに関する記載については慎重に検討しておくべきである。

②の表示、広告については、リアル店舗でもメタバース上であっても商品を陳列するが、その陳列方法によっては買手に誤認を生じさせる可能性があることから問題となる。たとえば、省エネ基準を満たす冷蔵庫ののぼりが並んでいる場所に省エネ基準を満たさない冷蔵庫を並べればその冷蔵庫がさも省エネ基準を満たしているかのようにみえてしまうことなどが例としてあげられるので、この点に関しては慎重に検討する必要がある。

また、ライブコマースは広告の側面があるため問題になりやすいが、その広告の内容については景品表示法などの表示規制に抵触しないよう、チェックする体制をあらかじめ構築しておく必要がある。

③の流通上の問題は、EC、ライブコマース、メタバースでは、商品を買手に届けなくてはならないことから発生する。この際に運送業者、倉庫業者に配送を依頼し、運送業者、倉庫業者に保管された後については運送業者、倉庫業者によって原則として責任をもって管理されることになるが、運送業者、倉庫業者に納入する前の商品の破損などのリスクは存在するため、その点のリスクの管理の問題は依然として売手側に残る。

④の個人情報の利活用につき、メタバース上とリアル、ECモールでの販売とでは取得できる個人情報が異なるが、買手から収集した個人情報を利用した宣伝、広告などは同様に考えられるため、個人情報保護法などの法律で求められる措置、自社基準で定められている措置を講じる必要がある。

⑤の建物の賃貸人、プラットフォーム事業者など、場の提供者との契約による制限の問題については、売手は建物の賃貸人やプラットフォーム事業者と場所の利用に関する契約を締結することになるが、その契約内に規定されている禁止事項などの制限に関する問題が生じる場合がある。たとえば、建物の賃貸借契約で、物件の改装の方法が一部禁止されていて、売手の思うような改装ができない場合や、メタバースプラットフォーム事業者のイメージを守るために一定の表現が禁止される場合などである。

⑥のスタッフに対する妨害の問題については前記**第2章Ⅱ4⑶**の記載を参照していただきたい。

⑦の接続環境、タイムラグの問題は、インターネットの接続が必須となるECモールでの販売、ライブコマースでの販売、メタバース上での販売で共通して発生する。また、特にライブコマースやメタバースで問題となるが、視聴者、買手とのコミュニケーションのタイムラグや、運営側と配信者のタイムラグによりコミュニケーションがうまくいかなくなることもある。このようなタイムラグにより認識の齟齬などが起こる可能性があるので、通信上のトラブルが起きないような対策も検討しなくてはならない。

⑧の年齢確認の問題については、酒などを販売する場合などに発生する。どのような基準で年齢の確認をし、

どのような証拠の提示を求めるのかなどの対応を定めておく必要がある。リアルであれば、みた目で一定の判断をすることができ、その判断をもとに購入希望者に運転免許証の提示を求めるなどの対応がされる。他方、オンラインでは事前に年齢を登録させ、運転免許証などをあらかじめ画像で送るような措置をとることが考えられる。

⑨のサイズ感、肌ざわりなど視聴覚以外の感覚の伝達の困難さの問題は、EC、ライブコマースと共通の問題である。リアル店舗であれば、買手は実際に試着したり、手触りを確認することができる。ECでは文字での質問、ライブコマース、メタバースでは言葉によって質問などをすることができるが、実際にサイズ感や肌ざわりを確認することは現状のデバイスでは難しい。あらかじめ身体データを取り込むなどの対応をすればサイズ感問題は解決するかもしれないが、手触りなどは現状では伝えることは依然として難しいままである。

これらの事情により、買手から錯誤（民法95条）、詐欺（同法96条）の主張、契約不適合責任（同法562条以下）の追及などがなされる可能性がある。買手との間において認識の齟齬が起こらないように対策を検討しておくとよいだろう。

(ii) メタバース上では起きない問題

メタバース上では起きない問題としては、①商品の窃盗の問題、②現金の物理的な管理の問題、③混雑、感染症の問題、④物理的な店舗の家賃、光熱費などのコストの問題、⑤（リアル店舗との比較の観点）建物に起因する物理的な理由による制限の問題のようなものがある。

①の商品の窃盗の問題については、リアル店舗では商品が実際に陳列してあるため窃盗の被害にあう可能性があり、その対策が必須となる。メタバース上では実際の商品を陳列しているわけではないので、店舗における窃盗の被害にあうことはない。ただし、商品の盗用や模倣が発生する可能性はある。

②の現金の物理的な管理の問題については、リアル店舗では決済もその場で行われるため、現金の管理が必要

となる場合があるが、メタバース上ではＥＣモール等で売買され、決済されるので、現金の物理的な管理は行われない。そのため、現金の不足や計算ミスなどの問題は発生しない。

③の混雑、感染症の問題については、メタバース上では表現として混雑している状況を表示することができるが、実際に物理的に入店するわけではないので、混雑に伴う移動が困難になったり、感染症のリスクが上がったりすることはない。

④の家賃や光熱費といったコストがメタバースの店舗にかかることはない。ただし、出店コストやメタバース上の店舗の運営チームへの報酬やサーバコストなどのコストは発生する。デバイス、素材の数、同時接続数、アプリなのかウェブなのかなどにより、コストは大きく異なる。

⑤についてはすでに触れたが、建物に起因する物理的な理由による制限（例：構造上、壊せない柱がディスプレイの邪魔になるなど）はメタバース上では発生しない。

(iii) メタバース特有の問題

メタバース上で販売する場合に特有の問題として①メタバース上の表現と実物の差（色や形も含む）の問題、②サイズ感、肌ざわりなど視覚、聴覚以外の感覚の再現の困難性の問題、③個人情報の利活用の問題、④アバターの権利の帰属、処理の問題、⑤商品や店舗の３ＤＣＧモデルの権利の帰属、処理の問題、⑥（ＡＲの場合）キャリブレーションのズレによる誤購入が考えられる。

①について、メタバース上で表現するにはデザインを作り、それを３Ｄ化する必要があるが、本物の商品との間に差異が発生することがある。衣料品などで重要な色や形の再現度が低ければ買手としてはメタバース上での表現を信用できなくなるので、この点の解決策が必要である。たとえば、メタバース上での表現であっても実際の写真を表示するなどの手法が考えられる。

［図表 2-3-5］　メタバース上／リアルで物をつくった場合の制限規定との関係

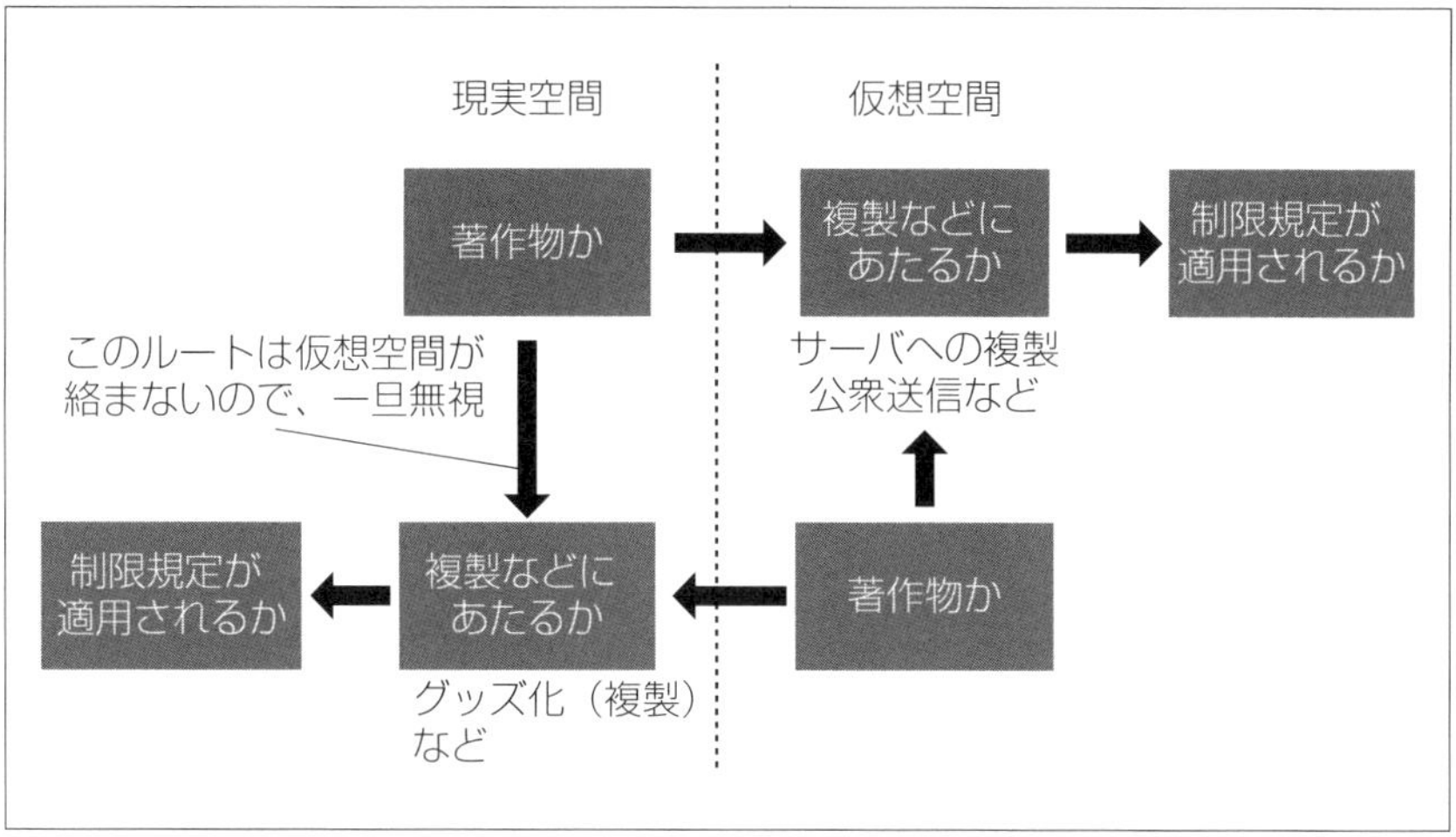

出典：2022年9月27日デザインと法協会分科会4「仮想空間をめぐる法的な論点」より一部抜粋。

②のサイズ感、肌ざわりなど視覚、聴覚以外の感覚の再現の困難性の問題については前述のとおり、現状のデバイスの性能上、触覚や嗅覚などの再現は難しいため、その点を踏まえた商品の売り方、伝え方をする必要がある。

③の個人情報の利活用の問題についても先に述べたとおりで、個人情報、個人データの活用の問題がある。メタバース上では特に、リアル店舗では取得できない情報（例：商品をみた時間、順路、滞在時間、他のショップの移動、アバターの傾向など）が取得できるため、その利用の方法の検討や、個人情報保護法などへの対応を検討しておく必要がある。

④の権利帰属については、アバターを用意する際に自社開発、プラットフォーム上の素材の改良、プラットフォーム上の素材のみの利用パターンが考えられる。各パーツ（例：アバターの洋服）の権利は、自社開発であれば開発した主体に、プラットフォーム上の素材の改良であれば原著作物の権利はプラットフォーム事業者に、改良した素材の権利は開発した主体に、プラットフォーム上の素材そのものであればプラットフォーム事業者に帰属すると考えられるので、難しい問題はないと考えられる。

ただ、各パーツはユーザーによって組み合わされて使用されるのでその組み合わせに著作権が発生する可能性がある。この点の処理は規約などで行っておく必要がある。

⑤の商品や店舗の3DCGモデルの権利の帰属、処理の問題はメタバース上で店舗やアバターを作成する際には、3Dモデルの素材やアバターを作る必要がある。著作権法の原則では著作物を創作したものが「著作者」であり（著作権法2条1項2号）、著作者に「著作権」、「著作者人格権」が帰属する（同法17条）。そのため原則としてはそれらを作成した者に権利が帰属する（なお、企業の従業員が職務上作成するものについては、一定の場合にその企業が著作者になる（同法15条）。また、映画の著作物についても特別な規定がある（同法16条））。たとえば店舗の素材として利用する3DCGモデルを外部に委託して制作した場合、通常は、その委託先が著作者になると考えられる。このとき、売手（委託元）が委託先との契約で著作権の譲渡などを受け、かつ、著作者人格権の不行使の合意を取りつけることができれば、特に大きな問題はないと考えられる。

しかし、問題は既存の商品デザインを3D化した場合であり、特に対象とした商品デザインが物品の意匠として登録されていた場合には慎重な整理が必要だと考えられる。なぜなら、意匠法では、メタバース上で画像として表現された商品の販売に権利が及ばないためである（意匠法2条2項3号参照）。また、リアルで一般向けに多数作られている実用的な商品のデザインは、著作権法で保護することが難しいため、既存の商品デザインが著作権で保護されるように整理をすることも難しいことが多いと考えられる。他方、メタバース上で商品を再現するために3D化し、その過程で創作性が付与された場合、その創作性が付与された部分については著作物として保護される可能性がある。

そうすると、リアルの商品デザインの提供元は自らの商品デザインをコントロールする権利がない状況であるにもかかわらず、商品の提供先には、その商品の3DCGモデルの利用をコントロールする権利が発生する場合があることになる。このような結論では、リアルの商品の提供元が安心してリアルの商品を3DCGモデル化するために提供しにくくなってしまうので、商品の提供先は、リアルの商品の提供元とよく協議の上で必要に応じ、その３ＤＣＧモデルの権利帰属および利用について整理しておく必要があるだろう（売手から商品提供元への権利譲渡し、売手は商品提供元からライセンスを受けるなどの方法が考えられる）。

他方、メタバース上で先行して商品を作ってリアルに持ち込んだ場合、３Ｄモデルに発生した著作権を利用してリアルの商品に影響力を及ぼすことも問題と考えられる。意匠法の登録なしに、保護期間の長さなどいくつかの点において意匠法よりも一定有利な権利を発生させることとなり、意匠法の登録を無意味にするおそれがあることなどが指摘されている。これらの点については、内閣知的財産戦略本部の「メタバース上のコンテンツ等をめぐる新たな法的課題への対応に関する官民連携会議」[1]においても対応が検討されている。

⑥のキャリブレーションのズレによる誤購入については、メタバースの定義からは外れるが、ＡＲのキャリブレーションのずれにより誤購入が起こる可能性がある。これは購入画面で確認をすることで一定防げると考えられる（電子消費者契約法３条参照）。なお、キャリブレーションとはデバイスの位置姿勢を計測するための処理であり、リアルであれば視点、ＰＣでの操作であればポインターを想像してもらうとわかりやすい。

ⅳ メタバースでリアルの商品を売る際の検討事項のまとめ

メタバース上でリアルの商品を売る、店舗を構えるための検討に際し確認しておくとよい事項について整理したい。

まず、メタバース上で店舗を設け、物を販売することで何を達成しようとしているのかについて言語化しておくことを勧める。目的を達成するための手段としてメタバースが最適かという検討のために必須の要素だからである。

（1） https://www.kantei.go.jp/jp/singi/titeki2/kanmin_renkei/kaisai/dai2/gijisidai.html

ア　メタバース上での販売が適切な場合

メタバースはリアルタイムに双方向のコミュニケーションをとれることが強みであり、現状では、新しい技術であるため、話題性がある。まず①目的達成にその強み、話題性が必要なのかの検討はすべきである。(現時点では) インターネットに親しんだ層をターゲットにしており、かつ、コミュニケーションを重要視している層がターゲットの場合には、メタバース上での販売、または、ライブコマースでの販売が向いていると考えられる。

さらにメタバース上では、利用規約や技術上の制限にかからない限り場所に関する制約がないため、②自由な演出をしたい場合はメタバース上での販売が有力視できる。また、海外の消費者もターゲットにしたい場合など、ターゲットの所在地がバラバラである場合などにも移動のコストがかからないためメタバース上での販売が優位な選択肢となる。また、深夜外出の制限などの問題もないため、未成年をターゲットにする場合にもメタバース上の出店を検討する価値がある。ただし、長時間利用した場合の問題は存在する。

イ　メタバース上での販売が不向きな場合

一方で、物理的な確認が必要な商品を扱う店 (例：靴やスーツなどサイズ感が重要な衣料品、色が重要である場合、タオルや布団など手触りなどが重要な商品の場合) はメタバース上の販売はリアル販売に比べると優位性はないかもしれない。ＺＯＺＯスーツのようにデータ化してサイズ感の問題をクリアしようとしたサービスはあるものの原則としてはリアル店舗で販売する方法のほうが向いていると考えられる。前記のように、現状のメタバース上で使用できるデバイスでは、視覚、聴覚以外の感覚の再現は難しいためである。しかし、商品を自らの家に置いたときのイメージをしたい、大きさを図りたい場合など (例：本棚などの大きなものを購入したい場合) はメタバース上の販売 (またはＡＲ サービスを利用した販売) が向いていると考えられる。自己の部屋に設置した様子をシミュレーションし、その際の圧迫感などを確認できるためである。

これらのターゲットの問題、場所の問題とあわせ、販売する商品がどのような性質なのかについては分析し、販売方法を選択する必要がある。

ウ　別の観点（「買手」目線）からの検討

また、買手の「体験」の観点からも検討しておくとよいだろう。この点は後記第4章Ⅱ3で買手の体験という視点から解説するので参照してほしい。

エ　コスト面からの検討

目的が明確であり、その目的のためにメタバース上で販売するという手段を選択することが有効であったとしても、すでに検討してきた事実上の問題点や法的論点を解決・対応するためのコストをかけても行うことが妥当なのかについて別途検討する必要がある。

2　メタバース上のコンテンツを売る（NFTアート、メタバース上の土地販売など）

(1)　メタバース上のコンテンツを売るとは何か

本項では、メタバース上で利用する商品（NFTアート、メタバース上での土地など）を購入する場面を想定している。

本項でもここまでと同様にリアルの世界に存在するサービスとの比較をしつつ、メタバース上でコンテンツを売る方法を検討する際に考慮すべき事項を説明する。リアルの土地を売買する場合、ソーシャルゲームでアイテムの販売する場合の関係当事者はそれぞれ【図表2-3-6】、【図表2-3-7】のとおりである。ソーシャルゲームでアイテムを販売するケースとして想定しているのは、ゲーム内での利用のみが想定されるデジタルデータの売買である。

[図表 2-3-6]　リアルの土地を売買する場合

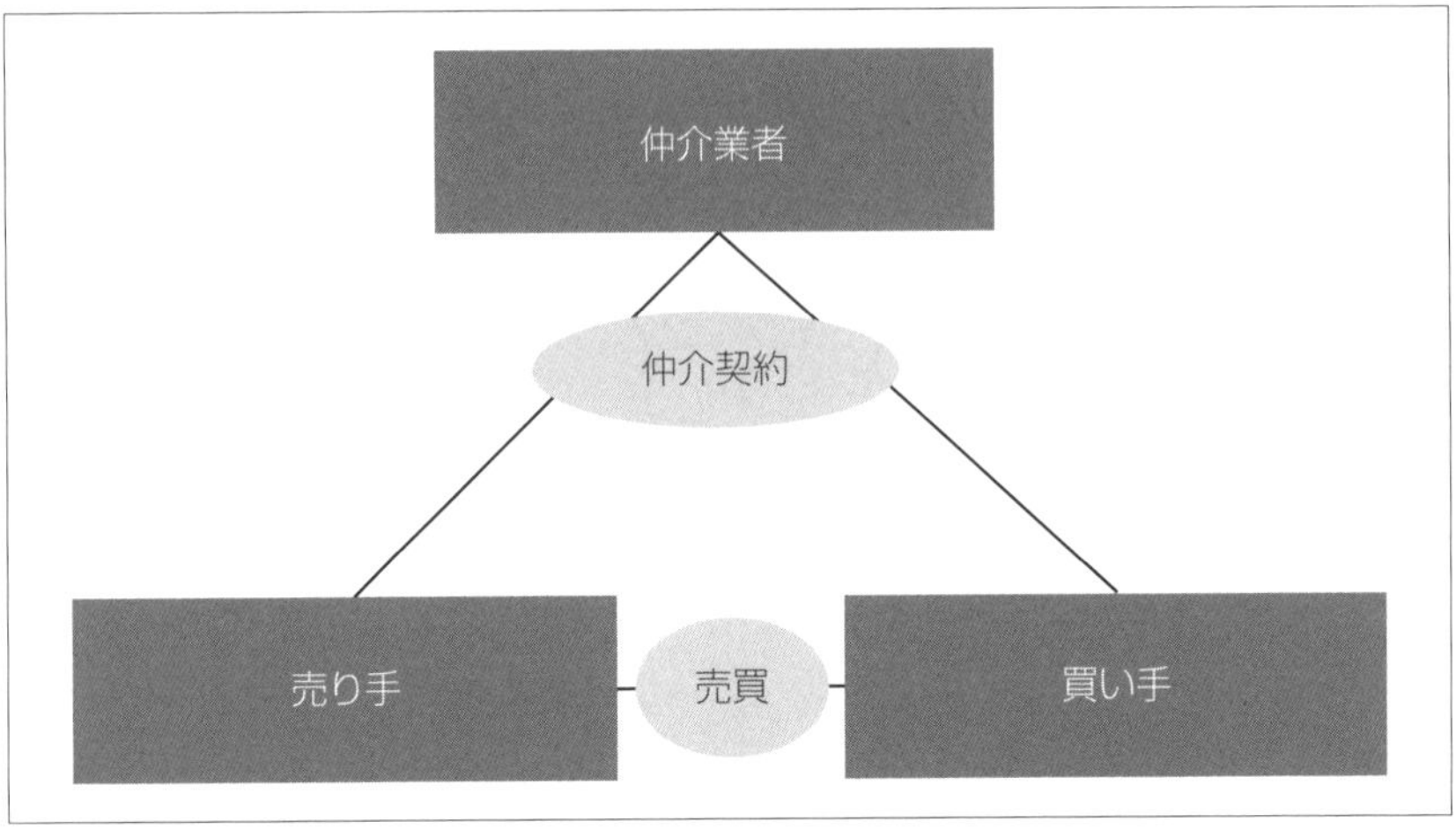

◆事例紹介・2-3-2　メタバース上のコンテンツ販売

1 「The SandBox」

「The sandbox」は、Animoca Brands が開発したイーサリアム上のブロックチェーン技術を基盤としたユーザー主導のゲームプラットフォームで、ユーザーは同サービス上のメタバース空間に LAND と呼ばれるNFT化した土地を購入して、オリジナルゲームなどを作成することができる。そのほかのメタバースと同様、アバターを用いてイベントに参加したり、交流をしたりすることも可能である。

同メタバース内では、SAND という独自トークンが流通しており、SAND を利用してNFT化した土地などを購入したり、LAND 上のゲームをプレイすることが可能である。また、SAND をステーキングすることで、SAND を増やすことも可能である。ステーキングとは、一定期間トークンを預け入れることで、ステーキング期間の満了時に事前に設定された率に応じた増加分も含め返還してくれる機能をいう。

2 「Decentraland」

「Decentraland」も SandBox 同様、イーサリアムのブロックチェーンを利用したプロジェクトである。ユーザーは同サービス上のメタバース空間にある施設などを利用したり、同空間内で提供されているゲームをプレイすることも可能である。また、同メタバース上のNFT化した土地を購入して自分で利用することもできる。

［図表 2-3-7］ ソーシャルゲームでアイテムを販売する場合

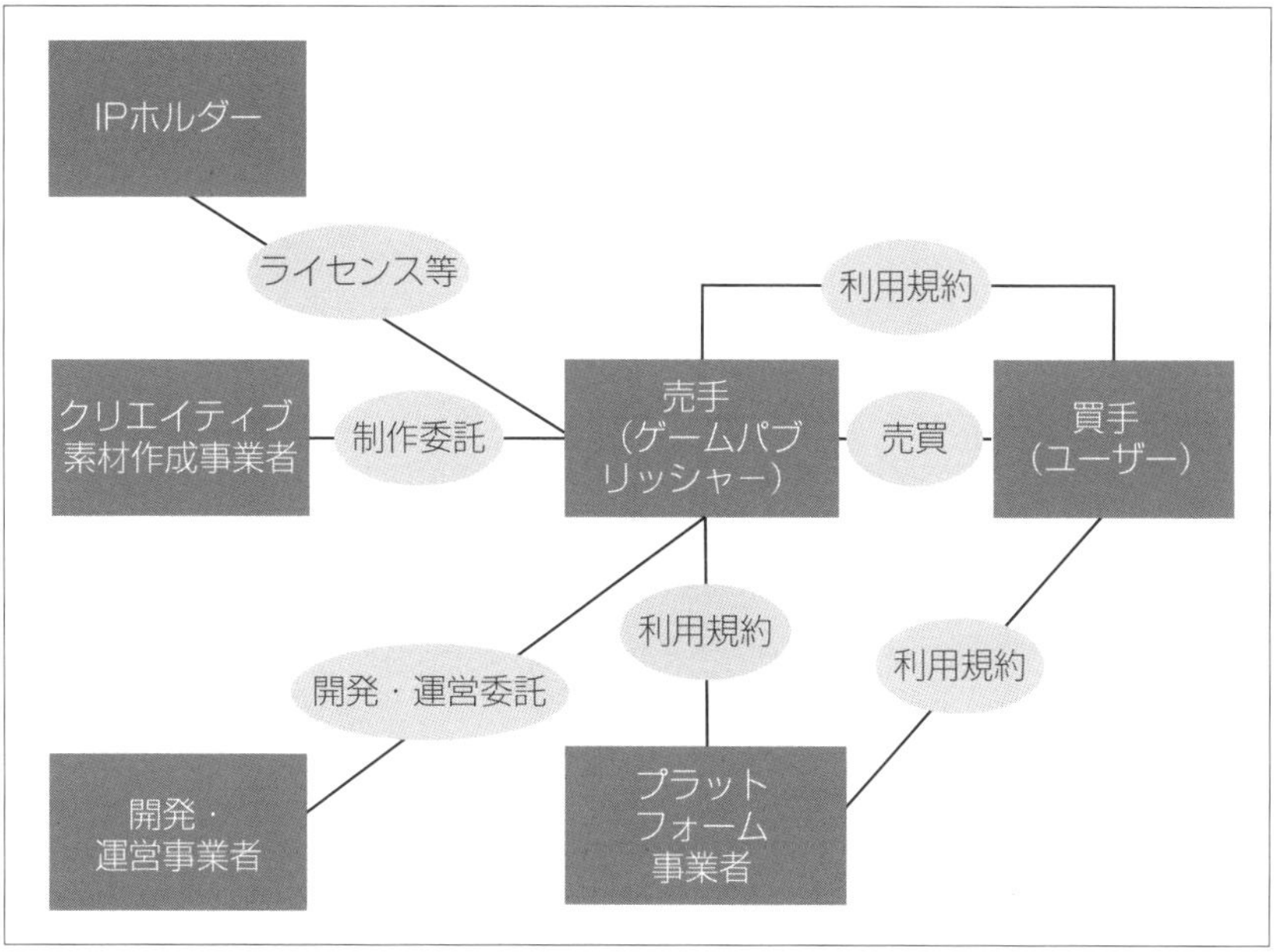

Decentralandでは、MANAという独自トークンが流通している。SandBox同様、トークンを利用して土地などを購入することが可能である。

(2) リアルとメタバースの相違点

本項では、リアルでリアルの土地を売買する場合、ソーシャルゲームでアイテムを売買する場合のぞれぞれとメタバース上でコンテンツを売る場合を比較していく。なお、メタバース上のアイテムはＮＦＴ化したデジタルデータを想定する。ＮＦＴではないデジタルデータのアイテムを売買するのであれば、ソーシャルゲームとの差異がほぼないためである。

(i) リアルの土地売買、有体物の売買をする場合とメタバース上の土地の売買

リアルの土地や有体物を売買する際は、所有権が売主から買主に移転する。所有権は民法上に規定されている権利であり、その内容は明確になっている。しかし、メタバース上のアイテムの売買をする場合は、売

[図表 2-3-8]　バーチャル空間でコンテンツを売る場合

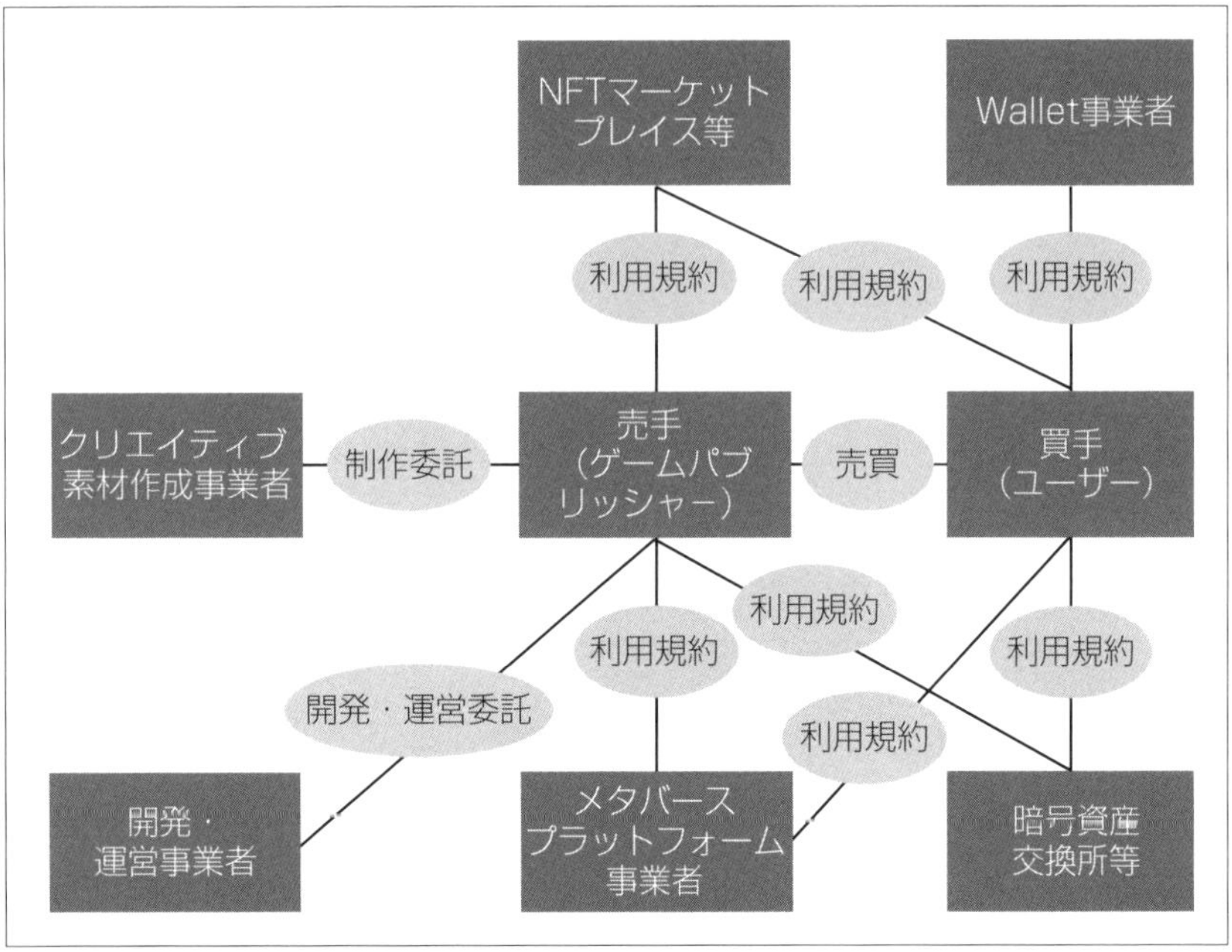

り買いの対象が有体物ではないため所有権が移転するものではないという違いがある（民法85条、206条）。あるアイテムを購入したユーザーにどのような権限が付与されるかは、メタバース上で設定されるルール（利用規約などによる契約を含む）によって決まる。

また、リアルの土地や有体物の売買の決済は現金で行われることがほとんどであるが、メタバース上では暗号資産で行われることも多い。暗号資産は暗号資産取引所で購入し、自らの Wallet に入れて保管する。なお、Wallet とは、暗号資産を保管する場所を提供するツールである。

(ii) 現状のソーシャルゲームのアイテムの売買をする場合とメタバース上のアイテムの売買

現状のソーシャルゲームのアイテムのほとんどは、当該ゲーム内での利用に限られる。他方、メタバース上のアイテムについては、そのアイテムの設計によるが、別のメタバースに持ち出して利用できる場合がある（2023年現在ではまだ広くは実現してはいないようである）。また、現状のソーシャルゲームの多くはRMT（リアルマネートレード）を禁止している。詐欺などの犯罪被害の防止や、賭博該当性、前払式支払手段の払戻禁止、マネーロンダリング防止などの観点によるものである。しかし、これも設計次第ではあるが、メタバース上のアイテムは自分で利用するだけでなく収益化が可能である（例：貸出、売却）。前記の詐欺防止や賭博該当性の問題、前払式支払手段の払戻禁止、マネーロンダリングの問題などを解決する仕組みを構築できれば、収益化の仕組みを取り入れられる可能性がある。

(3) 個別の問題点と法的論点

(i) メタバースとリアルとで共通して起こり得る問題

メタバース上で利用するコンテンツを売る場合とリアルで有体物を売る場合に共通して起こる問題点は、売買で一般的に問題となる点（行為能力、錯誤、契約不適合など）と同様と考える。たとえば、取引の相手方が未成年かどうかの確認が問題となる。リアルの土地の売買などであれば、外見が幼いと感じたならば運転免許証の確認などで対応するだろう。他方、ソーシャルゲームやメタバースでは、相手方もアバターであるため、未成年かどうかを外見で判断することはまずできない。そのため取引の安全を考慮し全員に確認することになるが、どのように確認するかについては検討が必要である。取引時に運転免許証の画像を送ってもらうのか、そこまでせずに取引時に保証条項を設け、違反した場合の解除・損害賠償を規定するなど、様々な対応が考えられる。この点については各企業の判断と考えるため内部でリスクを認識しつつ、判断することが求められる。

メタバース上で利用するコンテンツを売る場合と現状のソーシャルゲームのアイテムを売る場合に共通して起こる問題点としては、通信の環境、購入時の情報提供、購入時のミスの問題が考えられる。購入時の情報提供については特定商取引法の表示や消費者契約法で求められる内容だけでなく、商品の性質に応じて商品そのものの説明が含まれる。これは、現物を確認できないだけでなく、商品内容が複雑であったりするためである。購入時のミスとしては、数字の打ち間違いや、画面の押し間違いなどが考えられるので、法律で求められる内容を守ることはもちろんとして、わかりやすいＵＩを心がける必要がある。

(ii)　メタバース上の売買では起こらない問題

メタバース上で利用する土地を売り買いする場合には、リアルの土地を売買する場合と違い、筆界や面積など、取引の対象の限界、特定の問題は起こらないだろう。データ上明確になっているためである。

またデジタル商品なので、配送や引渡し時に起こり得る問題にも直面しない。

現状のソーシャルゲーム内のアイテムとの比較でいうと（ダウンロード型で提供され、またはそのメタバース外に持ち出せる条件でＮＦＴ化されているのであれば）サービスが終了したとしてもユーザーの手元に財産として残るため、払戻しや、サービス終了後のアイテム消滅の問題は発生しない。ただし、当該アイテムが他のプラットフォームでも利用できるのかなどについてはまた別の問題であるため、別途検討する必要がある。

(iii)　メタバース上で発行したＮＦＴに関する問題およびそれらに関連する問題

メタバース上で発行したＮＦＴを他のサービスに持ち出す場合にどのような法的整理をするのかは、１つの問題点としてあげられる。

方向性としては、ＮＦＴの発行者（売手でありＮＦＴ内のデジタルデータの権利を保有している者を想定する。以下同様とする）と買手の間のライセンス契約と整理し、ＮＦＴの譲渡は契約上の地位の譲渡と考える方向性と、ＮＦＴの発行者からプラットフォーム事業者にライセンスをし、プラットフォーム事業者から買手へとサブライセンスするという方向性が考えられる。ＮＦＴを買手が転売する際は、前者であれば、売手の承諾（民法５３９

条の2）をどのように取得するか、拒否された場合はどのように処理するのかは整理しておく必要がある。後者であれば、そのNFTを別のプラットフォームに移動させる場合にどのように対応するのかを検討しておかねばならない。

前記の問題から派生して、持ち出した際にどのようなアイテムになるのか、アイテムのデザインなどの変更を許すのか、誰がその変更を許すのか、その変更によって新たに権利が生じた場合の権利の帰属はどうなるのか、そのアイテムとしての価値は他のサービスでも同価値のものとして再製されるのか、されるとしたらどのような仕組みで行うのか、NFT発行元であるメタバースサービス提供元がユーザーにNFTの持ち出しを約束した場合、NFT発行元であるメタバースサービス提供元は、どのように持出先であるメタバースサービスの提供元にNFTを利用できるようにする義務を課すのか、NFT発行元であるメタバースサービス提供元はどのようにNFTをコントロールするのか（例：NFT発行元であるメタバースサービス提供元と何ら関係のない他社が、当該NFTを自社サービスで利用できる旨を宣伝し、実際に利用している場合など）などの問題が考えられる。サービスの設計次第だが、これらの問題点はあらかじめ検討しておく必要があるだろう。

さらに、著作物を物理的に複製し譲渡した場合、譲渡権は消尽する（すなわち著作権者であっても、いったん譲渡した当該「物」についてはそれ以降、譲渡権の行使ができなくなる）が（著作権法26条の2第2項）、メタバース上のコンテンツの通常の利用は公衆送信（同法23条）に該当するため同法26条の2第2項の適用はない。しかし、現状、消尽の対象とすべきか否かについては、内閣府の官民連携会議などで議論がなされている。そのためこの点には留意しつつ、デジタルコンテンツの自由な流通と権利者の保護のバランスをとりながら整理しなくてはならない。

前記したが、メタバース上のコンテンツを利用して収益する場合（例：メタバース上の土地、建物を賃貸するなど）の法的な整理、規制の要否、有無、方法なども整理が必要となる。また、メタバース空間内のコンテンツをもとにリアルの商品を作る、リアルの商品をもとにメタバース上のコンテンツを作るなどした場合にどのような権利が生じ、誰に帰属するかの整理も必要となる。

◆ コラム・2-3-2　オープンメタバース

「メタバース」という用語自体の定義が明確ではない中で、その下位概念である「オープンメタバース」やこれと対になる「クローズドメタバース」を定義することは難しいが、ざっくりと捉えるならば、ある特定の事業者によってサービスが運用されているのが「クローズドメタバース」であるのに対し、不特定数の事業者がサービスを運用し、それらのサービスが互換性をもって運用されているのが「オープンメタバース」であるといえる。

　現在のメタバースのほとんどは、クローズドなものであるが、Epic Games 社が提供する「Fortnite」では、Fortnite のキャラや武器、アイテムなどを、他のゲームでも利用できるようにすることを目指すなど、オープンメタバースを目指すという方向性を打ち出している。

　アバターを例とすれば、オープンメタバースでは、ある事業者Aが運用するサービスで使用しているのと同じアバターを、他の事業者Bが運用するサービスでも使用することができる。ただし、「同じ」アバターといっても、どのサービス内でも、完全に同一のものとして再現されるとは限らない。絵文字を例とすると「U+1F600」のUNI Code で定義されている絵文字は「Grinning Face」と呼ばれる笑顔マークであるが、OSなどの環境によって、表示される具体的な絵柄は若干異なる。

　このように、全く同一に再現することができるかはともかくとして、オープンメタバースを実現するためには、複数のサービス間で同じ定義（ルール）を共有しておく必要がある。このような試みは、他の技術分野では「標準化」などと呼ばれ、古くから行われている。携帯電話などの移動体通信の規格などは標準化の典型例であり、共通のルールが共有されているからこそ、異なる機器間で通信を成立させることができる。

　メタバースの分野でも、2022年6月に、メタバースの標準規格策定に向けて The Metaverse Standards Forum が結成され、メンバーとして、前述した Epic Games 社のほか、Meta 社、Microsoft 社、Sony Interactive Entertainment 社などの有力なステークホルダーが参加している。

　また、2022年12月16日には、オープンメタバースを実現するために必要な要素について議論をする場として、Linux Foundation が Open Metaverse Foundation を設立したと報じられた。

　オープンメタバースの実現のためには、技術のみならず、法律などの面でも、議論すべきポイントはまだまだたくさん存在するため、前記のような場において、活発に議論がなされることが、オープンメタバースの実現の第一歩となることが期待される。

ⅳ メタバース上でコンテンツを売る場合の検討事項のまとめ

メタバース上でコンテンツを売る場合、そのコンテンツの内容を明確化し、そのコンテンツにかかわっていく人間との関係性を事前に考えあらかじめ対処しておくことが必要になる。

メタバース上のコンテンツは必ずしもNFT化する必要はないが、NFT化して販売する想定であれば、NFT化した場合にできることは何か、NFT購入者がやってはいけないこと、二次流通の可否（その際に発行者として利益を得るかどうか、二次流通の際の問題にどの程度関与するか、どのように関与するかも含む）、その範囲、サービス終了時のNFTしたデジタルデータの取扱いなどは明確にしておかねばならない。

また、当該NFT化したデジタルデータがどのような性質のもので、どの程度の量が発行されるのか、どのような使い方が想定されるのかも検討しなくてはならない。個性が薄く、発行数が多くなり、決済手段として利用することもできるようになると、資金決済法上の暗号資産や前払式支払手段に該当する可能性がある。それらに該当する場合には法が定める手続きを履行し、金銭を保全しておくなど事業を行う上で大きな影響がある条件が課されることには注意が必要である。

前述のように、NFT化したデジタルデータを売買したとしても所有権のような内容がはっきりした権利が移転するわけではないので、販売元としては、購入者がそのNFTを購入した場合に何ができるのか（例：コレクションできる、SNSのアイコンにすることができる、デザインを利用してグッズを制作して販売できるなど）を明確にすることは重要である。また、NFTマーケットなどで二次流通させることができる設計にするのであれば、その売買の際に発行元が手数料を得ることができるようにするのか、仮にNFT化したデジタルデータが何らかの権利を侵害しており紛争が発生した場合の関与の仕方、責任の範囲などもあらかじめ設計しておくほうがよいだろう。

また、メタバース上の土地などをＮＦＴ化したものを購入した場合には、プラットフォームの利用規約のほか、独自の利用規約を定めることができるのか、定めるとしてどのような内容にするのか、プラットフォームの利用規約との優先関係をどのように調整するのかなどの検討も必要になってくる。これらは自らの土地の利用者、参加者との間の関係性、利用者、参加者同士の関係性を整理し、円滑な土地の利用に役立つ。

(4) その他

(i) ＮＦＴに関連する主体

ＮＦＴに関連する主体は様々である。ブロックチェーンの運営にかかわる者、暗号資産交換所、Wallet提供者のほか、ＮＦＴアートのクリエイター、ＮＦＴマーケット、買手たるユーザーなどが存在する。ＮＦＴ、ブロックチェーンなどの概念については前記で説明済みであり、ユーザーについては特に説明すべき点がないので省略し、ここではその他の主体について簡単に説明したい。

現在、世界には多数のＮＦＴ作品のクリエイターが存在していると考えられており、日々新たなＮＦＴが生み出されている。今日のＮＦＴの盛り上がりを作ったプロジェクトの1つとして、アメリカで２０２０年にサービス開始したNBA Top Shot[(2)]がある。NBA Top Shotとは、アメリカのプロバスケットボールリーグであるNBAとDapper Labsによって提供されているトレーディングカードサービスである。同サービスではNBA選手の試合でのプレイのハイライト動画が格納されたカードが販売されており、ユーザーは同カードを購入、保

(2) https://www.dapperlabs.com/

有・販売することができる。同カードはNFT化されているので単なるデジタルデータではなく、オリジナルであることが証明される。これにより一定の価値を持つことになる。実際、同サービスが販売されたカードには約38万7000ドルもの値段がついたものがあった。

その他の主体としてNFTマーケットプレイスが存在する。NFTマーケットプレイスは名前のとおりNFTを売り買いできる市場である。NFTはクリエイターから販売され（一次流通）、その後、その買主から転々流通する（二次流通）が、NFTマーケットプレイスは一次・二次流通の両方の場を提供することができる。取引量が多いNFTマーケットプレイスとしてOpen Seaなどのサービスもある。

(ii) メタバース上の「買う、利用する」をサポートするサービスを提供する事業者

メタバース上では、様々なものを買い、利用することができる。しかし買うにはその対価が必要であるし、利用する場合にも工夫が必要となる場合がある。

たとえば、前記したとおりメタバース上の土地を購入する場合は購入のための暗号資産、またはその暗号資産の購入原資が必要となるし、メタバース上の土地に建物を建てるとすると、その建物の設計、建築が必要となる。また、NFTゲームをプレイする場合にはNFT化したアイテムが必要だが、NFT化したアイテム自体が高価でなかなか購入できない場合などの障害が生じることもある。

近年ではこのようなニーズを満たし、メタバース上のサービスを享受するために必要なサポートを提供する者たちが現れはじめている。

2022年1月29日、TerraZero社は「Decentraland」上の不動産を購入するためのローンを企業に提供したと発表している。同社は、これによりメタバースの開発と普及が促進されるとコメントしている。

ほかにもメタバース空間に特化した設計事務所を設立し、建築士の募集を行っている企業や、メタバース空間

内の建物の建築を代行する業者なども出現している。

コラム・2-2-2でも触れたが、ベトナム企業であるSky Mavis社が2018年にリリースしたブロックチェーンゲーム、「Axie Infinity」では、参加のために必要なNFTが高額になり、新規の参加が困難になった。その後、先行プレイヤーのうちにゲームをプレイして得た賞金の一部を対価としてNFTを貸しだすビジネスを行うプレイヤーが発生した。これも、メタバースの利用をサポートするためのサービスと考えられる。

(iii) メタバース上でのビジネスと各種業法による規制

リアルでビジネスを行う場合、建設業法、宅建業法、古物営業法などの各種業法の適用対象となる場合があり、当該ビジネスがそれら業法の適用対象となる場合は当該業法が定める手続きや条件を遵守しなければならない（例：許認可の取得、届出など）。これはメタバース上でも同様だが、リアルでビジネスを行う場合とメタバース上で行う場合で法律の適用に差が発生する可能性がある。たとえば、メタバース上で骨董品を販売する場合でも、盗品の販売を防止する必要（古物営業法1条）があるため、リアルの販売と同じ条件を課し、売手にそれを守らせる必要がある。他方、メタバース上の土地に建物を建てる場合では、その建物は壊れる心配もなく、壊れたとしても人に怪我をさせたり、人の財産を壊したりするものではないため、必ずしもリアルと同じ規制を課す必要性は認めにくそうである。

このように、各種業法の適用があるかどうか、どの程度までの適用があるかは、営むビジネスの内容、各種業法の保護しようとしている利益、条文の規定などを細かく確認し慎重に検討することが必要となるため、実際にメタバース上のビジネスを開始する前に、弁護士などの各種専門家に相談することを勧める。

◆コラム・2-3-3　一般ユーザーと金融目的のユーザーの対立?

NFTのユーザーはリアルコンテンツの消費者と同じく大きく二分することができる。一般ユーザーと金融目的のユーザーである。一般ユーザーはゲームアイテムや、アート作品の収集などを楽しんでいる。他方、金融目的のユーザーは商品の値上がりを見込んで投機目的で購入し転売などを行っている。

金融目的のユーザーについては、純粋に商品やアート作品を欲しているユーザーからすれば敵対視されがちで、それらのコンテンツ提供者からもよい印象はもたれていないように感じる。

これは、買い占めを行い、値段を吊り上げることで一般ユーザーが購入できる可能性を減少させ、あるいはコンテンツ提供者の努力、才能などを安く買い、仲介するだけで大きな利益を得るようにみえるためであると考えられる。リアルな物品やサービスの世界では前記のような敵対関係のような状況になっているが、NFTの世界でもそうなのか。

実際に、「Minecraft」ではゲーム内コンテンツをNFT化することを許可しない旨の発表がなされている(1)。Minecraftの開発元であるMojang Studios側の主張としては、NFT化することでアイテムに希少性が付与され、持てるユーザーと持てないユーザーが発生する。それはMinecraftの理念に反するとのことである。

確かに買い占めの問題はNFTの世界でも発生する。そのため、購入に際して何らかの制限を設けるなどのケアは必要になると考えられる。しかし、一般ユーザーに関しても、コンテンツ提供者としても金融目的のユーザーの存在は必ずしもマイナス面だけではないと考えられる。

金融目的のユーザーは値上がり益を見込んで早い段階からNFTを購入することになる。これにより、NFTのコンテンツ提供者が収益を得ることになる。これにより、NFTのコンテンツ提供者は次のNFTを作成する原資を得て次のNFTが生まれ、NFTの市場が豊かになる。

また、NFTは転売が発生するとNFTのコンテンツ提供者にロイヤリティが発生するような仕組みとすることもできる。この仕組みにより、金融目的のユーザーがフリーライドして儲けるような形ではなく、コンテンツ提供者の努力もきっちり報われる形になり経済的にも安定することとなる。

加えて、金融目的のユーザーが儲かるNFTを必死に探すことによって、新たな才能が発掘されることになる。これらの金融目的のユーザーの行動により、(これが自ら儲けを目的とするものであっても)一般ユーザーは豊かな市場から商品を選べるようになる。その点においては一般ユーザーも利益を享受することができる(2)。

前記のとおり、システム上の制限を設けるなどのケアを行うことで一般ユーザーと金融目的のユーザーは必ずしも敵対的な関係ではなくなると考える。コンテンツ提供者としては、システムなどを通じて関係者の調和を図ることが、ＮＦＴ経済圏発展のため必要な対応と考えられる。

（1）https://www.minecraft.net/ja-jp/article/minecraft-and-nfts-jp
（2）https://note.com/teresa2/n/nb22e68306ed7　当該記事の見解を参考にした。

第4章 メタバースで「体験する」

イベントなど

I 「体験する」ビジネス総論と最新動向

本章では、メタバースで「体験する」というくくりで、コーポレート関連アクション、映画鑑賞、イベント参加、アートイベントの開催、バーチャルシティについて説明していく。

従前、前記の営みは基本的にリアルな空間で人々が対面して行われてきた。それは、参加者が複数同時に同じ場所に存在し、同じ時間を共有することが重要であったためだろう。

しかし、2020年以降のコロナ禍では、外出や人々が対面で集まることが困難な状況になり、人々が同じ場所で同じ時間を共有するということが難しくなった。その中でも、同じ場所で同じ時間を共有する、という目的を達成するためメタバースが発展してきたのである。

メタバース上とリアル空間で参加者が全く同じ感覚が共有できるところまでは技術が発展していないが、メタバース上で行われる場合とリアルな空間で行われる場合とでは何が異なり、何が向いていて、何が不向きなのか、後記II以降で説明していく。

[図表 2-4-1]　リアルの採用説明会などの関係者

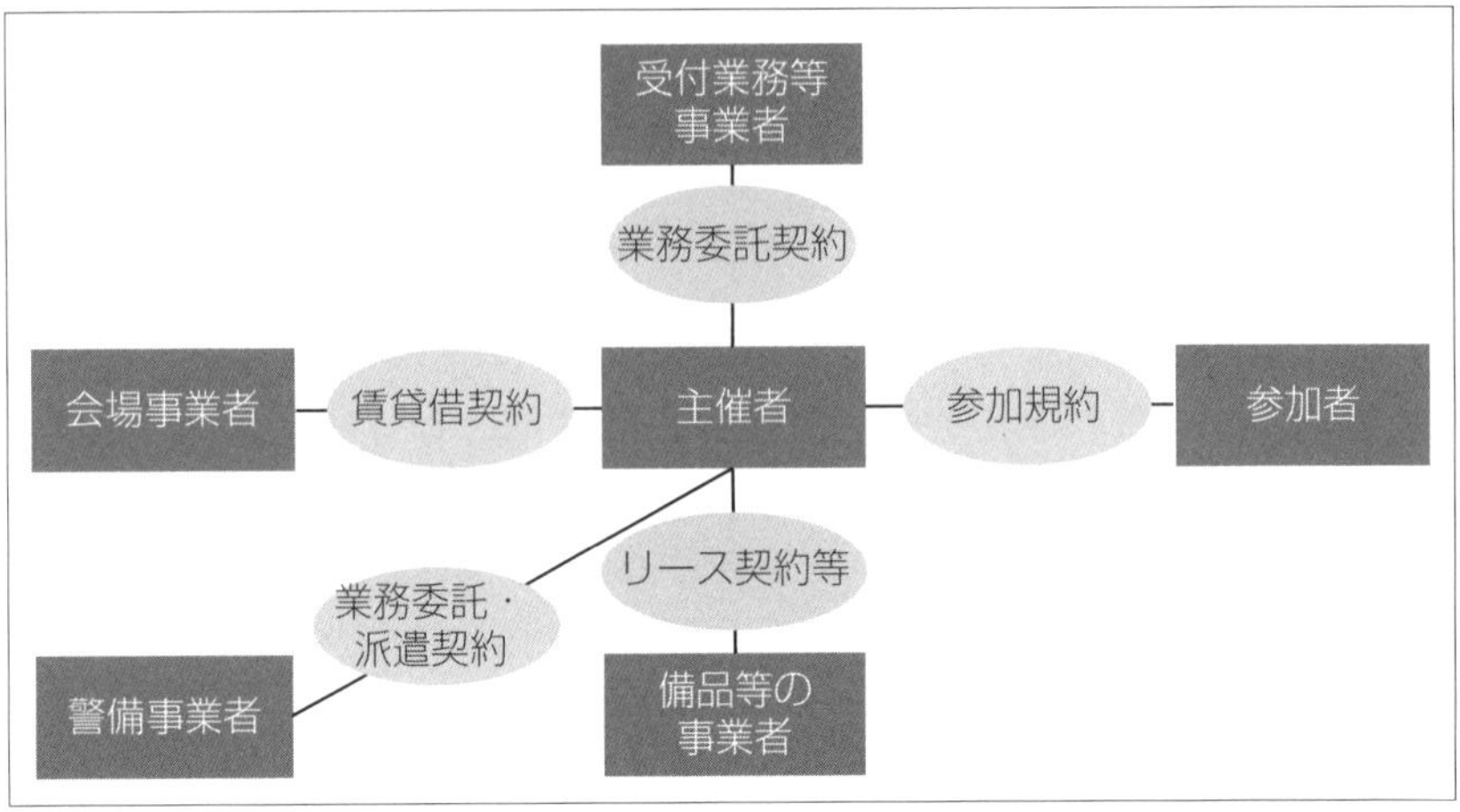

Ⅱ　「体験する」ビジネスのリアルとメタバースの相違点

1　メタバース上のコーポレート関連アクション

(1)　コーポレート関連アクションで想定する事例

ここで取りあげる「コーポレート関連アクション」とは、コーポレート部門が主体となってメタバース内で内部、外部に向けて行う発信をいう。本項でもリアルの世界に存在する事例との比較をしつつ、説明を加えていくことにする。

リアルの採用説明会などの関係当事者は［図表2-4-1］のとおりである。［図表2-4-2］は配信でコーポレート関連の発信を行う場合であり、その関係当事者の一覧である。なお、このⅡではコーポレート関連のイベントを主催することを基本的に想定して記載し

［図表 2-4-2］ 配信で行われるコーポレート関連の関係者

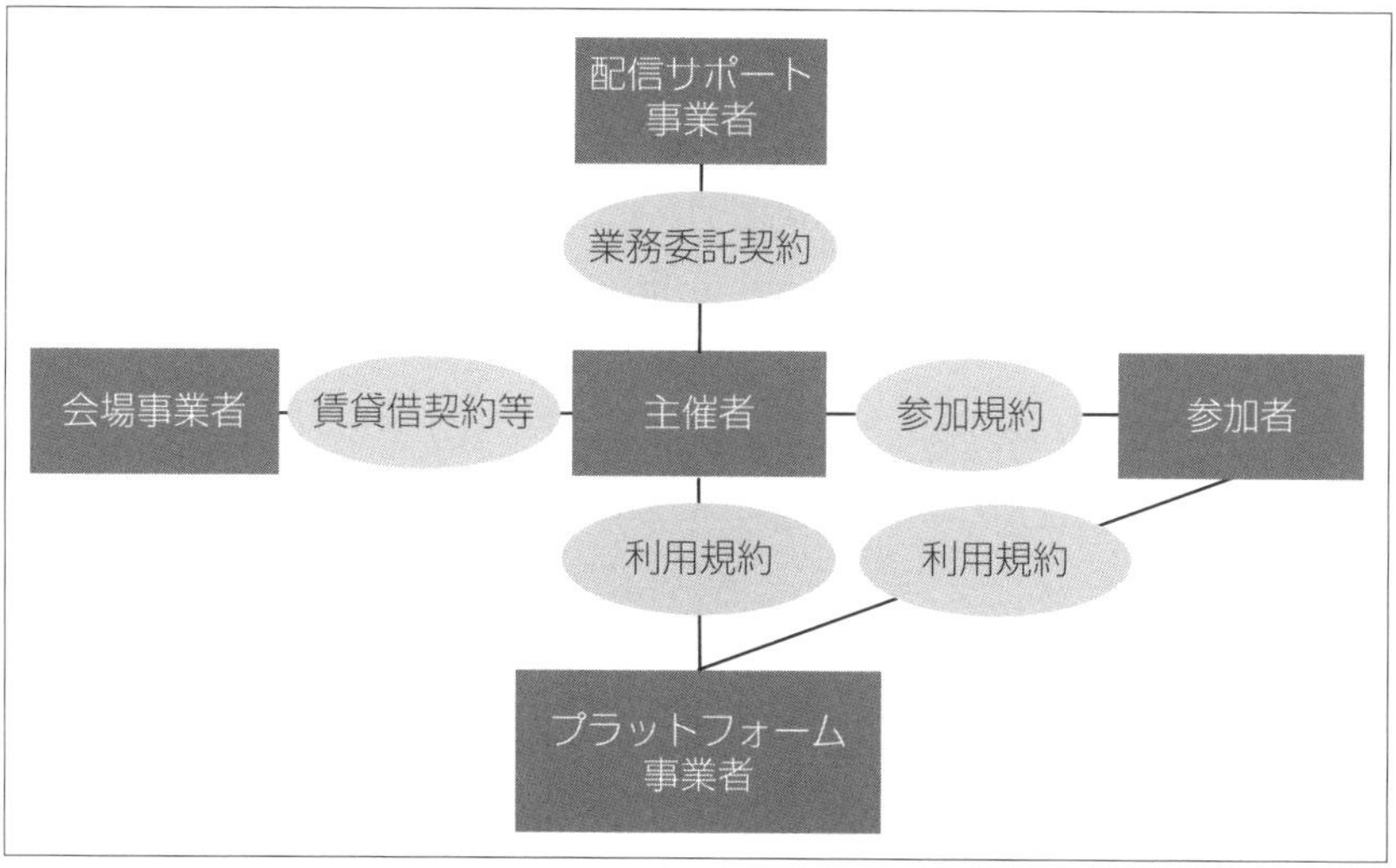

ており、他社主催のイベントに参加する場合については後記3を参照していただきたい。

◆ 事例紹介・2-4-1 メタバース上のコーポレート関連アクション

1 クラスター社「cluster」のバーチャル採用説明会

クラスター株式会社が提供しているメタバースプラットフォーム「cluster」で2020年6月17日に行われた採用説明会である。同イベントでは同社社員が登壇し、社内カルチャーや具体的な仕事内容の紹介を行ったり、パネルディスカッションなどが行なわれた。clusterの開発エピソードの紹介や、バーチャル×ゲームの可能性についての話がされた。また、採用説明会の翌日には、採用説明会の当日に会場でされた質問で答えられなかった質問に対して、クラスター社のCEOの加藤氏がすべて答えるYouTube配信が急遽行われた(1)。

2 中京テレビ放送のメタバース会社説明

monoAI technology株式会社が提供するメタバースプラットフォーム「XRCloud」で2022年10月8日に行われた採用説明会である。同イベントのお仕事座談会やアバターによる質疑応答では中京テレビ放送株式会社社員もアバターとして会に参加し、参加者からの質問に直接回答していた。

[図表 2-4-3] メタバース上のコーポレート関連行事の関係者

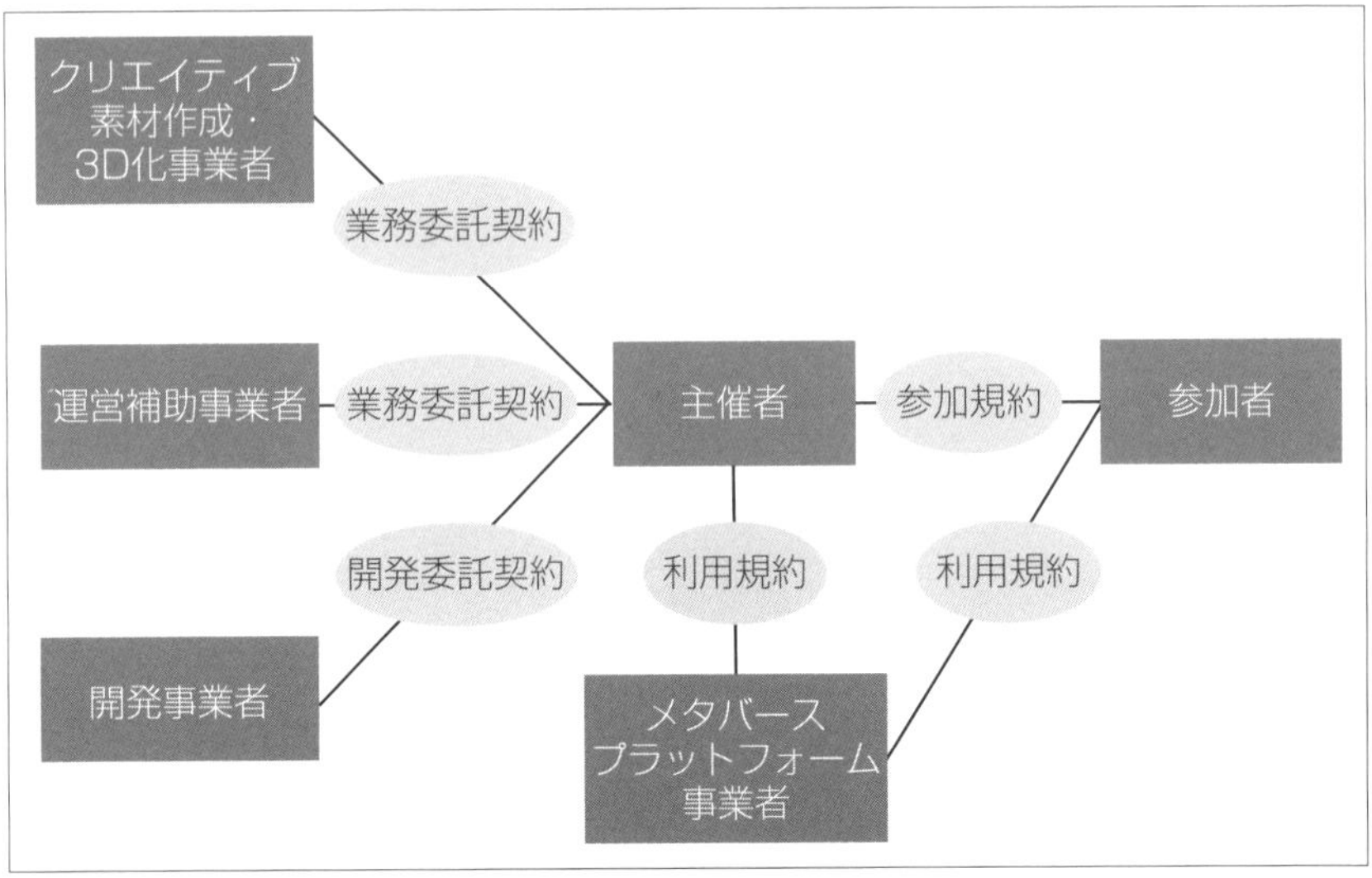

中京テレビ放送株式会社は会社説明会のポイントとして次の3点をあげている。①先輩社員とのメタバース上での質疑応答を行うことでより近い距離でのコミュニケーションを行うことが可能、②オンラインでは1対1になりがちな質疑応答が1対多のコミュニケーションで可能、③お互いの顔や名前を知らない状態で質問に対する心理的ハードルが下がり、より聞きたい内容の質問が可能。実際の参加者からも、質疑応答の場所への行き来が容易であったこと、リラックスできたなどの声がよせられていた[2]。

3 グリーグループの社員総会

グリー株式会社の子会社であるREALITY株式会社のサポートのもと、2021年の社員総会はメタバース上で行われた。従前グリーは毎年ホテルなどの会場を使いグリーグループ総会を開催していた。総会の開催目的はグループ全体の一体感の創出や士気向上であった。しかし、2020年には新型コロナウイルスが蔓延し、1か所にたくさんの人間が集まるイベントを開催することが難しい状況になった。このような状況に対処するため、同年は事前に録画した映像を流すなどの対応を行ったが、参加者からは映像を流すだけでなく、受賞者の生のコメントを聞きたいなどの意見がでた。これは従前の社員総会と比べ、時間と空間をともにできず、グループの一体感の創出や士気の向上の程度が低い状況となった可能性を示唆する。

そこで翌年、グリーの人事担当者は一体感の創出のため、バーチャル空間上でグループ社員総会を行うことを企画した。

ただバーチャル空間に人を集めるだけであれば、前年に行った動画の配信と変わらないため、グループ総会の担当者は様々なバーチャル空間ならではの工夫を行った。
まず、空間面ではレッドカーペットを敷き詰めた総会用の特設ステージを作り、司会者はアプリケーション「REALITY」を利用してアバターを作成し、モーションスーツにあわせて同アバターが動くようにした。また、臨場感を醸成するため、MVP表彰では受賞者から生コメントをもらったり、参加者のコメントが表示されるSlackの画面を同時に表示するなどの工夫も行われた。

(1) https://note.com/cluster_official/n/ne9c5b3cb3946
(2) https://prtimes.jp/main/html/rd/p/000000186.000039863.html

(2) リアルとメタバースの相違点

ここでは、まず、リアル開催とオンライン開催(メタバース上の開催、配信)に分け、さらにオンライン開催を配信とメタバースでの開催に分けて、それぞれ比較検討する。

(i) リアルとオンライン開催の違い

関係当事者は【図表2-4-1】から【図表2-4-3】のとおりである。3つの図表を確認すると、主催者、参加者は当然同様であるが、そのほかは大きく異なっているようにみえる。しかし、各当事者が担っている役割を他の事業者が代わって行っているだけであり、(契約の内容は異なるが)役割としてはほぼ同様と考えてよい。リアルおよび配信の場合における会場は、メタバースではプラットフォーム事業者が代わりを務め、リアルでいう備品を準備する役割は開発事業者、クリエイティブ素材の制作業者などが担う。

リアルでコーポレート関連行事を開催する場合、当然、物理的な開催場所が必要であるため、会場を確保する必要があり、会場確保のための契約の締結を必要とする。また、会場までの導線の警備も行う必要があるため警備会社などへの業務を外注するなどの対応も必要となる。加えて、当然、会場に人が集まるため、椅子や机などの備品、受付対応の人員なども必要になり、それらに対応した契約が必要となる。

これに対し、メタバース上で開催する場合には、その会場の設営のための開発契約やアバターや会場のデザイン、3D化に関する契約の締結が必要となる。ただし、物理的に人が集まるわけではないので会場までの導線警備などは不要である。また、オンラインではインターネット接続が当然に必要とされるため、通信環境の整備をしなくてはならない。コーポレートの行事では、タイムラグが発生すると非常にみづらいため、その点の対応も重要である。

また、コミュニケーションの情報量も異なる。リアルでは実際に人が対面しているので、即座に参加者のリアクション（声や表情、空気感など）が確認できる。他方、オンラインではテキストや音声などでリアクションすることは可能であるが、やはり表情などまでは伝えきれないことが多いため、情報量はリアルに比べて少なくなるだろう。

(ii) メタバース上の開催とオンライン配信の違い

関係当事者は〔図表2-4-2〕および〔図表2-4-3〕のとおりである。2つの図表の関係当事者の違いは主にクリエイティブの制作業者の存在という点である。メタバース上では登場人物がアバターで表現されるための違いである。

さらに開発事業者と運営補助者が異なる点にも違いがある。メタバース空間を構築するために開発事業者が存在し、メタバース空間のメンテナンス、コーポレート関連行事の進行のために運用、保守事業者が存在する。これらの者とはそれぞれ、開発委託契約、運用保守契約を締結することになる。

加えて、オンライン配信とメタバースとが大きく違うのはコミュニケーションの双方向性である。配信は一方的に行うものであるが、メタバースでは参加者も発信をし、主催者側とコミュニケーションをとることができる。

(3) 個別の問題点と法的論点

(i) メタバースとリアルで共通して起こり得る問題

コーポレート関連アクションの目的は情報の発信であるため、その情報の発信は必要十分な情報が開示されているか、正確に開示されているかが問題となる。**事例紹介・2-4-1**にあげた就職説明会であれば、発信される労働条件は正しいのか、必要な項目が開示されているのかは要確認事項である。

また、コーポレート関連の行為を行う際に参加者から情報を取得することがあるが、取得した情報の内容次第では個人情報保護法にいう「個人情報」（個人情報保護法2条）に該当する可能性があり、「個人情報」に該当した場合は、個人情報保護法に定められた義務を履行する必要がある。

ここでは特に想定はしていないが、コーポレート関連アクションを複数の主体で行う場合（例：合同採用説明会など）ではその行事の主体は誰かという整理が必要となる。個人情報の取得主体の議論（共同利用なのか、第三者提供なのかなど）や対外的な責任の一次的な責任の主体（契約の締結主体など）の議論とリンクすることになる。

また、会場提供者、プラットフォーム事業者から主催者に対して課される責任（例：備品を壊した際の責任）を誰がどの程度負うのかの整理はメタバースでもリアルでも同様に必要となる。

また、会場提供者（リアル会場、メタバースプラットフォーム）による会場設置に関する契約上の制限がある点もメタバース、リアルともに共通である。

(ii) メタバースでは起きない問題

メタバース上には物理的な制約による会場設置の限界はない。ただし、前記のように契約や利用規約、技術上の制限は存在する。

メタバース上でコーポレート関連行事が行われる場合は人が集まることはないので、会場の近隣への事情説明や、警備、導線管理の問題は発生しない。前記のように、同一サーバ内の人数上限や、サーバコスト的な問題からくる人数上限はあるが、サーバを分けるなどの対策をすることで、人数上限の問題は一定程度クリアすることが可能となる。

加えて、現状ではメタバース上で実際に飲食を行うことは難しいので、飲食に関連する規制対応は発生し得ない。

(iii) メタバース上でコーポレート関連の発信を行う場合の問題およびそれらに関連する問題

メタバース上でコーポレート関連の発信を行う場合の問題点は、主に①メタバース空間や会場などの開発に関連する問題、②クリエイティブ素材の権利処理、③コーポレート関連の行事の運営の問題の3つになる。

①につき、通常はプラットフォーム上でコーポレート関連行事を開催するために必要な空間の開発を委託する、プラットフォーム事業者が用意したものを改良する、またはプラットフォームが用意した範囲のものを利用して行う場合と3つの場合が考えられる。この際には、プラットフォーム事業者が用意したものの範囲で行う場合を除き、通常の開発と同様、開発委託契約が必要となり、開発委託契約で一般的に問題となる点（要件の明確化、各タスクの割りふり、開発コストの増大、開発期間の延長の際の責任など）はメタバース上でも同様に問題となるため注意を要する。

②については、アバターなどのアセットについてはコーポレート関連行事の運営スタッフ分も含めて必要となるので、それらの制作委託契約などを締結する必要があると考えられる。同制作委託契約の中でアセットに関する知的財産権の譲渡その他のケアを行っておく必要がある。同契約についての注意点は通常のクリエイティブ素

材の制作委託に関する契約と変わるところはない。

③については、コーポレート関連行事を進行するための運営契約も必要になると考えられる。メタバース上で行われるコーポレート関連行事は、参加者がばらばらの場所にいる可能性もあるため、参加者の同一性確認（なりすまし対策を想定）をしたり、行事中での発言のタイミングを計る方法を確認したり、通信障害などのアクシデント対応になれているかなどの確認をした上、実際にそれらのトラブルが発生してしまったときの損害の分担などはあらかじめ想定して契約書に記載しておくとよい。

個人情報の問題についてはすでに触れたが、リアルでは取得することができない個人情報（参加者の移動の記録、滞在時間の記録など）を取得することも技術上は可能と考えられる。そのような場合、誰が、どのような情報を、どのような目的で取得し、どのような利用をするのか、第三者に提供するのかなどを整理の上、プライバシーポリシーなどでの対応を検討する必要があると考えられる。

ⅳ メタバース上のコーポレート関連行事を企画する際に検討する事項のまとめ

メタバース上でコーポレート関連行事を行うことで何を達成しようとしているのかについても言語化しておくとよい。前記のとおり、目的を達成するための手段としてメタバースが最適かという検討のために必要だからである。

メタバースはリアルタイムで双方向のコミュニケーションを取ることができることが強みであり、現状では、新しい技術であるため、話題性がある。目的達成にその強み、話題性が必要なのかの検討は前記同様、この場合にもすべきである。

コーポレート関連情報の発信という観点から考えると、現状では、メタバースがまだ新しい技術であることから、先進的で新しいことを積極的に取りいれていく（保守的ではない）企業であることをアピールしたい場合に向いていると考えられる。たとえば、エンジニアなどの技術職の採用を目的として利用するのであればメタバースでの採用面接に優位性がありそうである。

また、採用説明会の場面では、転職活動をオープンにしたくない層をターゲットとしているなど、事情があり顔出しをしたくない相手が参加者と想定される場合にはメタバースに優位性がある。

一方でメタバース上の説明会では参加者が実際にオフィスを訪問したり直接に従業員等と話せるわけではないので、説明の内容以外からの情報（オフィスや社員同士のコミュニケーションの雰囲気など）を得られないというマイナス面もある。また、現状のアバターでのコミュニケーションでは表情などのニュアンスが感じ取れない可能性があるので、その点が重視される行事にはメタバースは向かないかもしれない。

自社が単独で主宰する場合にはコスト面（金銭だけでなく、工数的な負担も含む）の負担が大きい。前記のように、コントロールするべき事項（開発、運用、保守、クリエイティブ素材のクオリティなど）が多いためである。

加えて行事の運用では各種のノウハウが重要な場面がある（例：登壇者との連携、資材トラブル対応、タイムラグなどの対応）。この点についてメタバース上で対応できるかどうかは検討しておく必要があるだろう。

◆ コラム・2-4-1　メタバース株主総会

2021年6月16日に産業競争力強化法が改正、施行され、場所の定めのない株主総会を実施することが可能となった（産業競争力強化法66条、会社法298条1項1号）。同法にいう「場所」とは物理的な会場を指すため、物理会場の用意は不要となったが、それでは物理会場以外の株主総会はどこで開催されているのか。現在においてはインターネット上で開催されており、いわゆる完全オンライン株主総会といわれるかたちで行われている。このような形態での開催はバーチャルオンリー型株主総会の一形態といえる。バーチャルオンリー型株主総会とは、「リアル株主総会を開催することなく、取締役や株主等が、インターネット等の手段を用いて、株主総会に会社法上の出席をする株主総会」をいう(1)。

バーチャルという語の意味が「仮想的、疑似的」（『デジタル大辞泉』（小学館））であることからすれば、バーチャルオンリー型株主総会は現状で行われている完全オンライン株主総会のみを想定しているわけではなく、よりリアルで行われている活動を仮想的、疑似的に再現する株主総会の実現も視野にいれていると考えられる。むしろ、バーチャルの語の意味からするとメタバース株主総会を想起させる。今後は多人数が参加可能で、参加者がアバターを操作して自由に行動でき、他の参加者との交流が可能な株主総会が開催されてもよいのではないだろうか。

それでは具体的にはメタバース株主総会はどのような形式になっていくのか。株主総会は、決議に向けた審議の場や信任・確認の場というだけでなく、コミュニケーションの場であり、さらにいうのであれば、株主をファン化させるイベントとしての要素を持っている。そのためメタバース株主総会でも株主と会社の充実したコミュニケーションが重要であると考えられる。

この点、株主総会ではなく、その前段階の説明動画ではあるが、グリー株式会社作成の動画は今後のメタバース株主総会実現のヒントになるのではないか(2)。当該動画を作る際に内部で、どのような空間で説明するのかを議論し、ステージでのプレゼン方式を選択した。これは議長や役員が株主にプレゼンすることをイメージしたものである。

前記のようにメタバース株主総会を行った場合の問題点としては、前記**第4章**Ⅱ**1**(3)で触れたような問題点のほか、コミュニケーションの密度についても問題となり得ると考えられる。前記のように株式総会ではコミュニケーションの内容が重要で、従前はリアルの場で行われてきており、その際には音声や間だけでなく、身振り手振りや表情、姿勢など様々な情報もあわせて加味して判断されてきた。現状では必ずしもそれらの情報までは表現できていないが、近い将来、デバイスなどの進化にともなってメタバース上でアバターによる株主総会が実現するかもしれない。

(1) 経済産業省「ハイブリット型バーチャル株主総会の実施ガイドライン」(2020年2月26日策定)3頁。https://www.meti.go.jp/press/2019/02/20200226001/20200226001.html

(2)「グリー株式会社完全オンライン株主総会――ご案内動画」https://www.youtube.com/watch?v=ln8csnGu3Rw

2 メタバース上の映画館

本項ではメタバース上の映画館として、メタバース上のスクリーンに映画を投影し、鑑賞する状況を想定している。アバターによってメタバース上で演じる場合などは想定していないため、アバターで実演する場合については後記**第6章**もあわせて確認してほしい。

［図表 2-4-4］ リアルの映画館の関係当事者

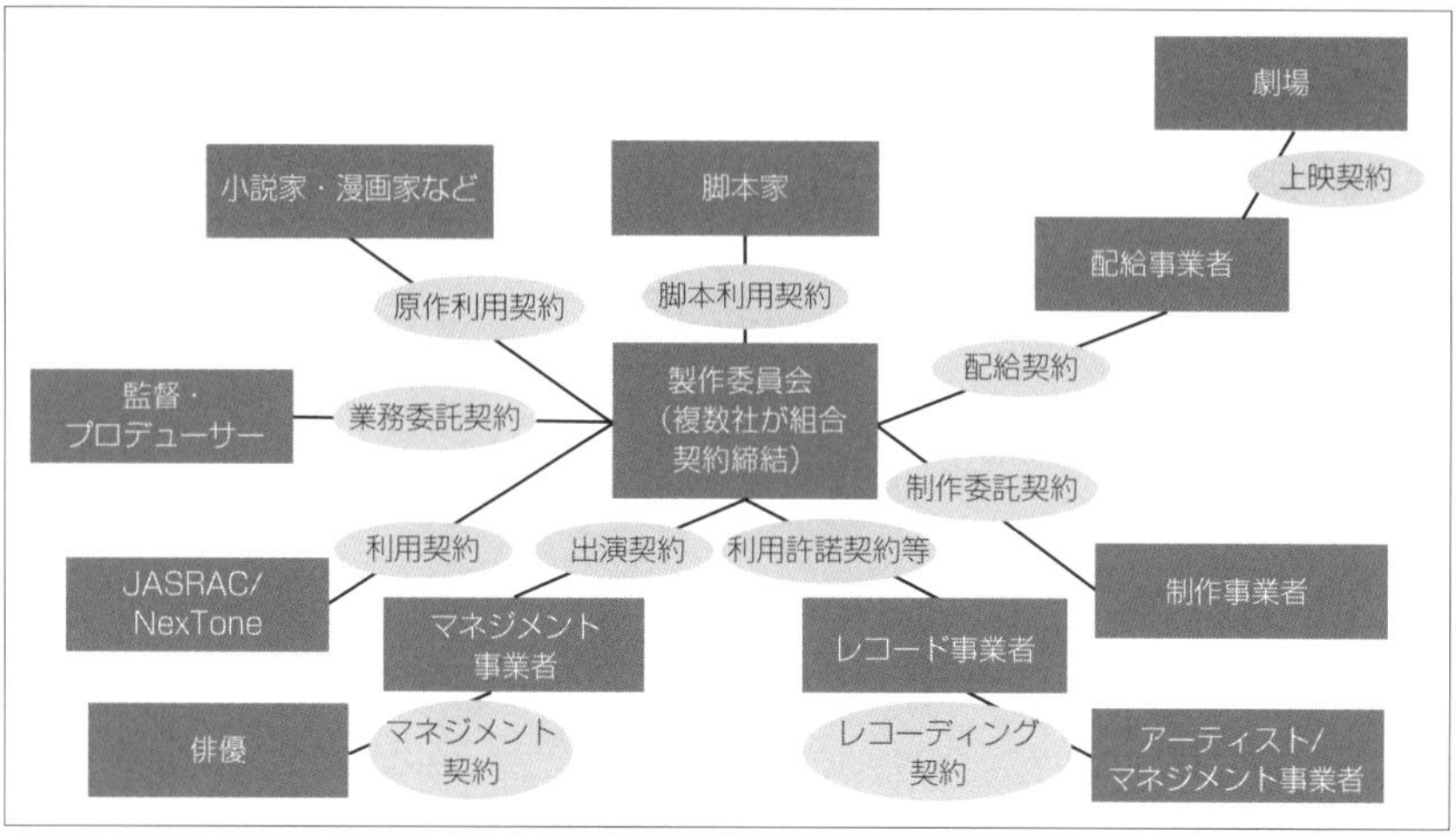

リアルの映画の関係当事者は［図表2-4-4］のとおりである。

メタバース上の映画館の空間では、自らのアバターを設定し映画館内を散策することができ、エントリーロビーでユーザー同士のテキストのコミュニケーションがとれることはもちろん、シアターで映画コンテンツを楽しみながらボイスチャットでのコミュニケーションをとることができる空間を想定する。

(1) リアルとメタバースの相違点

メタバース上での映画の関係者は［図表2-4-5］のとおりである。契約当事者や当事者相互の関係性は、クリエイティブ素材の制作業者、開発業者、プラットフォーム事業者、運営保守業者を除き、大きな違いはみられない。しかし、製作委員会・配給会社間の配給契約、配給会社・劇場間の上映契約の内容は異なってくる。すなわち、リアルの映画館で行われる上映は、著作権法でいう「上映権」（著作権法22条の2）の対象となるが、メタバース上の映画館での上映は、インターネット上への送信行為であるため、同法では「公衆送信権」（同法23条）の対象と整理される可能性があるのである。この整理の差が契約書などにも影響を及ぼすことがあり得る。

また映画館側が行う行為の法律上の整理が異なった結果、製作委員会側で窓口権（製作委員会の構成員が各社の営利目的に応じて分担

[図表 2-4-5]　メタバース上の映画の関係当事者

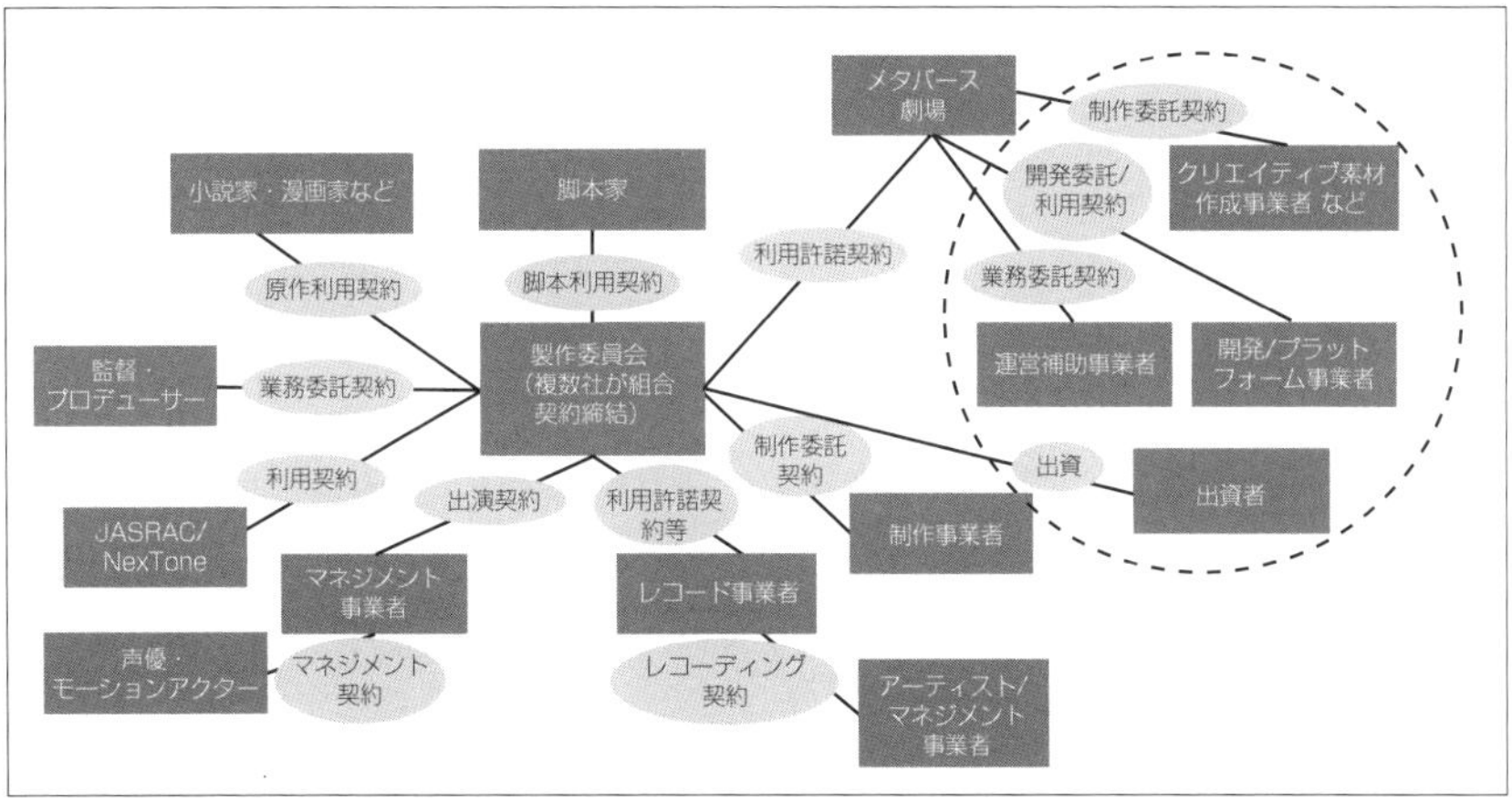

保持する映画の個別的な利用・許諾権限であり、劇場配給権、テレビ放送権、配信権、ビデオグラム化権、商品化権、海外販売権などがあるが、具体的な区分・内容は製作委員会契約ごとに異なる）を持っている委員が異なる可能性があるので、交渉相手を誤らないよう慎重に確認する。

物理的に人が集まるかどうかという点は当然に異なる部分である。メタバース上では人が物理的に集まるのではなく、アバターで人々が表現される。そのため、アバターを準備しなくてはならない。アバターを準備するためにはデザイナーなどにデザインを発注し、3D化し、プラットフォームで利用できるよう実装するための契約を締結する必要がある。加えてインターネットへの接続環境の準備、維持も必要である。このような対応が要求されるが、メタバース空間を自由に設計することができ、上映する映画にあわせてメタバース空間を作りこめるという強みがある。

他方リアルの映画館での上映では、人が物理的に集まるため、映画上映に適した施設が必要となる。すなわち、椅子などの備品、休憩スペース、映写機や音響装置の用意を物理的にしなくてはならない。また、人々の移動の管理も必要となる。ただし、リアル会場であればメタバース上の映画館での上映と異なり、振動や、風、香りなどの演出も可能となる点（例：4DXデジタルシアター、コニカミノルタプラネタリウムのアロマの演出）は、リアルの映画館上映の強みといえるだろう。

さらにリアルの映画では実際に人が滞在するので飲食物や冊子などの物理グッズの販売が可能であるが、メタバース上では（デジタルアイテムとしては可能であるが）飲食物の提供は難しいし、グッズもその場での提供は難しいという違いがある。

(2) 個別の問題点と法的論点

(i) メタバースとリアルで共通して起こり得る問題

リアルの映画館でもメタバース上の映画館でも共通して起こり得る問題として盗撮がある。

リアルの映画館での上映であってもメタバース上の映画館での上映であっても、映画を著作権者の許諾なく複製することは「複製権」（著作権法21条）の侵害である。また、複製した映画をインターネット上にアップロードすることは「公衆送信権」（同法23条）の侵害となる。そのため、同行為は権利者による差止め、損害賠償の対象となる。

リアルの映画館での映画の上映が盗撮された場合には、当該映画が日本国内の映画館などにおいて観衆から料金を受けて上映が行われた日から起算して8か月を経過する前であれば、私的使用のための複製であったとしても、盗撮行為は刑罰の対象として処罰の対象となり得る（著作権法119条1項、映画の盗撮の防止に関する法律4条1項、2項。著作権法123条参照）。他方、メタバース上の映画館での盗撮行為については、映画の公衆送信と考えられること、メタバース上の映画館が映画の盗撮の防止に関する法律2条2号にいう「映画館等」に該当しないとも考えられることから、同法の適用がない可能性があり、私的使用のための複製に著作権法119条1項の適用がされない可能性がある。

さらにリアルの映画の上映であれば、入場時の荷物チェックなどで撮影機材を所持していないか確認することで対応が可能と考えられるが、メタバース上の映画で複製を防ぐことは困難だろう。そのため、アップロード先になる可能性のあるプラットフォーム事業者側で違法な動画のアップロードを防ぐ手段を講じるなどの対策を講じるのがよいだろう。

(ii) メタバースでは起きない問題

メタバース上の映画館上映は物理的な人の移動を伴うものではないので、混雑や移動の導線整理の問題は起こらず、新型コロナウイルス感染症などの防止対策や、映画館内の掃除は必要ではない。また、観客の映画の鑑賞態度（例：椅子を後ろから蹴る、上映中の会話）に関連して起こる観客同士のトラブルなども問題とならない。加えて、飲食物の提供も現状のメタバース上の映画館上映では難しいため、飲食の提供に関連する（許可、管理、仕入れなどの）問題も発生しない。

(iii) メタバース上の映画館上映特有の問題

メタバース上の映画館の特有の問題の1つ目として、メタバース空間を作り、運営するためのコストがかかることがある。これはすでに他の箇所で触れられているとおり、実現したい目的に応じたコストが必要となる。また開発だけではなく、運用、保守も必要となる。運用保守も接続数や素材数、ウェブなのかアプリなのかによってコストが異なる。

加えて、アバターなどのアセット制作、アバターの権利処理も行わなくてはならない。メタバースはオンラインで提供されているのでインターネット環境、通信環境の維持も前提として必要である。

メタバース上の映画館のサービスを提供する特有の問題の2つ目として、製作委員会との関係がある。製作委員会では各社が窓口をもち、その窓口の会社がライセンスの主体になるが、従前の契約においてはメタバース上の映画館で配信することが想定されていない場合がほとんどだろう。そのため、メタバース上で映画を放映することを許諾する権限を有する窓口はどの委員会メンバーかの確認、確定を行う必要があるだろう。

ⅳ　メタバース上の映画館のサービスを企画する際に検討する事項のまとめ

まず、ここまで述べてきたものと同じように、メタバース上で映画館サービスを提供することで何を達成しようとしているのかについてはあらかじめ言語化しておくとよい。目的を達成するための手段としてメタバースが最適かという検討のために必要だからである。

メタバースは、参加者がリアルタイムに双方向のコミュニケーションをとれることを強みとしている。映画の上映であれば、友人などと映画を鑑賞しながらの、または鑑賞し終えた後のコミュニケーションなどはメタバース上で提供することができるが、これはリアルの映画館での上映でも可能である。さらに音や画面の迫力などは現時点ではリアルの映画館での上映のほうが優れている。これらのリアルの映画館上映の優位性を超えてなお、何を求めてメタバース上で映画館サービスを提供するのかは検討すべきだろう。

また企画準備段階では、他社のプラットフォームを利用して映画館サービスを提供するのか、自社で開発して提供するのか、自社開発するとすれば誰に頼むのか、どのような要求、要件なのか、コストはいくらまでなのか、開発スケジュールはどうするのか、アバターなどのデザイン、3D化のコストはどの程度かなどを検討することになる。これらの検討結果とリアルの映画館での映画配信、プラットフォームでの配信とを比較し、目的達成により適しているのはどちらなのか、かかるコストは目的達成のために妥当なのかを検討する必要がある。

さらにメタバース上の映画館で上映する映画を選定する段階では、交渉の相手が窓口権を持っているかの確認ができるのか、確認する方法はあるのか、どの程度の確度で正しいのか、自ら確認するのか保証を求めるレベルでよいとするのか、なども考慮に入れて交渉しなくてはならない。

[図表 2-4-6]　リアルのイベントの関係者

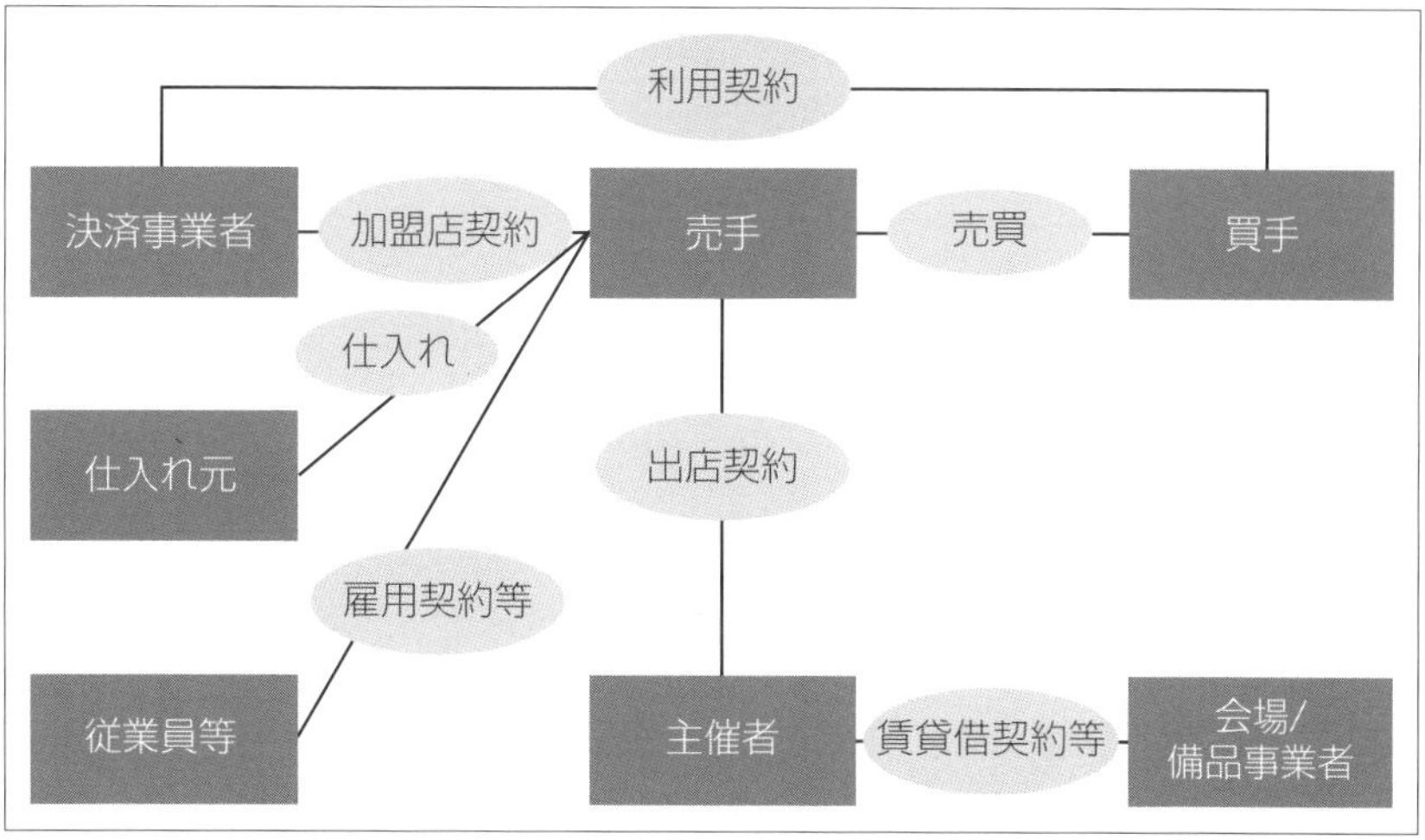

さらに、前述の盗撮などへの対応をどのようにするかの検討は必須である。特にメタバースでは盗撮を防ぐことが難しい（例：自宅のモニターを盗撮される）という特徴があるので、事前に十分な対策を練っておかねばならない。

これらの点も踏まえ、目指しているビジネス上の目的が妥当か、メタバース上の映画館で上映サービスを提供することが目的達成に適合的か、コストなども踏まえて妥当なのかについて結論を出すことになる。

3　メタバース上のイベントの参加

(1)　メタバース上のイベントの参加とは何か

ここで想定するのは、メタバース上のイベントに参加の上、そのイベント内で買い物などを行ってもらう行為である。

リアルの世界の買い物と比較をしつつ、買手視点で説明を加えていくことにする。リアルのイベントの関係当事者は**［図表2-4-6］**のとおりである。

売手視点の解説は前記**第3章Ⅱ**に記載しているのでそちらを確認してほしい。

[図表 2-4-7]　メタバース上のイベントの関係当事者

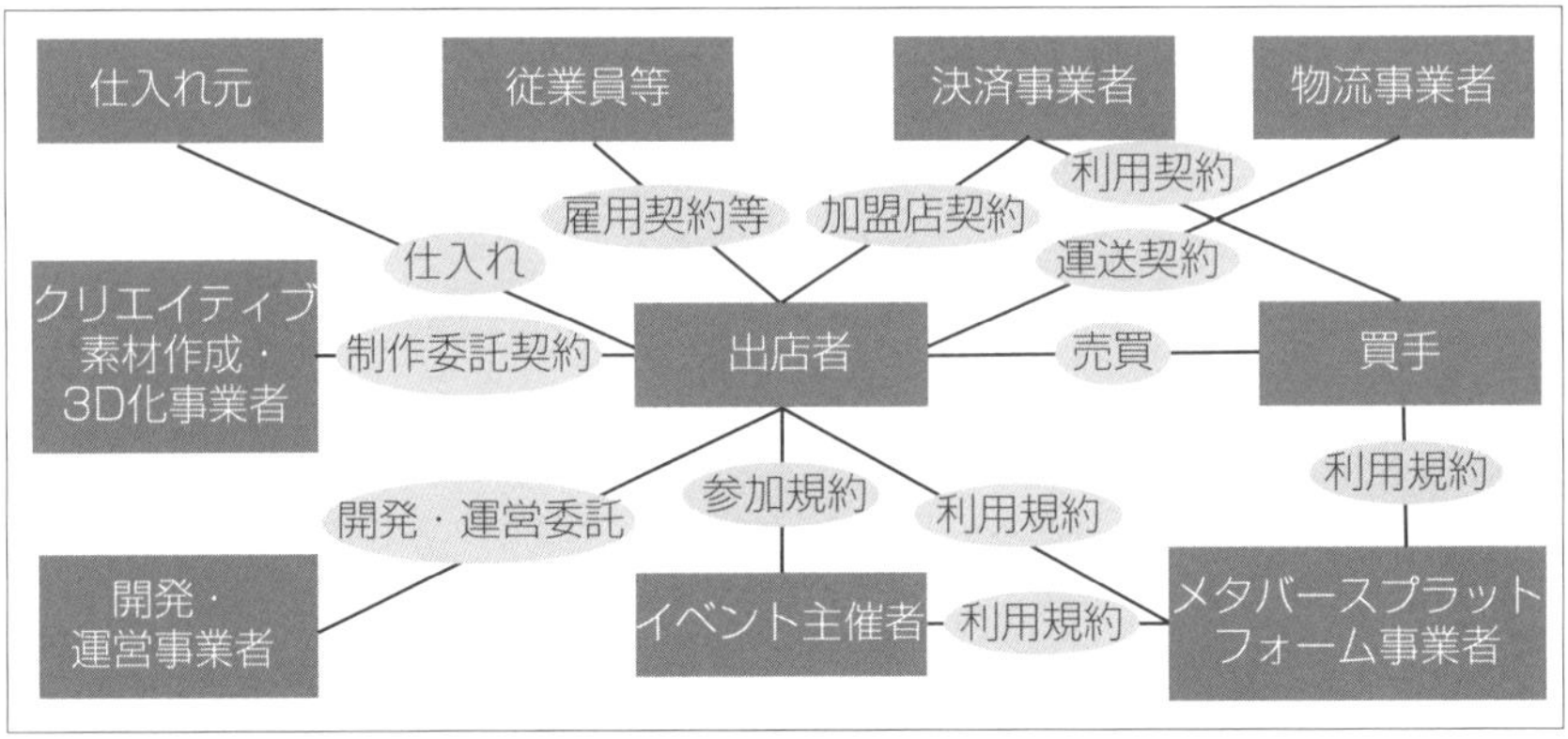

◆ 事例紹介・2-4-2　メタバース上のマーケット

1　HIKKY社「バーチャルマーケット」

株式会社HIKKYによりVRchat上に構築されたマーケットである。スマートフォン、PC、Questなどで利用可能である。

利用の際には、他のメタバースと同様、自らのアバターを設定する。同メタバース内ではそのアバターで活動し、メタバース上の店舗に訪れ、リアル世界で利用できる商品や、メタバース上で利用するアバターなどを購入することができる。チャットだけではなく、音声によるコミュニケーションもとることができる。商品を購入する際にはメタバース空間で直接購入するのではなく、別のページに遷移して購入する。また、X（Twitter）連携がされており、バーチャルマーケットに入場していることをシェアできる仕組みになっている。

マーケット以外でもワールドが複数存在しており、スタンプラリーや、ワールド上でなぞ解きをしながら探検するなどのサービスが提供されていた（2022年12月）(1)。

2　ベネリックデジタルエンターテインメント社「そらのうえショッピングモール」

ベネリックデジタルエンターテインメント社によりウェブおよびアプリ上にメタバース空間がつくられ、その中にそらのうえショッピングモールが構築されている。同サービスは**事例紹介・2-3-1**で触れた伊勢丹のサービスと同様、メタバース空間を自由に歩き回ることができ、フレンドとコミュニケーションをとることができる。なお、伊勢丹のサービスとの違いは、店舗はイラスト素材などで作られているものではなく、リアル店舗の画像を取りいれた店舗が作られていることなどにある。
商品の購入は、メタバース空間内でそのまま売買をするのではなく、メタバース空間からECサイトに移動して購入する形になっている(2)。

(1) https://winter2022.vket.com/
(2) https://soranoue.com/

(2) リアルとメタバースの相違点

メタバース上のイベント参加とリアルのイベント参加は、当然インターネットに接続しているか否かという点で大きな差がある。メタバース上のイベント参加をするためには、通信環境を整える必要があり、通信料などのコストの負担も必要になる。また、メタバース上の店舗にアクセスするためには、インターネットを通じたコミュニケーションとなるため、コミュニケーションの精度や円滑さは通信環境に依存することになる。

また、リアル店舗で買い物をする場合には、メタバース上と異なりその店舗まで移動しなくてはならず、移動費の負担や移動時間がかかる。ところが、メタバース上で買い物をする場合にはこれらの負担がない。この点がまずメリットとなる。さらにメタバース上の店舗には実際に人が集まるわけではないので、リアル店舗で買い物をする場合と比べると感染症リスクなどが低くなると考えられる。

さらにメタバース上ではアバターでのコミュニケーションが基本となるので、対面でのコミュニケーションがない。体調不良の場合のように対面のコミュニケーションを避けたい場合には、その点がメリットとして数えられる。

他方、リアル店舗で買い物をする場合にはメタバース上での買い物に比べて商品に関する情報を多く、正確に取得しやすい。具体的には視覚や聴覚以外の情報である（例：手触り、サイズ感、質感、色味、店員の表情)。これらの情報が商品購入に関して重要な影響を与えるような場合には、リアル店舗での買い物のほうが適切かもしれない。また、リアル店舗であれば、リアルで利用する商品を購入後すぐに自らの手元で利用することができるため、すぐに使う必要がある商品を購入する場合には、リアル店舗のほうが向いている。

なお、リアル店舗、メタバース上の店舗の双方について、ＥＣサイトのような商品の検索機能がないこともあるので、多くの商品の中から欲しい商品をみつけなくてはいけない場合には、ＥＣサイトなどの検索機能がついた販売方法と比べるとやや不便といえるかもしれない。

(3) 個別の問題点と法的論点

(i) メタバースでは起きない問題

すでに記載したが、メタバース上では実際に人が移動するわけではないので、移動時間や移動のために発生するコストは発生しない。

物理的に人が移動するものではないので、混雑による移動困難や、感染症の問題もない。

(ii) メタバース上で意識すべき問題

メタバース上には、イベントの主催者やプラットフォーム事業者が定めた利用規約上の決まりが存在する。買手であっても、プラットフォームにログインしイベントに参加する以上、利用規約を守る必要がある。

また、メタバース上で得られる商品の情報はリアルで買い物をするよりも少ない、または、正確性が落ちる可能性がある（メタバース空間のテイストや表現可能な色や形などの限界がある場合や、３Ｄ化の際の技術が未熟であるために実物を正確に表現できない場合）。そのような可能性があることを理解した上で、買手としては、メタバース上の店員とのコミュニケーションの中で確認するなどの対策を講じておくといいだろう。なお、手元に届いた商品が想定していたものと異なる場合などは、中込みの撤回や、取消しが可能な場合がある（特定商取引法15条の3、民法95条、電子消費者契約に関する民法の特例に関する法律3条参照）。そのような場合は、売手がメタバース上、または、連携先のECサイトの販売ページで行っている特定商取引法上の表示などを確認する必要がある。

また、買手側は売手側から情報を受領しているだけでなく、自身が情報を提供している可能性があることにも留意すべきである。誰に、どのような情報を提供していて、どのような目的で利用されるのか、どのような情報と紐づけられる可能性があり、どのような加工や評価がされるのかについて確認しておくとよいだろう。情報の確認方法としては、情報の取得主体（売手、プラットフォーム事業者、イベント主催者など）が公表しているプライバシーポリシーの内容を確認することがその情報確認の第一歩である。

リアル店舗では顔や姿、（会員証など登録があれば）名前、性別、年齢、購入履歴などの情報が取得されていると考えられる。メタバース上では、それらに加え、店舗内での移動情報、滞在時間だけでなく、他の店舗の滞在、メタバース上のアカウントに関するデータ（例：メタバース上の友達）などのデータも取得が可能かもしれない。リアルで取得される情報とメタバース上で取得される情報の差を意識しながら適切に自己に関する情報を管理する必要がある。

(iii) メタバース上で販売する際に検討する事項

ここでは、メタバース上で商品を販売するビジネスを、買手の視点から解説した。売手側に立つ場合には、前記**第3章Ⅱ1**(3)(iv)記載の事項を検討する際に、買手側が意識している事項として参考にしていただきたい。

[図表 2-4-8]　リアルのアートイベントの関係当事者

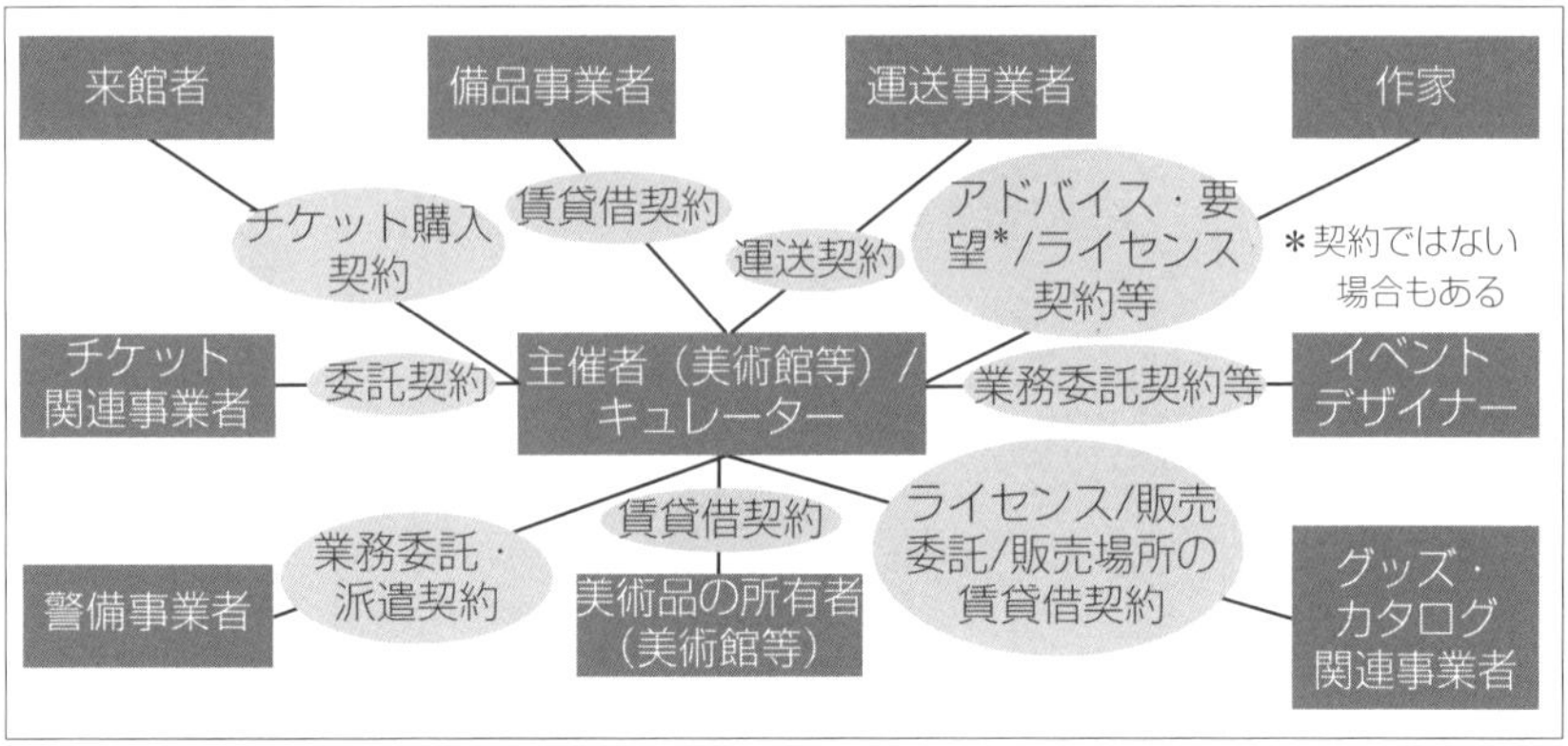

4　メタバース上のアート展示会

(1)　メタバース上のアート展示会とは何か[1]

ここで想定するのは、他社が提供するメタバース上にＮＦＴアートを展示する場合である。その際に検討すべき事項をリアルにアートが存在する事例との比較をしつつ、説明を加えていくことにする。リアルのアートイベントの関係者は**【図表2-4-8】**のとおりである。

具体的には美術館や企業などが企画を行い、美術展を行う場合を想定する。画廊などに作家が販売委託する場合は前記**第3章**Ⅱ１、２で記載した内容を参考にしてほしい。また、複数の主体による共催（実行委員会形式）についてはここでは想定していない。

◆事例紹介・2-4-3　メタバース上のアート展示会

一例としてSandBox上で行われているＮＦＴアート展示会がある[1]。メタバース上の展示会の関係当事者は**【図表2-4-9】**のとおりである。図表は、個人または企業単体で主催をし、メタバース上の展示する権利をＮＦ

（１）難波祐子『現代美術キュレーター・ハンドブック』（青弓社、２０１５年）を参考にした。

[図表 2-4-9]　メタバース上のアート展示会関係当事者

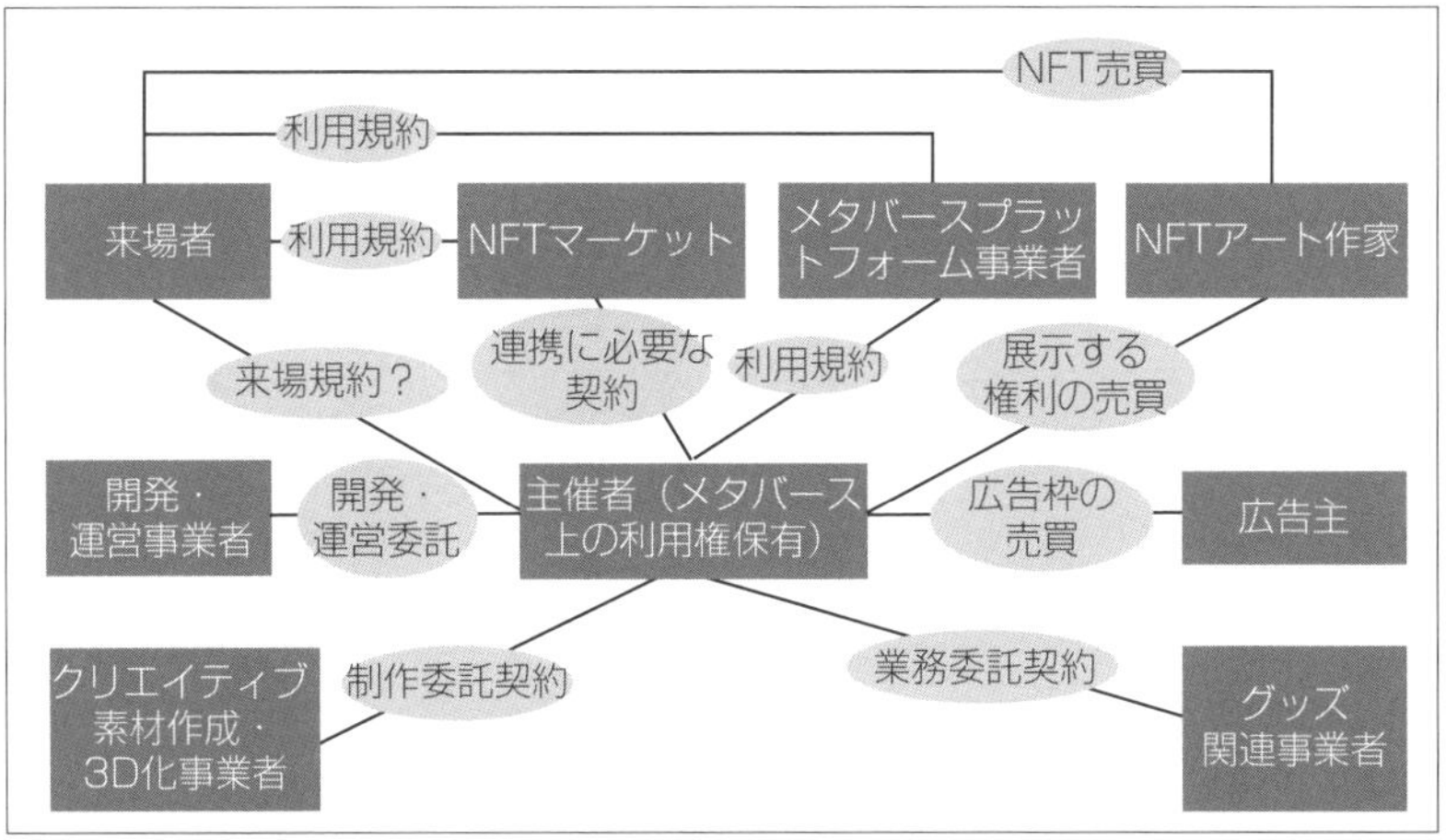

T作家に販売する、メタバース上に広告枠を設けそれを販売することでマネタイズする場合を想定している。なお、NFT作家に対してメタバース空間を貸しだす場合（展示の主体はNFT作家）や、リアルで行われているアート展示と同様にメタバース上の空間の利用権を保有している主催者が企画して入場料をとるという場合も考えられる。前者であれば、**【図表2-4-9】**と異なり、NFTアート作家はメタバース上の土地の利用権を保有しているものからメタバース上の土地の利用権を得る契約を締結することになる。後者であれば、**【図表2-4-8】【図表2-4-9】**のハイブリットのような形になると考えられる。

メタバース上の空間を作るためのクリエイティブ素材の制作、3D化の制作委託、メタバース空間の構築、運用、保守契約、プラットフォームとの利用規約、NFT作家からの公衆送信に関するライセンスが必要になる。

（1）参考資料として、https://www.youtube.com/watch?v=CwQEqVpe7W8

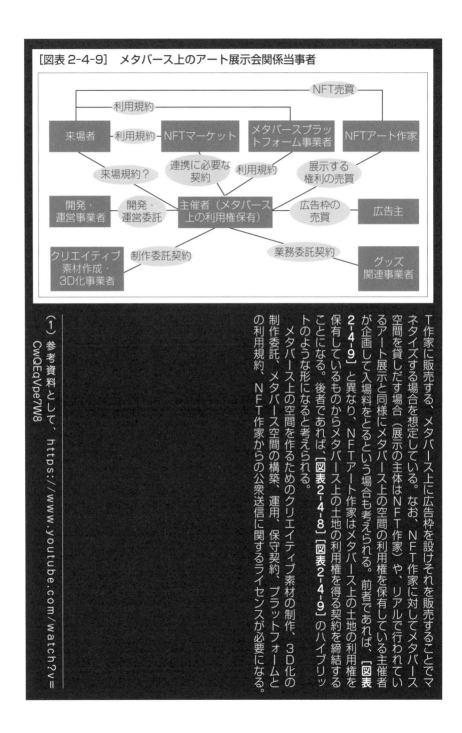

(2) リアルとメタバースの相違点

メタバース上でアート展示会を開催する場合、メタバース上の空間を作るためのクリエイティブ素材の制作委託契約、3D化の制作委託契約、メタバース空間の構築・運用・保守契約、プラットフォーム事業者との利用規約、NFT作家からの公衆送信のライセンス（リアルの展示では（存命の作家に対して要望を自主的に尋ねることはあるが）、展示に対して作家側から法的な請求はできない（著作権法45条1項で展示権の制限がかかっているため））、グッズ化などに関するライセンス契約が必要になる。他方でアート作品の輸送の必要がないので運送の計画や運送契約は不要である。

また、リアルであれば、チケットの販売の受託業者との委託契約、展示会中の監視、警備の委託契約、美術品の所有者との貸出契約が必要になる。

また、メタバース上とリアルでは展示の対象が異なる。リアルでは原作品を展示することが多いと思われるが、メタバース上では画像やメタバース上の表現そのものが展示物になる。作品をメタバース上に表現する場合はもちろん、作品を画像として展示する場合であっても、原作品の表現の再現度はリアルと異なるだろう。

また【図表2-4-8】と【図表2-4-9】で想定している場合では、お金の流れが異なる。リアルの展示では、来館者が支払うチケットが重要なマネタイズとなるが、メタバース上の展示では広告主からの広告料やNFTの展示権の対価が主なマネタイズ手法となる場合もある。

(3) 個別の問題点と法的論点

(i) メタバースとリアルで共通して起こり得る問題

リアルでは会場の設営の際に物理的な制限のほか、契約上の制限がかかる。メタバースにおいては物理的な制限はないが、プラットフォーム、メタバース上の土地利用権を持っている者との契約で利用に制限がかかることがある。これらの制限を踏まえて会場設営をする必要があるのはメタバース上のアート展示でも同様である。

会場の構築、美術作品の展示の位置、キャプションの位置の調整、照明など展示の方法の調整などはリアルでもメタバースでも展示を成功させる上での重要な要素と考えられるので、その点の対応が可能となるよう、リアルでは設営にかかる人員との契約、メタバースでは開発事業者との契約で取決めを行っておくべきである。

また、展示会を成功させるための広報が必要であるため広報計画をあらかじめ立て、それに沿って広報を行っていくことになる。あわせてカタログなどの制作も行うことも考えられるが、広報やカタログの制作を行う際は、表示、記載、写真などに問題（著作権の処理、記載の誤り、誤解を与える表記など）はないかなどのチェックを行う必要があるし、広報やカタログの制作に必要な契約（ライセンスや、カタログデザインに関する契約、印刷に関連する契約など）を適切に締結することも必要となる。

展示会の会期がスタートしてからは、作家によるトークショーなどの催し物が行われるのが一般的であるので、それらの催し物への対応（内覧会、記者会見、レセプションなど）、ハプニングの対応も必要となる。作家などへのトークショーの依頼は業務委託契約などで行われるだろうが、その契約の中でできる限り前もって当日に出演不可能になった場合などの問題への取決めをしておくべきである。来場者との関係でいえば、展示会の主催者はプラットフォーム事業者とは別に規約を用意し、来場者に同意してもらい、その中に必要な事項（展示会に負荷をかけるような利用を禁止するなど）を記載しておかねばならない。

(ii) メタバースでは起きない問題

メタバースでは実際のアート作品を移動させる必要がないので、アート作品の破損、保管（会期中の作品メンテナンスなど）の問題は発生しない。したがって、アート作品の物理的な破損に関する保険をかける必要もないと考えられる。リアルアートの原作品は移送や保管の際に湿度や温度、照明の照度などの管理をしなければならず、慎重な対応が必要となるが、メタバース上では特に問題とならない。また、いわゆる「結界」（触れずに鑑賞してもらうための工夫）の問題もない。

実際に人の移動がないため、周囲への騒音対策や移動の導線、安全管理の問題は発生しない。加えて、混雑、それに伴う感染症のリスクも発生しない。

（契約や規約上の制限は生じるものの）メタバース上では物理的な制限は存在しないため、展示空間のデザインの物理的な制約はない。また、リアルであれば展示スペースにベンチを置いたり、靴を脱いで鑑賞するスペースがある場合の靴ベラや靴を持ち運ぶ袋、養生などが必要となるが、メタバース上ではそれらも不要となる。開館の時期や時間の問題もリアル会場と異なってほぼなく、他の項目でも記載したが、ここでも未成年者の外出規制の問題（例：東京都青少年の健全な育成に関する条例15条の4）も発生しない。ただし、深夜まで接続をしているなど長時間の利用をすると健康上の問題が発生する可能性があるので、その点は配慮が必要となる。

(iii) メタバース上のアート展示会特有の問題

メタバースではリアルの作品をそのまま展示するわけではないので、作品を3D化する必要がある。3D化する過程で3Dモデルにも原著作物とは別の著作権その他の権利が生じる可能性があり、その権利の帰属について整理しておく必要がある。また、その3DデータをNFT化して販売する場合には何を売っているのかについても整理しておかねばならない。

また、メタバース上で展示するので、その展示行為は公衆送信といえ、同権利の適切な処理が必要となることにも留意が必要である（著作権法23条）。

さらにメタバース上のアート展示会特有の問題として、原作品のクオリティの再現性の問題がある。写真で表示する場合であっても3D化する場合であっても原作品の細部まで再現することは難しいことはある。そのような場合は事前に作家側に説明をし、監修を受けるなどしてケアしておかねばならない。

触れるアートや嗅覚、味覚などが重要なアートの場合に関しては、デバイス次第ではあるが、現時点では再現は困難である場合が多いだろう。そのほか、通信環境についても他の場合と同様問題となる。

ⅳ メタバース上のアート展示会を行う際に検討する事項

これまでの事例と同様に、メタバース上でアート展示会を行うことで何を達成しようとしているのかについてはあらかじめ言語化しておくとよいと考えられる。

メタバースではリアルタイム、双方向のコミュニケーションが強みである。アート展示会であれば友人と同時に参加し、コミュニケーションをとりながら観覧することができる。ただしこの強みはメタバース上の映画館上映と同じく、リアルの展示会でも同様に可能なことである。それを超えてなお何を求めてメタバース空間を構築し、そこで展示会を行うことに踏み切るのかは検討すべきである。

デバイス次第ではあるが自社が企画しているイベントで重要な感覚が視覚、聴覚以外ではないか（例：食×アートなど）については検討しておく必要がある。現状では視覚、聴覚以外の感覚をデバイスで表現することが困難なためである。

他方、アートが人々に与える影響を考察したい場合などは詳細な情報を取得することができる分、メタバースが適している可能性がある。メタバースでは各人のデータの取得も可能となるからである。ただし、個人情報やプライバシーに関する情報となる可能性があるため、各法により求められる対応を行う必要があるだろう。

前記に加え、生じる問題への対策を講じるため想定される来場者も明確化しておくほうがよい。たとえば、参加者と想定している人が物理的に離れているのか、未成年がメインターゲットになるのか（青少年保護育成条例の問題）などである。これらの要素がある場合にはメタバースという手段を検討するとよいかもしれない。

さらに、主催者は誰なのか、複数なのか、単独なのか、作家と主催者の関係はどのような整理なのかなどの主体面も検討しておく必要はある。外部に向けて一次的な責任主体となるものを整理し契約などで適切に責任を分散させることができるようにするためである。

展示物の作家の情報収集、作家とのコミュニケーションをどのようにとるのか、作家からの要望を空間に反映するのか、その場合のコストは予算に収まるのか、企画、コンセプトを忠実に再現してくれるクリエイティブ素材の作成を頼める委託先はあるのか、開発先があるのか、開発のコントロールは可能なのか、コストの増大、日本国内では、準備期間としては1～2年程度が標準とされる日程の長期化の可能性とタイムスケジュール管理は可能なのかなどについても十分に検討しておく必要があると考えられる。目的が実現可能で実現手段としてメタバースが適合的であったとしても、法的な問題点の解決コストなどと釣り合わない可能性もあるためである。

5 バーチャルシティ

(1) バーチャルシティとは何か

メタバース上に作られた都市で、実在都市の利害関係者と連携した上で、都市の景観や文化をモチーフとしたバーチャル空間作りや、メタバース上の経済圏と実在都市の経済圏が連動するなど、メタバースを用いてリアルの生活空間を拡張しているものをいう。(2) ここでは、バーチャルシティを構築する際に留意すべき点、検討すべき点を説明していく。メタバース上でモノやコンテンツを売る、イベント参加などについては、前記**第3章Ⅱ2**を

(2)「バーチャルシティガイドライン ver 2.0」8頁（https://shibuya5g.org/research/docs/guideline.pdf）。

参照してほしい。

◆事例紹介・2-4-4　渋谷5Gエンターテインメントプロジェクト「バーチャル渋谷」

株式会社クラスターの提供するメタバース「cluster」上に再現された渋谷であり、PC、スマートフォン、Oclus や Vive から入場することができる(1)。他のメタバースと同様、同メタバース内ではアバターを設定し、渋谷内を散策することができ、テキストでのコミュニケーションのほか、ボイスでのコミュニケーションも可能である。

バーチャル渋谷に関するプロジェクトは、2019年9月12日、渋谷区観光協会、渋谷未来デザイン、KDDI 株式会社の三者が第5世代移動通信システム「5G」時代を見据え「渋谷の街をエンターテインメントとテクノロジーでアップデートする」、渋谷区が抱える問題（例：オーバーツーリズムなど）の解決をテーマにプロジェクトを開始した。当初は（デジタルの渋谷とリアルの渋谷を最終的に融合するという構想は持っていたものの）前記のテーマをクリアするための手段として、リアルの体験をテクノロジーで拡張する取組みが行われていた（AR／MRでバーチャルなコンテンツをリアルに重ね、徐々にバーチャルがリアルに染み出していくアプローチ）。しかし、新型コロナウイルス感染症の影響もあって、リアルでのイベント、AR／MR施策などの実施は困難な状況となった。また、感染症による、誰かと同じ「時間」と「空間」を共有できないことに徐々に人々の閉塞感も増した。そこで閉塞感を打開し、時間と空間を共有できるようにするため、どこからでもアクセスできるバーチャル空間を構築する方向へとプロジェクトの舵が切られた。緊急事態宣言下においては、メタバース空間の構築を行うなどの準備が行われるとともに、イベントの準備や、利害関係者への企画の説明会が実施された。

メタバース空間の制作面では、参加者に渋谷を訪れている感覚を得てもらうためバーチャル空間であることを強調する表現は少なくし、雑踏音の追加を行うなどの工夫が行われた。

バーチャル渋谷は、2020年5月19日にサービスローンチをし、それと同時に「#渋谷攻殻 NIGHT by au 5G」が開催され、延べ5万人がイベントに参加した。

（1）https://shibuya5g.org/research/docs/guideline.pdf

◆コラム・2-4-2　デジタルツイン

「デジタルツイン」とは、「センサーなどから取得したデータをもとに、建物や道路などのインフラ、経済活動、人の流れなど様々なフィジカル空間（現実空間）の要素を、サイバー空間（コンピューターやコンピューターネットワーク上の仮想空間）上に『双子』のように再現したもの」をいう（東京都「東京都デジタルツイン実現プロジェクト」のウェブサイトより）。これまでは、情報の収集、シミュレーション、分析、予測、フィードバックなどのあらゆる産業上の活動において、2次元的な図面などの資料や人の目、熟練者の経験・ノウハウなどに頼らざるを得ない部分が多かった。しかし、デジタルツインを活用すると、現実空間からリアルタイムに得られるデータを使ったシミュレーションなどを3次元的なサイバー空間上で行い、その結果を、場所などの制約を超え、3次元的に可視化した形で現実空間にフィードバックすることができる。

たとえば、自動車などの製品設計において、そのデザインを3DCGモデル化するとともに、熱・流体などの現実環境をデジタルデータ化してサイバー空間上でテストし、その結果を踏まえてデザイナー、技術者などが遠隔地から参加するバーチャル空間で設計の改善を行うことにより、リアルな試作品を作って現実空間でテストするなどの工程を省略し、リードタイムを短縮したりコストを節約したりすることができる。また、製造ラインの効率化や異物その他のトラブル除去といった場面でも、センサーから得られるデータをもとに解析し、最適な対応を瞬時に端末上に表示するなどの活用が可能である。さらに、スマートシティの文脈では、国土交通省の「Project PLATEAU」、東京都の「東京都デジタルツイン実現プロジェクト」、静岡県の「VIRTUAL SHIZUOKA」などをはじめ、政府・地方公共団体がリードし、3D都市モデルの作成、オープンデータ化、ユースケース開発などを積極的に行っており、防災、まちづくり、モビリティ、エネルギーなどの様々な分野への活用が期待されている。このように、デジタルツインは、とりわけ産業利用の場面においては、単に現実空間をサイバー空間に再現すること自体を目的とするのではなく、現実空間とリアルタイムに連動したデータを収集・活用することが重要な要素となる。もっとも、エンタテインメント、観光などの文脈では、現実空間を再現することに重点をおいてデジタルツインという語を用いることもある。さらに、人の感性・思考・技能などの内面的な情報やそれに基づく行動をデジタルツイン化するという取組みもある。

デジタルツインの生成・活用においては、現実空間にある著作物・商標などに係る知的財産権、顔画像データなどの個人情報・肖像権・プライバシーの適切な処理、センサーなどから収集した膨大なデータの取扱いといった幅広い法的課題を解決する必要がある。スマートシティのように公益性が高く、再現の対象範囲が極めて広い取組みに関しては、網羅的かつ効率的なライセンス、場合によっては特別な権利制限の仕組みなども視野に入れて、実務的な取扱いを検討していく必要があるかもしれない。

[図表 2-4-10]　バーチャルシティ関係当事者

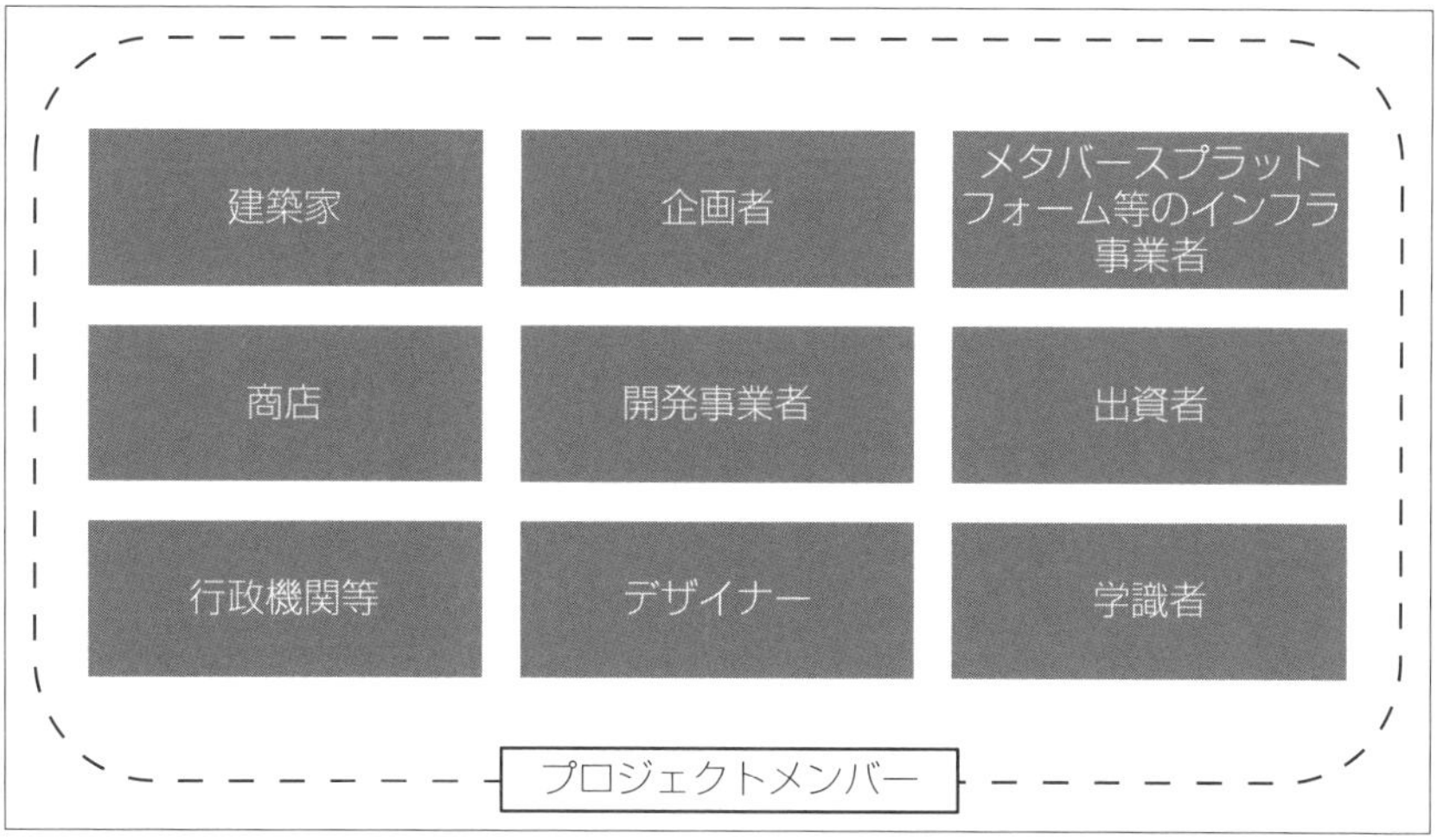

(2) リアルとメタバースの相違点

リアルの都市とバーチャルシティの違いは、当然、リアルに存在するかどうかである。リアルの都市は法規制のもと、土地所有者または利用者が建物を建て、その建物を借り、事業を営むもの、居住する者が発生する。また、行政機関などが行政サービスを提供する拠点を設けたり、警察が治安維持のための活動を行ったりする。そこに、都市の外から、仕事や観光、遊興で訪れる人が流入することになる。

バーチャルシティでは、メタバース空間を提供するプラットフォームなどのインフラ提供者が存在し、都市の構築主体はそのインフラ提供者と利用契約を締結しその上で都市の基礎を作りあげていく。居住者や商店主が利用権を都市の構築主体から購入するなどし、自ら都市を作り上げ、その都市にメタバースの参加者が参加していく流れとなる。メタバース空間の参加者はリアルと異なりアバターで行動し、そのアバターに自己の評価などを蓄積していく。メタバース上に行政のサービスを提供する拠点を設けることも可能である。しかし、メタバース上では一般的に警察組織は存在しないため、都市の構築主体が利用規約などで禁止事項を定めたり、居住者や商店主などが、独自の規律を設け慣習を形成する、パトロールを行うなどして治安の維持に努める必要がある。メタバースの都市では参加者が主役となって都市づくりを行う可能性もあり、この点は、リアルの都市と異なる可能性のある部分である。

(3) 個別の問題点と法的論点

(i) メタバースとリアルで共通して起こり得る問題

リアルの都市でもバーチャルシティでも起こる問題としては景観などの問題がある。リアルでは法による規制で、メタバース上では利用規約などでケアすることになるだろう。

また前述のとおり、街の治安維持の問題がある。リアルの都市もバーチャルシティも都市の外からたくさんの人が流入し、様々な活動を行う。その活動により参加者間の紛争や犯罪が発生する可能性があるため、治安を維持する手段を備えておかねばならない。これらのトラブルの一例として考えられるものとしては、キャッチセールスや客引、人間（アバター）同士のケンカ、嫌がらせがある。

さらに、場所の占拠の問題も同様に発生するだろう。リアルでは警察に対応を依頼して解決するが、メタバース上では、利用規約に禁止行為を定めて、その規約を根拠としてアカウントの削除・利用の停止などで対応することになる。

また、すでに**第3章Ⅱ2**で触れたように、営む業種によっては各種業法の適用の可能性があるので、バーチャルシティの利用者には必要な手続きなどを行うように利用規約上で義務付けるなどの対応が必要になる。

(ii) バーチャルシティでは起きない問題

バーチャルシティはリアルに人が移動するわけではないので、混雑による移動の困難性、事故、新型コロナウイルス感染症などの感染リスクは発生しない。また、メタバース上で物理的に何かを消費するわけではないのでごみが発生せず、ごみの放置の問題も発生しないだろう。さらに、メタバース空間では、交通事故や物理的なテロ、災害の際の対応の問題など身体への危険の問題も発生しない。

(iii) バーチャルシティ特有の問題

ア　メタバース上にリアルの都市を再現する場合の問題点

バーチャルシティではリアルの都市にある建物や看板などをメタバース上で再現することがある。その建物や看板が著作物である場合は著作物の複製、公衆送信権を侵害することになるため、著作権者から許諾を得るのが原則となる（著作権法17条、21条、23条）。

この点に関しては、著作権法30条の2の付随対象著作物利用の要件に該当する場合は適法に利用することができるが、同条の要件に該当する可能性が高いとしても許諾を得るなど慎重な対応を行っておくほうがよいという意見もある。無断での利用はクレームにつながり、その対処により多くのリソースを費やすことになる可能性があるためである。

イ　決済手段について

バーチャルシティ内での取引が行われるとその決済手段が必要となり、決済方法に応じて資金決済法に規定された手続きが必要になる可能性がある。そのため決済手段の内容、流通範囲、利用範囲などを明確にし、必要に応じて専門家に相談することが必要になる。

ウ　個人情報について

メタバースはリアルの都市と異なり、常にオンラインである。そのためプラットフォーム側の設定次第では個人の移動情報などを取得することができる。その情報から個人の趣味、趣向や活動時間帯などが推測できるため、その個人に適した広告を配信するなど有効な利用ができる一方、取扱いを間違えると、プライバシーの侵害となる。また、メタバース上であっても、公共の場とプライベートの空間は存在すると考えられる。リアルの世界では取得することができないプライベート空間での情報を取得することが可能であるため、その取扱いは特に慎重になされるべきである。さらに他のプラットフォームとの相互運用を開始する場合には個人情報の第三者提供の問題もあり、それが海外の事業者であった場合は海外の個人情報保護法に抵触しないかの確認も必須である。

個人を特定する情報に関連して個人特定に関する情報をどのような手段で取得するかの問題も存在する。すでに記載したように、バーチャルシティ上で行政機関などがサービスを提供する可能性はある（例：住民票の発行）。そのような行政サービスを受ける際には、個人が特定されていなくてはならないが、メタバース上ではアバターで個人が表示されるため、みた目では年齢や性別もわからず、本名もわからない場合がある。行政サービスなど、個人を特定する必要があるサービスを提供する場合は、個人特定の方法も検討しておく必要がある。

また、プラットフォーム事業者は個人情報の取得、利活用の態様については独占禁止法の観点からも慎重に検討しなくてはならない。なぜなら、個人情報の取得などが優越的な地位の濫用と判断される可能性があるためである。

エ　権利侵害への対応

バーチャルシティの利用者による権利の侵害行為が発生した場合、その侵害主体の情報の開示請求がなされる可能性がある。その請求への対応方針なども検討しておく必要がある。現状は特定電気通信役務提供者の損害賠償責任の制限及び発信者情報の開示に関する法律に規定されている内容への対応が中心となると考えられるが、将来、その他の法令でも法律の改正などが起こる可能性があるため、その動向を注視しておく必要があるだろう。

オ　準拠法、裁判管轄

バーチャルシティの利用者は日本国内の居住者に限られないため、裁判管轄の問題も発生する。プラットフォーム事業者と利用者間の紛争については利用規約で定めておくことは可能であるが、利用者の居住地の強行法規の効力により利用者の居住地の法律が適用になる可能性があるため、その点には注意を要する。

カ　利用に関する契約

バーチャルシティでは、商店などのバーチャルシティ上の土地や建物を利用したい者は、権限を有している者との間で土地や建物に関する賃貸借契約などを締結することになるだろう。賃貸借契約の内容については、リアルでは借地借家法などで一定の制限がかかっているが、メタバース上ではそれらの法律の適用がないと考えられる。

そうすると、メタバース上で賃貸借のような継続的な関係性を築く必要がある契約形態であっても短い期間での契約を余儀なくされたり、リアルよりも解除・解約がされやすくなる可能性がある。メタバース上の賃貸借ではリアルの土地や建物を使うわけではないが、開発などに一定のコストをかけて取得する点はリアルの場合と違いがないので、この点はプラットフォーム上の規約などでルールを作り調整しておかねばならないだろう。

キ　アバターの名誉

アバターはあくまで、アバターを操作している本人そのものではないが、アバターを通して一定の期間行動したことで、その評価がアバターに蓄積していくと考えられる。その行動の結果を蓄積したアバターに対する侮辱や名誉毀損が成立するか、成立が難しい場合にどのように保護するかなどは検討しておかねばならない。

また、アバターに蓄積する評価、名誉に関連して肖像権やパブリシティ権の問題（なりすましや、アバターの無断使用）も存在するだろう。名誉の問題は人の客観的な社会的評価を下げる行為に対する対応であるが、肖像については自己の情報の管理（例：無断で写真を撮られる、自己のアバターに酷似したアバターを無断利用される）、パブリシティについては自己のアバターが持つ顧客吸引力という財産的な権利の管理（例：無断でアバターを利用され、動画のサムネイルに使われる）の問題である。肖像権やパブリシティ権についても名誉権の問題同様、バーチャルシティの提供者としてどのような対応を行うか検討しておく必要がある。

ク　商標の保護

商標の問題も存在する。商標権の保護の範囲は、標章が同一または類似であることだけでなく、指定商品、指定役務が同一または類似であることが必要となる。このような権利であるためメタバース上では不都合が生じる可能性がある。たとえば、リアルでは、かばんを指定商品として商標登録をしている場合、メタバース上でそれに酷似したかばんのアバターを販売している者に商標権に基づく権利行使が可能かどうかについては議論がある。このような場合に備え、①商標権者が指定商品、指定役務を設定して出願していた場合、または②不正競争防止法上の手段がとり得る場合はよいがそのような対応がとれないが、不当に権利者が害されていると判断できる場合に、バーチャルシティの提供者としてどのように対応するかはあらかじめ検討しておかねばならない。

ケ　UGCの権利

メタバース上で作り上げられたUGCの権利の問題もある。UGCとはユーザージェネレイトコンテンツの略で、ユーザーが作り上げたコンテンツである。コンテンツを作るのはユーザーであるため、原則としてその著作権はユーザーに帰属する。バーチャルシティ上での通常の送信については、バーチャルシティの提供者が送信主体と考えられる場合とユーザーが送信主体と考えられる場合があると考えられる。ただ、通常の送信以外の利用についてはどこまでの許諾が得られているかは不明確である。仮にバーチャルシティの提供者が通常の送信以外の利用をする場合には、何らかの方法で利用権限を取得する必要があるだろう。著作権の譲渡を受けるのか、ライセンスを受けるのか、ライセンスを受けるとした場合どの範囲で受けるのかなどを整理しておかねばならない。

コ　広告とその責任の帰属

バーチャルシティで広告が行われる場合、原則としてその広告を掲載した者がその責任を負う。バーチャルシティのサービスを提供している者はプラットフォーム事業者という立場であるため、原則としてその責任を負うことはない。しかし、一部ではプラットフォーム事業者にプラットフォーム内の広告表示の監視義務を課すような意見も出ているようである。そのような事態に備え、監視の方法などについてもあらかじめ検討をしておく必要があると考えられる。

サ　バーチャルシティを構築する際その主体が検討すること

まずは、バーチャルシティを設立する目的である。バーチャルシティの目的が明確でない場合、劣化版の都市ができあがるだけで、そこに人は集まらず都市としての機能は発揮できないだろう。**事例紹介・2-4-4**で示したバーチャル渋谷に関しては、同じ時間・場所を共有できることを目的に開発が行われ、その結果、今も継続してイベントなどが行われ人々が参加するバーチャルシティとなっている。

次に前記の目的を達成するためにバーチャルシティの構築が必要かどうかの検討を行う必要がある。バーチャルシティの特徴はリアルタイム性と空間があることとである。目的を達成する上でそれらが不要である場合は別の手段を検討してもよいだろう。

前記をクリアした上で、リアルの都市で生きている住民や地方自治体との連携をどのようにとっていくかについての検討を行っているのが通常である。リアルの都市ではないので住民や地方自治体との合意はマストではないが、メタバース上でリアル都市をモデルとしたバーチャルシティがつくられたことで住民の生活が脅かされることがないように配慮する必要があり、その過程で住民や地方自治体との連携が重要になるためである。

バーチャルシティはその性質上、公共性を持つものとなりやすい。そのため商業的な活動だけでなく、自治体や地域の活動も考慮した設計が可能かについてもあわせて検討することになるだろう。加えて、他のプラットフォームとの相互運用性、プラットフォームの永続性についても検討される。仮にプラットフォームが事業から撤退する場合でもその際のアセットの移行などの問題が発生するためである。

バーチャルシティの継続のためにリアルな都市との連携が必要になることはすでに述べたが、バーチャルシティの構築主体はバーチャルシティで発生した利益の分配や、情報連携、サービス連携、その具体的な仕組みなどを整理し、早い段階で契約書など何らかの手段で明確化することも検討していると考えられる。

さらにクリエイターエコノミーの活性化も重要な課題になっている。施策としてＮＦＴの活用などが考えられる。ＮＦＴの活用についてはその内容（何を売り買いしているのか）の整理の問題、利用者側の学習コストの問題、ＮＦＴ自体の金融商品取引法、資金決済法の適用の可能性の問題などがある。これらについても１つ１つ丁寧に検討しておく必要があるだろう。

さらに、見落としがちではあるが、バーチャルシティ内でのコミュニケーションの方法がクローズドである場合は電気通信事業法の届出などの問題もある。

また、各種の業法も当然守るべき法律であるので、この点の検討が必要なのは前述のとおりである。

◆ コラム・2-4-3　コンテンツツーリズム

「コンテンツツーリズム」という用語は、平成17年3月に公表された国土交通省、経済産業省および文化庁の3省庁連携で行われた「映像等コンテンツの制作・活用による地域振興のあり方に関する調査報告書」の中で、「地域に関わるコンテンツ（映画、テレビドラマ、小説、まんが、ゲームなど）を活用して、観光と関連産業の振興を図ることを意図したツーリズム」と説明されている。

従来は作品のファンが自主的に土地を訪れる、いわゆる「聖地巡礼」などが多かったが、近年ではコンテンツを前面に打ち出し、コンテンツを地域振興のツールとして積極的に活用する例が増えている。またコンテンツツーリズムの対象となる作品も、映画、ドラマ作品から、漫画、アニメ、ゲームなどの作品へと拡大している。

たとえば、新海誠監督によるアニメ作品『君の名は。』（東宝、２０１６年）に関しては内閣府の調査事業の一環として、海外のインフルエンサーを招いて、飛騨エリアと東京の聖地を訪れたり、スタジオでのアフレコ体験を行ったりするモニターツアーが実施され、国内外で大きな反響を呼んだ。聖地巡礼用の観光マップも日本語のみならず、英語、中国語、タイ語で制作された。日本の漫画やアニメなどのコンテンツは、海外での人気も非常に高く、今後このようなコンテンツツーリズムの取組みを通じて、多くの海外観光客が日本を訪れることが期待される。

コンテンツツーリズムの内容についても、従来のコンテンツツーリズムでは、作品ゆかりの地を訪れて記念撮影したり、撮影に用いたセットや小道具などを鑑賞するというようなものが多かったが、技術の発展とともに、多様に変化しつつある。

野田サトルによる漫画作品『ゴールデンカムイ』（集英社、2015〜2022年）については、作品の舞台である北海道全域に設置されたチェックポイントを訪れることで、登場キャラクターのオリジナルARコンテンツを入手し、一緒に写真撮影をすることができるというARスタンプラリーが開催されている。このようなAR技術を利用したスタンプラリーは、現在では多くの作品で行われている。

米澤穂信原作のアニメ作品『氷菓』に関し、作品の舞台をVR上で聖地巡礼するコンテンツが配信されているが、この例などは、もはや現地を訪れない、新たなコンテンツツーリズムの可能性を示しているといえる。同様の例としては、2023年にVR空間にブルース・リーの家が再現され、メタバース上で聖地巡礼ができるようになるそうである。

コンテンツツーリズムのマイナス面として、聖地などに過度に観光客が殺到してしまうという「オーバーツーリズム」の問題が指摘されているが、XR技術を有効に活用することで、観光客を場所的、時間的にうまく分散させることも期待できる。

6　音楽イベント

(1)　メタバース音楽イベントとは何か

2020年2月に、大阪市のライブハウスで新型コロナウイルス感染症のクラスターが発生したことが大きく報じられたこともあり、大勢の人が集まる音楽イベント、特に屋内空間での開催はコロナ禍で避けるべきとされた「三密」の代表格とみなされ、音楽イベントは中止や自粛を余儀なくされた。

そのため、活動のベースが元々オンラインであるバーチャルタレント（ここでは「VSinger」という）とは異なるリアルアーティストもコロナ禍の打開策を求めて配信ライブを行うようになった。しかし、著作権使用料の徴収額が、CDなどの録音は下がっていたにもかかわらず音楽イベントにかかわる演奏は堅調だったコロナ禍までの状況が示すように、[3]リアルアーティストのファンにとって、ライブは「生」で楽しむものであった。これは配信ライブを観たことがある音楽ファンに対するアンケート調査結果からも、配信ライブよりリアルライブが求められていることが浮き彫りとなっている。(4)

この状況を受け、リアルライブに代わる新たな価値の提供を音楽ファンから求められていた音楽関係者も、メタバースを音楽イベントの開催方法として注目するようになった。楽曲の世界観に浸ることのできる音楽と、「没入感」が1つのキーワードとなるメタバースとの相乗効果で、メタバースでの音楽ライブは、観客にリアルライブや通常の配信ライブとは異なる「体感」を与えられる開催方法といえるだろう。

また従来からリアルライブではディスプレイが多く使用されており、音楽と映像は親和性が高い状態にあった。さらにリアルライブでは維持せざるを得ないアーティストと観客の物理的な距離についても映像であれば生じないし、メタバースならば観客はアーティストに触れられそうな距離感で楽しむこともできる。これはメタバースだからこそ可能になるイベントの提供手法である。

現在では開催方法について、リアルアーティストはリアル、VSinger はオンラインというような境界はなくなっている。本書では、イベント主催者側の立場に立ち、開催方法の選択肢としてメタバースを検討するにあたってのポイントについて考えていきたい。出演者との関係における法的論点などは、あわせて後記**第6章**を参照いただきたい。

なお、音楽イベントのパターンは、大まかに、開催方法（リアル／オンライン）、出演者（リアルアーティスト／VSinger）の組み合わせにより分類できる。リアルとオンラインで同時開催されるケースもあり、VSinger のリ

（3）JASRAC ２０１９年定例記者会見資料。https://www.jasrac.or.jp/release/pdf/19052201.pdf
（4）株式会社 SKIYAKI「bitfan × LiveFans　音楽ライブ配信に関する意識調査」（２０２０年９月９日）。https://skiyaki.com/contents/482540

アルイベントの場合、あわせて動画配信プラットフォームで配信するケースが多い。

◆ 事例紹介・2-4-5 Epic Games社「Fortniteサウンドウェーブシリーズ」

「Fortnite」はアメリカのEpic Games社が配信するオンラインゲームであり、Fortniteサウンドウェーブシリーズは、2021年10月より開始したゲーム内で世界中のアーティストをフィーチャーするメタバースでの音楽ショーである。Fortniteは基本プレイ無料のため、家庭用ゲーム機、PC、スマートフォンなどを持っていれば参加可能であり、プレイヤーは、ゲーム内に設けられたライブ空間で行われるイベントにアバターで参加することができる。日本からは、米津玄師（2020年）、星野源（2022年）といった人気アーティストが登場した。

(2) リアル・オンラインとメタバースの相違点

ここでは、基本的にはイベント主催者が出演者の所属事務所やプラットフォーム事業者の立場を兼ねていない場合を念頭に置き、リアル開催の場合とオンライン開催による場合の違いを、そしてオンライン開催については映像配信による場合とメタバース上の開催による場合の違いを検討する。

なお、オンライン開催と関連する「バーチャルライブ」については、現状明確な定義はなく、様々な解釈がある。一般的には、キャラクターがCGの場合、または背景やステージがCGでアーティストがリアルの場合であれば、それらはバーチャルライブと呼ぶことができると考えられており、これは映像配信とメタバース上の開催の両方にまたがる概念とされる。

本書では出演者がリアルアーティストのCGかVSingerかは考慮せず、メタバース以外のオンライン開催を映像配信として取りあつかう。

(i) オンライン開催（映像配信／メタバース）とリアル開催の違い

リアル・オンラインで起きる共通の問題としては、①感染症関連、②違法録音・録画による著作権侵害、③観客同士のトラブルなどがあげられる。

①の感染症関連についてはすでに述べてきたようにオンライン開催の場合、生身の観客同士、また観客と出演者・スタッフ間の接触は生じない。

②の違法録音・録画は、入場時の荷物チェックなどがないオンライン開催ではより起こりやすい傾向にある。さらにオンライン開催の場合、リアル会場でスマートフォンやレコーダーを用いて録音・録画された場合よりも、音・映像共に質の高いデータとして保存可能なため、データが不正にアップロードされた場合、配信売上に影響を及ぼす。

この問題を解消する手段として、たとえばREALITY XR cloud株式会社がメタバース空間内の動画配信において、コンテンツ保護の暗号化（DRM）を行った配信実績がある。

③の観客同士のトラブルについては、オンラインでは生身の人間同士の接触はないため、リアルのように身体的な怪我を伴うようなトラブルには発展しない。一方で配信プラットフォーム上のコメント欄やSNS上における争いは生じ得るし、メタバースでアバターを介したとしても、リアルの音楽イベントと同様に観客同士のトラブルは発生することになる。

次にオンライン開催と比較した場合におけるメリット・デメリットを、主催者側の事情、観客側の事情、そしてそのどちらにもよらない事情から検討する。

ア　リアル開催のメリット

ビジネス面において、開催規模やイベントのコンセプトに応じた会場を選択できるのは、リアルでの音楽イベント開催の大きなメリットである。会場の選択は、基本的には見込まれる集客人数や収入に応じてライブ制作費の観点から検討することになるが、ファンとの距離感を重視して、見込まれる集客人数よりもあえて小規模な会場を選択するというようなことも可能である。

クリエイティブ面でのメリットとしては、たとえば、会場ロビーといった会場外のスペースにおいて、公演とリンクするような雰囲気の演出や展示・施策を行うことにより、イベント開始前から観客の期待感をあおることができる。これはメタバースでは近い形で行うことができるかもしれないが、少なくとも映像配信では難しい。

リアル開催では、観客にも様々な要素において同条件の下で楽しんでもらうことができる。一方、オンライン開催の場合、視聴側の通信環境や視聴機材のスペックに大きく影響を受けるので、音楽イベントでは特に体験が大きく変わってしまう可能性がある。

公演中においても、リアル開催の場合、演出上、火柱のように観客が熱を感じるような特効、香りといった、現時点ではオンラインで技術的に再現が難しい要素を取りいれることができる。また音響や照明といったライブ制作スタッフの技術が存分に発揮されることもライブの質の向上に寄与している。後者は映像配信でも一定程度感じとってもらえるかもしれないが、少なくとも現状では実際に会場内で体感するのとは異なるだろう。

ロックミュージックの熱量、オーケストラのスケール感、楽器ごとの音色の違い、マイクやスピーカーを通じて感じる音圧や振動、光といったものは、技術の発展と共に、今後メタバースでもより生に近い表現が可能になるだろう。このような利便性や新たな楽しみ方・体験の発見が、オンラインの大きな魅力であるように、その時々によって変わるアーティストと観客の空気感は、まさに「ライブは生もの」であることを感じさせてくれ、リアル開催の大きな魅力といえる。リアルにはリアルの良さがあるし、オンラインにもオンラインの良さがあるのである。

イ　リアル開催特有の問題

次に、リアルで音楽イベントを開催することのデメリットについて考えたい。主催者側の事情によるデメリットとして、リアル開催の場合、基本的に出演者、スタッフがイベント会場にいる必要があるため、身体的・物理的に厳しいまたは不可能な状況での実施は難しいことがあげられる。たとえば、短期で遠方への移動が発生するイベントスケジュールを組むことは物理的に不可能だし、仮になんとか可能なスケジュールであっても、出演者やスタッフの身体的負担を考慮して避けることも多いだろう。また、出演者やスタッフの傷病による開催中止や延期が生じる可能性もある。

観客側の事情としては、スケジュールの都合はもちろんのこと、傷病や身体的ハンディキャップなど、個人の状況によってリアルの音楽イベントへの参加が難しい場合もある。また、未成年であれば終演時間についてはイベント主催者側も一定の配慮をしているケースが多いものの、住んでいる場所などによっては青少年育成条例の関係などで参加を諦めざるを得ない場合があることに注意を要する。参加自体は可能でも同行者がおらず心理的ハードルを感じて参加を見送る人も一定数いるだろう。

主催者・観客のどちらにも起因しないデメリットとしては、環境や世の中の状況によるものがある。たとえばコロナ禍では、新型コロナウイルス感染症の感染者数の状況によって国や自治体から長期にわたり公演中止や収容人数の削減を求められることもあった。

天候や開催場所も大きく影響し、特に野外イベントの場合は、観客の安全面への配慮から台風による公演の延期や中止を余儀なくされることも少なくない。猛暑や厳冬など過酷な気温の中での開催は、出演者やスタッフ、観客への体調面での配慮や体調不良者が出た場合の対応の検討が必要なのはもちろんのこと、楽器や機材へ悪影響を及ぼす可能性もある。

また、席番や整理番号、会場の構造次第ではステージがみづらいケースもある。この点、VSinger の場合、会場スクリーンに投影される映像も大きく、リアルアーティストだと目視が難しい距離からでも比較的みやすいため、デメリットが緩和される。

ウ　オンラインとリアル開催のどちらを選択するか

次に、リアル開催と比較したオンライン開催のメリット・デメリットを、主催者側の事情、観客側の事情それぞれから考える。

まず主催者の事情から考える。

ビジネス面について、リアル開催ではチケットの販売数は必然的に会場の収容人数が上限となるが、オンライン開催の場合、サーバなどへの負荷の観点を考慮しても、リアル開催を大きく上回る人数に設定することができる。これは、リアル開催ではチケットが入手困難な出演者のライブを観ることができるというファンにとってのメリットにもつながる。

さらにオンライン開催では、イベント開催後もアーカイブ視聴チケットの収入を得ることができる。この点、アーカイブチケット収入は、ライブDVD・Blu-rayの売上げに相当するとも考えられるが、リアル開催の場合、開催規模が一定以上でないとビデオグラム化自体が難しい。

またアーカイブ配信ではビデオグラム商品の在庫リスクが生じないことからコスト削減が見込める。これはライブグッズに関しても同様である。オンライン開催の場合もリアルグッズをECサイトで販売するが、デジタルグッズに限定した場合は在庫リスクがなく、メタバースの場合は設計次第だが、映像配信ライブでは会場における物販スタッフの稼働も発生しない。

オンライン開催特有の機能としては、配信プラットフォームの投げ銭機能がある。公演中にも投げ銭収入を得られるだけでなく、バーチャルライブでは、観客がギフトを贈ると、出演者がCGで歌唱している配信画面上にギフトが現れる機能などもあり、その効果もライブの映像表現の一環となるため、観客としては自身がそのライブに参加している体感を得ることもできるだろう。

ライブ制作実務面のメリットとしては、多数の出演者が出演するフェスなどの場合、出演者のスケジュール確保やイベント当日の調整も煩雑だが、映像配信の場合は事前収録が可能なため融通がききやすいことがあげられる。

事前収録のメリットとしては、直前での公演中止や開演の遅延が避けられる点も大きい。出演者の体調不良による中止は基本的には発生せず、天候不順や交通機関の遅延などの影響も受けない。リアルタイムの映像配信やメタバースでの開催の場合、出演者や配信スタッフが収録場所に行けないという状況は発生し得るが、少なくとも観客側は影響を受けないことはオンラインでの音楽イベント開催のメリットとして数えられるだろう。

また、スタジオなどでの収録になるため、広大な会場間や遠隔地間の移動を考慮しないスケジュールを組むことができる。スタジオ収録では、配信プラットフォーム側やスタジオの都合による制約はあるが、会場や環境都合、たとえば野外イベントにおける会場近隣への騒音防止の観点での終演時間といった制約はない。

オンライン開催とすることにより感染症予防対策、災害が発生した場合の観客の安全確保、体調不良者や紛失物関連の対応、飲食物の販売・提供に伴う食品衛生関係の対応は不要となる。当日のスタッフの人員についても、配信スタッフなどは必要だが、大規模なリアル会場での開催と比較すると少数で足りる。

クリエイティブ面でも、映像配信の場合は観客全員に対し、主催者側が考えるベストなアングルや距離感で映像を制作して届けることができるし、メタバースであれば観客は自由に会場内を動くことが可能なため、通常リアルライブであればみることができない様々な角度から楽しんでもらうこともできる。

また、観客側のメリットとしては、インターネット環境があれば自宅から参加可能なため、①（配信地域の制限がない場合）海外ファン、②怪我や身体的ハンディキャップがある人、③体調面で不安がある人、④未成年の参加も可能となることがあげられる。ただし④についてはオンライン配信であっても終演時間が遅くなりすぎない開演時間を設定するなど依然として一定の配慮は必要だろう。さらには同行者がいないため諦めていたようなファンも、周りを気にせず気軽に参加することができることもオンライン開催のメリットとなるだろう。

また、オンライン開催の場合は基本的にアーカイブ映像が配信されることが多く、視聴可能期間中、都合が良い日時に何度でも視聴することができ、観客にとっては利便性が高い。ただし、コンテンツ提供側が配信を中止した場合は視聴できなくなるため、1度購入すれば媒体の破損や劣化がない限り視聴可能な点については、ライブDVD・Blu-rayの方が優位性がある。

なお、メタバースのイベントの模様をアーカイブする場合、映像として録画し、それを映像としてみられるようにすることについては技術的にはそれほど難しくはない。一方でリアルタイムでの実施と同じように自由な視点でみられるように「再現」したい場合、そのような形にすることは可能であるものの、構成要素すべてが再現できるよう記録しておく必要があるため、その記録ができるような機能を備えておく必要がある点については留意すべきである。

さらにオンライン開催のデメリットについて、①体感、②技術面の観点から考えてみたい。

①の体感についてはオンライン開催の場合、ＰＣやスマートフォンを利用しての参加となるため、出演者側・観客側ともに「生」感は感じづらい。特にリアルアーティストの映像配信は、テレビの音楽番組に近い感覚にもなり得るため、出演者が観客のコメントをリアルタイムで確認しながらコミュニケーションを積極的に行ったり、オンライン開催ならではの演出や施策を取り入れたり、観客との双方向性を感じられるツールを導入し活用するといった工夫をすることがポイントになる。

このツールの例としては、株式会社セガと株式会社 Colorful Palette による「プロジェクトセカイ」のバーチャルライブの機能の中で提供されているペンライトの機能などがあり、観客はリアル開催と同じく、曲やキャラクターにあわせてペンライトの色を変えたりすることができるようになっている。

②の技術面では、視聴側の通信速度や視聴で使用する機材といった視聴環境・スペックにより、視聴体験にかなり質の差が生じ得る点がデメリットとしてあげられる。イベントの途中で映像が止まってしまえば観客の体験

が大きく損なわれてしまう。観客側のトラブルだけでなく、配信側の通信環境や配信機材のトラブル、同時接続過多によるサーバダウンなどによる配信中断や中止の場合も同様である。

また、出演者のファン層がインターネットに慣れていない世代の場合、オンライン開催について理解されづらかったり、参加したくてもアクセス自体ができない可能性もあることもイベントをオンライン開催とするかリアル開催とするかの判断する際の重要な検討事項となるだろう。

(ii) メタバースと映像配信の違い

ア メタバースの革新性

メタバースの最大の魅力として、場所や物理的な制約を考慮せず、自由な空間演出が可能な点があげられる。たとえば会場のモチーフを月面にしたり、出演者が使用する楽器をリアルでは存在しない形状にするなど、リアルでは不可能なステージや演出を構築することができ、主催者、出演者の自由な発想による創造性を遺憾なく発揮できる。

特にリアルアーティストがアバターを自身に近い形で制作した場合、ライブパフォーマンスの様子はリアルライブと近いにもかかわらず、それが行われているのが非現実を感じる空間であることにより「リアルとバーチャルの融合」を体現することができる。こうしたメタバースでのライブは、観客に新鮮な驚きと感動を与え、新たな音楽体験を提供することができるだろう。

リアルとは全く異なった創造性に富むライブは、出演者のファンはもちろんのこと、それ以外の人々からも新しい要素を取り入れ挑戦する姿勢としてとらえられ、主催者・出演者に対するさらなる期待感につながるのではないだろうか。

また、リアルタイムでの映像配信では、出演者がリアルアーティストの場合にはライブ中の衣装チェンジや転換のための時間を考慮した演出が必要だが、メタバースではアバターでの出演のため瞬間的に変えることができ、ライブを途切れさせることなく一連の流れとして構成することもできる。

観客側もアバターでの参加であり空間内を動くことができるため、視点が固定されず自由度高く視聴が可能である。自身の分身であるアバターが出演者や他の観客と同じ空間にいたり、他の観客の反応も感じられることから、「生」感の感じづらさも映像配信より緩和が期待できる。

また、他の観客とコミュニケーションがとれるメタバースでは、友人と共に参加する場合、各々が感じた感動をその場で共有したりするなど、リアル開催と同じような楽しみ方も可能である。

イ　現時点におけるメタバース

最新の技術が取り入れられているメタバースではあるが、現在は残念ながらまだ実現が難しい点もある。

音楽イベントの醍醐味の1つとして、同じ音楽が好きな大勢の人々が一堂に会することで生まれる「一体感」があるが、利用するサービスやデバイスにより人数は異なるものの、処理負荷との関係で同じメタバース空間に入ることのできる人数には数名から数十名程度と上限がある。それ以上の場合は入ること自体ができなかったり、同じライブを観ていてもコピー空間に振り分けられるため、観客側としては、大規模なリアル会場でファン全員で楽しんでいるのと同じ感覚は得づらいだろう。

この点、株式会社ハシラスの「めちゃバース」のように、アバターなどのデータ量が軽くなるように制作することで、一般的なPCのスペックでも1000人以上のアバターが入ることを可能としたメタバースのサービスもある。しかし、空間演出が重要な要素となる音楽イベントの場合はアセットの簡素化に限界があるため、理想とするアセットを維持したまま大人数が入ることができるメタバース空間の登場に期待したい。

また、出演者のファン層によっては、メタバースは映像配信よりもさらに参加自体の難易度が高いと感じるのではないだろうか。しかし、メタバースが一般化していくにつれ、アクセス可能な人も増えていくと思われる。

なお、メタバースでの開催にあたっては、デバイス、アプリかブラウザか、想定される同時接続や規模人数、提供するコンテンツ数といった様々な要素が制作費に影響する。このため、一般的な制作費の目途といえるものがなく、コスト面を考慮して希望する仕様の実現が可能かどうかについて、制作委託先に確認の上、検討する必要があるだろう。

(3) 個別の問題点と法的論点

(i) 専属解放

オンライン開催は出演者の実演収録を伴う。レコード会社と専属契約がある実演家の実演を所属レコード会社以外の第三者が収録する場合、その第三者は所属レコード会社と専属解放契約の締結をすることになり、かつ専属解放料の支払いが必要となるため、主催者はあらかじめ専属契約の有無を確認しなくてはならない。なお、生ライブかつアーカイブ配信もない場合は、レコード会社により専属解放の要否の取扱いが異なる可能性がある。

(ii) 音源と楽曲の権利処理

出演者の歌唱時に既存のカラオケ音源(原盤)を利用するような場合においては、音源の権利者(著作隣接権者)に対し、利用許諾申請および音源の利用許諾料の支払いが必要である。

楽曲(詞曲)の著作権は、日本音楽著作権協会(JASRAC)や株式会社NexToneで管理されている場合が多いが、支分権により管理事業者が分かれていたり、自己管理されていることもあるため、利用方法にかかわる権利処理をもれなく行うために十分注意しなくてはならない。また、JASRACやNexTone管理楽曲にかかわる使用料はそれぞれの使用料規程によるが、イベント内容、実施方法により適用される規定の判断が難しいケースも多く、適用される規定により使用料額が大きく異なる可能性もある。

なお、外国曲を利用する場合にはストリーミング配信かつアーカイブを残さない場合を除き、SP（Sub Publisher）への使用申請とシンクロフィーの確認が必要となるが、シンクロフィーは基本的に権利者の指値のため高額になり、また利用可否の回答を得るまでに時間を要する。

配信対象国の著作権管理団体がJASRACと相互管理契約を締結している場合、当該国におけるJASRAC管理楽曲の使用申請は原則として当該国の団体に行う形になるが、これは実務上極めて困難である。サービス内容によってはJASRACが海外向け配信を含めた許諾の検討および当該国の著作権管理団体と個別に取扱いを定めている場合もあるが、(5) 出演者や配信プラットフォーム側との契約にあたっては、日本国外にかかわる権利処理と使用料支払いの責任主体は音楽イベント実施時の重要な確認点である。

(iii) 配信トラブルにかかわるリスクの検討

オンライン開催には配信トラブルがつきものである。配信チケットの販売数が多いのは主催者側にとって大きなメリットである一方、万が一、配信中断などのトラブルが発生しチケット購入者に返金が必要となった場合は損害額が大きくなる面も持つ。このため、配信トラブル発生時の損害賠償規定や免責規定は契約上の重要なチェックポイントであり、配信トラブルが配信プラットフォーム側と主催者側のどちらに起因するかにより損害賠償規定のパターン分けを検討しておかねばならない。

なお主催者側に起因するトラブルの要因としては、アセットの不具合によるような場合も考えられるため、ア

(5) JASRACウェブサイト。https://secure.okbiz.okwave.jp/faq-jasrac/faq/show/1?back=front%2Fcategory%3Asearch&category_id=62&commit=&keyword=%E9%85%8D%E4%BF%A1+%E6%B5%B7%E5%A4%96&page=1&site_domain=jp&site_id=2&sort=sort_keyword&sort_order=desc

セットの開発を別の事業者に委託する場合には委託先との契約における契約不適合にかかわる規定などについてもあわせて検討が必要である。

ⅳ ライブ制作実務の把握

オンライン開催の場合、配信にかかわる委託先が1社の場合もあれば、複数の相手先が撮影、配信管理などを分担して行う場合もあり、各相手先への委託業務の内容の精査やその委託業務にかかわる法的検討にあたっては、おおまかにでも配信時の実務を把握しておかねばならない。

またオンライン開催にあたっては、委託業務が情報成果物作成委託や役務提供委託にあたる可能性も高いため、下請法との関係や知的財産権の取扱いについて留意する必要がある。

(4) メタバースでの音楽利用にかかわる支分権

メタバース内での著作物の利用は、著作権法の公衆送信権に基づいて取り扱われる。

メタバースはPCやスマートフォンの中のことであり、メタバース上で開催される音楽イベントは、「動画の再生」という部分のみを考慮すると、メタバースではない普通の映像配信と同様なのである。2022年12月には、JASRACもメタバースでの音楽利用に関する取扱いについて、インターネット上で音楽を利用する場合として動画配信の規定に基づきライセンスする旨をJASRACのオフィシャルサイト上で明示した。(6)

しかし、メタバース内だけに注目した場合、「バーチャル渋谷」や「バーチャル六本木」が存在するように、メタバース空間はもう1つの世界として成立し得るし、人々のメタバース内での活動も今後さらにリアルに近く

(6) JASRAC「メタバースでの音楽利用について」(2022年12月26日) https://www.jasrac.or.jp/news/22/221226.html

なっていくと思われる。

ならば、メタバースでの著作物の利用を総じて公衆送信権に基づいて考えるのではなく、リアルに置き換えた場合の支分権、たとえばメタバースでの音楽イベントは、リアルでのライブハウスでのライブのように、演奏権または将来新たに認められる支分権に基づき取り扱うというような考え方はできないだろうか。

現状の著作権法には、メタバースの性質を考慮すると議論の余地がある規定がある。さらにメタバースが一般化していく動きの中、今後の立法の動向に注意したい。

第5章 メタバースで「広告する」

―広告出稿・プロモーション活動等―

I 「広告する」ビジネス総論と最新動向

メタバース空間には様々な人が集まることから、新たなプロモーションの場としても注目される。

リアルの街並みを再現したバーチャル渋谷（事例紹介・2-4-4）であれば、リアルの渋谷にあるような広告媒体もメタバース空間内に再現されることになる。メタバース空間でコンサートを行う場合には、リアルでコンサートを行う場合にするのと同じように、協賛社のロゴをステージ上のセットに記載したり、開演前に映像を流したりできる。そのほか、リアルにおける制約から解放された新しい広告媒体や手法も考えられる。

新しいプロモーションの場とはいえるものの、基本的には従前行われてきたインターネット上における広告の一種ではあるので、これまでインターネット上におけるプロモーションにおいて問題となっていた点については、メタバース上でも同様の問題が発生する場合が多いことは念頭に置く必要がある。

本章では、メタバース空間において考えられるプロモーション活動について、次の内容を取りあげる。まずは、①メタバース空間内に画像や映像などの広告物を掲載・設置する方法によるもの、次に、②メタバース上でユーザーに自社商品などに関するデジタルアイテムを配布することによるもの、最後に、③メタバース上にショールームを設置したり、新作発表会を行うなどの方法によるものである。②は、ユーザーが手に取れる広告という点が①との違いである。

Ⅱ 「広告する」ビジネスのリアルとメタバースの相違点

1 バーチャル空間内の広告スペースへの出稿

(1) メタバース上における広告スペースへの出稿とは何か

前記**第4章**で述べたとおり、様々なサービスが提供されるメタバース空間には多数のユーザーが訪れることから、このようなメタバース空間内に広告を掲載するということがマーケティングの一環として考えられる。

メタバース空間はリアルの世界と異なり物理的制約がないことから、広告掲載の形態も様々なパターンがある。街中を再現したメタバース空間であれば、現実の街と同様、大型ビジョンやポスター、立看板、のぼりを設置することができるだろう。コンサートホールを再現したメタバース空間では、モニターでCM映像を流したり、ステージ脇や天井などの空きスペースにロゴを表示するといった広告設置が可能である。リアルでは難しいこととしては、街中の何もない空間に広告を投影したり、空を覆うように映像を表示させたり、メタバース空間内のBGMとしてCM音声を流すことも可能である。そのほか、ゲームにおける町の住人などのNPCのように、商品やキャンペーンの案内をしゃべるキャラクターをメタバース空間に設置することも考えられる。

◆事例紹介・2-5-1　REALITY XR cloud社「REALITY Worlds」での広告出稿

REALITY XR cloud株式会社が開発するメタバース空間「REALITY Worlds」において、広告掲載の取組みが実施されている。REALITY株式会社のスマートフォン向けメタバース「REALITY」上では、日本らしいモチーフが取り入れられた「桜ワールド」をはじめ、時期によりコンセプトの異なる空間が実装され、アプリユーザーがこの空間を訪れて交流しながら配信を行う場となっている。「桜ワールド」では、空間内の建物やビジョンに用意された広告スペースに様々な企業の広告画像が掲載されている。

(2) リアルとメタバースの相違点

メタバース上の広告は、広い意味ではインターネット上のデジタル広告（オンライン広告）に該当することから、(i)においてオンライン広告全般とリアル広告とを比較した上で、(ii)において、ウェブサイト上の広告とメタバース上の広告との違いを検討したい。

(i) オンライン広告全般とリアル広告の違い

オンライン広告は、リアルの場に物理的に広告を掲出するものではないので、ポスターなど掲載物について印刷物の手配の必要がなく、掲載物の汚損、破損などの被害の可能性もない。リアルの広告では看板が落下しないように設置したり、立看板が風で飛ばされないように固定したりなど、安全面や防犯面での対応が必要となるが、メタバース空間ではこうした安全面の対策は考慮する必要はない。リアルの場合、話題の広告をみに来たり、記念に撮影しようというファンが殺到した場合に掲載施設や周辺とのトラブルが生じる可能性があるが、オンラインでは物理的なトラブルが発生することはない。

リアル広告では、広告に記載した以上の詳しい情報をみてもらうために自社サイトのURLを記載したり、QRコードを設置したりするが、オンライン広告の場合は、掲載された広告にリンクを張ることで、ワンクリックで自社サイトにアクセス可能にできる。また、この際、リンクをクリックしたユーザーについて、どこに掲載した広告をみたユーザーが自社サイトにアクセスしてきたのかなどのデータを取ることが可能であり、リアル広告の場合と比べてデータ集計が容易である。

またリアルの広告では掲載する施設の営業時間、消灯時間との関係で、24時間消費者にみてもらえる状態にないこともあるが、オンラインの場合はこのような制限はないことが多い。

一方でオンライン広告では、あるウェブサイトのある場所に掲載するなど、特定の広告枠に掲出する場合もあるが、広くユーザーにアプローチしようとする場合は、アドネットワーク広告の仕組みを利用することが多いと考えられる。このような場合、掲載先を自社で事前にすべて把握することが困難なこともあり、不適切または不本意なサイトに掲載される可能性は否定できないデメリットもある。

オンライン以外の広告はターゲットに応じて広告を出し分けることが難しいことが多いが、オンライン広告の場合はユーザーごとのカスタマイズが容易である。リターゲティング広告の仕組みを使うと、自社のウェブサイトを訪れたことがあるユーザーに対象を絞って広告を表示させることができる。また、年齢や性別、興味がある分野など、ある程度対象を限定して広告を掲載する方法もある。

(ii) メタバース上の広告とウェブサイト上の広告の違い

ア 多様な広告表現

メタバース上の広告も、基本的にはウェブサイト上などに掲載するオンライン広告と変わらない。広告掲載という視点からは、ユーザーが3D空間にアバターとして入りこんでいるというところが主な違いになるだろう。

3Dのデジタル空間であることから、前述したように、掲載広告について物理的制約がない。3D映像を表示したり、ユーザーのアバターのあとをついてくる可動式ののぼり広告、触れると反応する広告、手に取れるアイテムを使った広告など、アイデア次第で様々な広告掲載・広告表現の形態が考えられる。なお、アバターの手に取って動かすことができるようなアイテムを用いた広告については、後記2にて取りあげる。

ウェブサイトやアプリ上の広告と同じように、画面上に広告が表示され、閉じるボタンを押して広告を消すという方式はメタバース上でも実装可能である。ただ、メタバースという自由に動きまわれるのがメリットとされる空間上で、閉じないと消えない広告が掲載されるのはユーザーのメタバース体験を損なうものになりかねない。ウェブサイト上の場合と異なり、メタバース空間では広告表現の方法は多様であるので、よりユーザーのポジティブな反応を誘う広告を検討するのもよいのではないだろうか。メタバース空間では、ポスター、のぼり、立て看板など、リアルと変わらない慣れ親しんだ広告方法が採用可能であるが、メタバース空間にはユーザーの目を引くものが数々あるため、単なる2Dの画像広告を掲載した場合には、ユーザーの目に留まりづらい可能性はある。

メタバース空間に表示した広告について、詳細情報がみられるようにリンクを張る場合、リンク先をメタバース空間外のウェブサイトとした場合、3D空間から2D空間への切り替わりが発生したり、メタバースのサービス外に移動することになるため、ユーザーの没入感を損なうという問題がある。利用するメタバースプラットフォームの機能次第ではあるが、自社が同じメタバースプラットフォームに店舗などを設置している場合は、広告をタップすることで店舗空間に移動することができるように設定すれば、シームレスな移動ができるようになるのでユーザーにとっては便利かもしれない。

イ　広告料金形態の違い

メタバース空間内に2D画像や映像を掲載する場合は、掲載形態としてはウェブサイト上に掲載するオンライン広告とほとんど変わりはない。ただ、ユーザー側からみた場合には、3D空間という特性による違いが出てくる。ウェブサイト上では、端末や画面サイズによる違いはあるものの、広告画像は必ず真正面からスマートフォンやPC画面の定位置に表示されるところ、メタバース空間は3D空間で、遠近感があることから、ユーザーがどの位置から広告をみるかにより、大きさや角度が違って表示される可能性がある。街中を再現したメタバース空間にある建物の外壁にA0判のポスターを掲載した場合、建物に近づいたユーザーには大きなポスターとして表示されるが、建物から離れた位置にいるユーザーには、ポスターに何が書いてあるのかわからないくらいの大きさにしか表示されないことになる。

後者では一応表示はされているが、ユーザーに対して効果のある表示になっているとはいえない。広告表示数を基準として広告料金を支払うインプレッション課金として、前者も後者も同じ表示数としてカウントされることとすると、広告主としては納得感が薄いと考えられる。なお、そもそも用意されている視野が広い3D空間では、理論上ユーザーに表示されている内容と、実際にユーザーがみた内容にはずれが生じることもあり、また、ユーザーが振り向いた際に一瞬だけ表示されたなど、表示機会のバリエーションも多く、プラットフォーム事業者など広告掲載主側でユーザーへの表示回数のログの取り方は難しい面がある。メタバース上に掲載する広告の料金計算方法として、広告掲載をするメタバース空間を訪れたユーザーの人数をベースにするという方法も考えられる。この方法では、メタバース空間が広い空間であればあるほど、訪問した人数と実際に広告をみたユーザーの人数とに乖離が出る可能性がある。

このように、メタバース空間における広告の料金体系については、リアルの広告ともウェブサイト上のオンライン広告とも異なる要素があり、具体的なメタバース空間の作りや広告の掲載方法にも依存することから、事案に応じて適切な方法を検討する必要があるものと考えられる。

ウ　その他のメタバース広告の特性

メタバース上の広告は、オンライン広告の一種であるから、ウェブサイトで行うのと同じようにユーザーの属性に応じて適した広告を出し分けることが可能であるが、さらに、メタバース内でのユーザーの行動に基づいてターゲティング広告を利用することも可能である。メタバース空間でユーザーができることが拡がれば、それに応じてプラットフォーム事業者側でユーザーに関する情報の蓄積が増える。蓄積した情報をもとに、個々のユーザーにみせる広告を最適化していくことができる。

(3)　個別の問題と法的論点

リアルやウェブサイト上のオンライン広告と同様に、景品表示法、また、取り扱う商品に応じて薬機法などの広告表示に関する法令の適用は免れない。そのため、表現方法は制約から解放されても、表現内容については一定の制約はある。

ウェブサイト上のオンライン広告と同様、リアルの場に掲出するものではないことから、屋外広告に関する条例などの規制の問題は発生しない。また、街中を再現したメタバース空間においては、道路交通法などの規制はない。そのため、メタバースシティの道路の真ん中に看板を設置することも可能である。

オンライン広告では、掲載先の媒体やプラットフォームごとに広告内容などに制限がある場合がある。メタバース空間では、プラットフォーム事業者側で何らかの広告基準が設定されていないか確認する必要がある。

掲載する広告の画像や映像については、そこに含まれている著作物や肖像に関して、適切な権利処理が必要であることはリアルやウェブサイト上の広告の場合と同様である。

メタバース空間では、広告掲出の方法や表現に物理的な制約がない旨を前述したが、特定の表現方法について特許権が取得されている場合もあるので、特許権侵害をしないよう権利のクリアランスが必要である。

広告掲載に際してユーザーの個人情報を取得する場合や、第三者が取得した個人情報を利用しようとする場合には、個人情報保護法を遵守した対応が必要である。この点も、メタバース以外のウェブサイトなどにおける広告掲載の場合と変わりはない。

広告の対象がどのような商品・サービスかに応じて適切な区分の商標権を取得し、また、第三者の商標権を侵害しないようにすることが必要であり、これはリアルやメタバースではないウェブサイト上などで広告を行う場合と同様である。

メタバース上では、表示が必ずしも平面的ではないので、通常表示の下部などに入れる注記が消費者から認識しづらいという問題が発生する可能性がある。表示はしていてもみえづらい位置にあるなど、消費者が実際に認識できるようになっていないと、不当表示の問題が発生し得るので、どう表示されるかについては慎重に確認する必要があると考えられる。なお、注記が消費者に認識できるように適切に表示されていたとして、その内容自体が適切かは別の問題であり、この点はメタバース上か否かで判断は変わらない。

(4) インフルエンサーとステルスマーケティング

メタバースのプラットフォーム事業者などが提供する広告スペースのほか、インフルエンサーやバーチャルタレントに依頼して商品やサービスの広告を行うという手法も考えられる。メタバースではないインターネット上では、ブログやSNSなどに投稿してもらうことが典型的な方法である。メタバース上でも、個人で有している表示スペースに表示してもらったり、チャットでほかのユーザーに宣伝してもらったり、自社商品に関するアイテムをアバターに身につけてもらうなど、いくつか方法があるだろう。

メタバース以外での広告出稿の際にステルスマーケティング（広告であることを明示せずに出稿すること）の問題が指摘されることがあるが、メタバース上で行う場合も同様の問題が発生する。通常、インターネット上では、記事のタイトルや記事内、または画像・動画内に広告であることを明示する方法が取られるが、メタバース上では、動き回る3Dの表示になるなど、様々な表示方法があるので、具体的な表示方法・内容に照らして、適切な表示を検討する必要がある。ステルスマーケティングについては、消費者庁より景品表示法に基づく指定告示および運用基準が出され、2023年10月1日より施行となったため、メタバース上での表示についてもこの規制に従った対応が必要となる。

2　PR・キャンペーンにおけるプロダクトの提供

(1)　PR・キャンペーンにおけるプロダクトの提供とは何か

メタバースにおける広告の一種として、プロダクトの提供というものが考えられる。単に広告として掲載してユーザーの目に入るようにするのではなく、実際に商品そのものを手に取ってもらうという方法である。

リアルでは、街角や店頭で試供品を配布することがある。メタバース以外のインターネット上でも、郵送の申込みやリアルの店舗で使える引換券の配布などの方法による試供品の配布が行われることがある。メタバース上でも、オンライン上で従来行われていたのと同じような方法によるプロダクトの提供のほか、メタバース空間内でデジタル化されたプロダクトをアバターを介して手に取ってもらう、という方法がある。この項では、リアルの商品そのものではなくメタバース空間内にオブジェクトとして現れるデジタルアイテムを提供する場合を取りあげる。基本的に、ユーザーが手に取れる、自分のアバターを接触させることにより何らかの効果が生まれるようなオブジェクトを想定して検討する。メタバース空間に再現された街の街灯、フラッグ、植木など、ユーザーが動かしたりできないものについては、前記1の広告掲載の内容を参照いただきたい。

◆事例紹介・2-5-2 メタバース上のPR・キャンペーン

[図表2-5-1] ビームスディレクターズバンクプレゼンツおふろパラダイス ととのい別天地

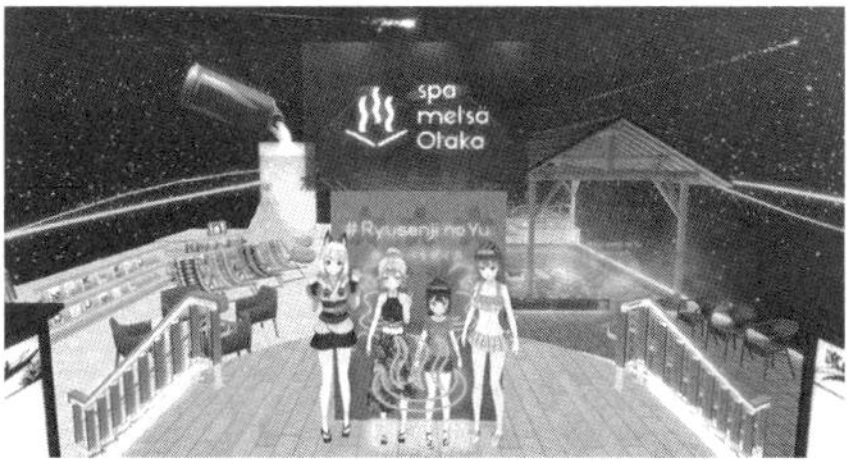

1 東京ゲームショウ VR 2022

2022年9月15日から18日までバーチャル会場で開催された「東京ゲームショウVR 2022」において、ラルフ ローレンがアパレル協賛社となった。来場者はバーチャル会場内において、「動画を視聴する」などのクエストをクリアするとアイテムが獲得でき、アバターをカスタマイズしたりすることができるようになっていた。アバターアイテムの一種として、同社のロゴが入ったシャツアイテムなどが提供された。

2 ビームス社「ビームスディレクターズバンク プレゼンツ おふろパラダイス ととのい別天地」(1)

2022年9月21日から同年12月14日まで、REALITY株式会社の提供するスマートフォン向けメタバース「REALITY」上で株式会社ビームスのディレクターズバンクがプロデュースした「ビームスディレクターズバンク プレゼンツ おふろパラダイス ととのい別天地」のサービスが提供された。

ビームス社のディレクターズバンクがプロデュースする実在の「スパメッツァおおたか」の施設が「REALITY」上に再現された。ユーザーは、ボタニカルラウンジ「metsa Nelio」でくつろいだり、イルミネーションが幻想的なほたるの温泉に入ったりすることができた。ここでは、サウナー御用達ドリンク「オロポ」がユーザーに提供され、ユーザーは「オロポ」をアバターの手に取り、ほかのユーザーとともに乾杯することができた。

(1) https://corp.gree.net/jp/ja/news/press/2022/0921-01.html

(2) リアルとメタバースの相違点

(i) リアルの物品を配布しないという違い

リアルの商品そのものを配布しないため、製造物責任や賞味期限など、提供する物の物質的な意味での品質管理の必要がなくなる。デジタルアイテムは、アイテムのデータを1度作成してしまえば、いくつ配布しようと個数に応じた製造費はかからず、配布数量にも制約はない。ただ、利用するプラットフォームとの関係で支払うキャンペーン協力費用は、配布数に応じた額となることが多いと考えられるので、100個配布する場合と1万個配布する場合で要する総額は変わる可能性がある。

プロダクトの製造費はかからないが、プロダクトをメタバース空間に再現するため、デザイン制作費・開発費がかかってくる。メタバースサービスの既存のアイテムに自社製品のロゴを入れるのは比較的低予算でできる可能性があるが、これと比べて、細かい部品まで再現されたエンジンのオンオフが操作可能なバイクを作るには開発費が倍以上変わることもある。

ただ、いくら再現度を上げても、リアルの商品そのものを提供するわけではないので、実際に食べたり飲んだり使ったり、その商品本来の使い方はできず、商品そのものを顧客に体験してもらうことはできないことが多い。一方、物質的な側面のある商品ではなく、動画配信や電子書籍など、デジタルデータにより提供される商品を提供したい場合は、メタバース含むオンライン上での提供により本来的な体験が可能であるため、リアルの場でリアルの商品を配布するのと同じ効果が得られる。

(ii) メタバース空間におけるプロダクト提供の方法

メタバースにおいてプロダクトを提供するには、物理的なプロダクトの外見をデジタル化さえすればよいというものでもない。プラットフォーム事業者が提供するメタバースサービスは、それぞれサービス内容や機能が異なるため、メタバース空間内でユーザーにプロダクトをどのように手に取ってもらえるようにできるのかは、どのプラットフォームを選択するかにより異なってくる。たとえば、アバターのTシャツを着替えられる機能のあるメタバースサービスにおいては、企業や商品のロゴを入れたTシャツアイテムをユーザーに配布するのは容易にできる場合が多いと思われる。一方、スナック菓子のデジタルアイテムを配り、アバターが袋からチップスを出して食べる動作ができる、という当該メタバースサービスにおいて前例のない企画を実施したい場合には、実現可能な場合もかなりコストがかかる可能性がある。

メタバース空間でプロダクトを「提供」するといっても、大きく2つのパターンが考えられる。RPGゲームにおいて新しい装備として鎧を手に入れた場合、そのゲームをつづける限り、鎧は着替える機能を使うことにより任意の場面で装備して利用することができる。これらと同じようにユーザーがメタバースサービスを利用する際に使えるアイテムとして配布するのが1点目の方法である。2点目として、メタバース内の特定の場所に訪れた際や特定の期間中など、何らかの条件下でオブジェクトとして提供する方法がある。たとえば、メタバース上にあるカフェにいくと、ソファに座ってコーヒーを飲む（動作をアバターにさせる）ことができるという方法である。**事例紹介・2-5-2**のオロポの実例がこのパターンに該当する。「ソファ」や「コーヒー」というデジタルアイテムそのものをユーザーに配布するのでなく、アバターの姿でソファに座る・アバターの姿でコーヒーを飲む、という体験を提供するというものである。

前者は、メタバースのプラットフォームサービスが継続する限り永続的に利用しつづけることができるようにすることもあるが、キャンペーン中の一定期間だけなどと利用期間が定められたアイテムとして提供することも考えられる。リアルの商品を配布する場合は、顧客に渡して終わりとなるが、デジタルアイテムの場合は配布した後にユーザーにどう使われるようにするか設定しておく必要がある。配布されたプラットフォームでのみ利用可能な利用権をユーザーに付与するように設定する場合は、互換性のある他のプラットフォームで利用することはできないこととなる。

メタバース空間では、ユーザー同士がアイテムを交換・譲渡・売買することができる場合もあるため、配布したプロダクトについてこれを受け取ったユーザーが第三者に譲渡可能とするか譲渡制限の設定をするかという点も検討が必要である。

いずれも、どう設計するか次第であり、希望する内容が実現可能かはプラットフォームによるので、利用するプラットフォーム事業者などとの間で条件を定めることになる。

メタバースのプラットフォームによっては、ユーザーがオブジェクトを生成したりできることもあり、同サービス内で複製されたり、もしくは、デジタル化されたアイテムを不正に複製して別のサービスにおいて転用されるおそれもある。同サービス内であればプラットフォーム事業者と協同して一定の対策が可能である。サービス外への転用については、デジタル化についてまわる問題で、複製防止対策やセキュリティ対策を取ることが考えられる。

(3) 個別の問題点と法的論点

前記1の広告出稿の場合と同じように、景品表示法など表示に関する法令の適用はある。デジタルアイテムを配布する方法は、広告であることがユーザーからわかりづらい場合もあるため、ステルスマーケティングとのそしりを受ける可能性がある。ステルスマーケティングについては1において述べたように、2023年10月からの新たな規制に対応するほか、規制の有無にかかわらず消費者から疑念を向けられない実施方法とする必要がある。

デジタルアイテムは景品表示法上の「景品類」(景品表示法2条3項)に該当する可能性があるので、提供方法に応じて、景品規制の適用がある。メタバース上で行う場合もインターネット上で行うパターンの一種にすぎないため、規制の内容は従来オンライン上で行っていたキャンペーンと同様である。

リアルの店舗への来店とインターネット上のサイトへの訪問を条件に景品を付与する場合とでは、景品規制の適用が変わってくる。メタバース上の店舗への来店を条件としてデジタルアイテムを付与する場合は、インターネット上のウェブサイトと同様、誰でも自由にアクセスできるメタバース空間の店舗であれば、リアルの店舗への来店ではなく、インターネット上のウェブサイトへの訪問と同様となるのが原則であると考えられる。

デジタルアイテムが景品表示法上の「景品類」にあたる場合、同法の規制を遵守するため、アイテムがいくらの価値なのかが問題となる。メタバース上のオブジェクトとしてデジタルアイテム化したプロダクトの経済的価値は、当該デジタルアイテムがリアルなプロダクトと同様に利用可能な場合を除いて、もとのプロダクトの価格にかかわらず、デジタルアイテム単体として価格算定されるものと考えられる。当該デジタルアイテムを販売している場合は、その販売価格が基準となるが、キャンペーンで配布するのみで販売していない場合は、当該メタバースプラットフォームやほかのメタバースサービスにおいて同種のデジタルアイテムがいくらで販売されているかが1つの基準となると考えられるが、個別の事案ごとに検討する必要がある。

プロダクトをデジタル化する場合は、デジタル化について著作権などの権利処理が必要となる。

リアルでプロダクトを配布する場合、施設など配布場所の許可を得る必要がある。メタバース上の場合は、通常、サービス利用規約などにより商用利用や商業活動は禁止されていることが多いため、プラットフォーム事業者から許可を得ることが必要と考えられる。もしくは、プラットフォーム上にある店舗など一定の空間の管理者が自店舗内での管理権限を有している場合もあり、このような場合は当該店舗などを管理する事業者との間で契約することとなる。プラットフォーム事業者との間では、配布許可を得るほか、前述したように、当該プラットフォーム上でユーザーが手に取れるデジタルアイテムを実装するにはプラットフォーム事業者の協力が必要である場合が多いため、この点も契約に含めることが必要になると考えられる。

3　ショールームなどのPR活動

(1)　メタバースにおけるショールームなどのPR活動とは何か

前記**第4章**でも取りあげたように、リアルの場に設けてきたショールームなど自社製品のPR活動の場をメタバース空間に設置する例が増えてきている。ECサイトそのものをメタバース空間に設けるのはまだハードルが高い部分があるが、商品・サービスをみに行く、説明を聞く場としては、自宅にいながら簡単にアクセスできるメタバース空間は、消費者にとっても事業者にとっても、利便性が高いといえる。自社の新しい技術を、メタバースという新しい技術に興味がある層へアプローチする場として親和性が高いものと考えられる。

本項では、消費者向けに自社商品をみたり、何かを体験できるようにしたショールームを念頭に置いて説明する。また、報道機関向けに新商品などの発表イベントを行う場合もあわせて取りあげる。

◆　**事例紹介・2-5-3　日産自動車社「NISSAN CROSSING」(1)**

日産自動車株式会社は、2021年から「VRChat」上にバーチャルギャラリー「NISSAN CROSSING」を公開している。これは、同社が銀座で運営する「NISSAN CROSSING」をメタバース空間上に再現したものである。

2022年5月20日、同社は、「NISSAN CROSSING」において、新車発表会を行った。メイン会場のほか、「VRChat」上にパブリックビューイング会場が設けられ、同時に同社公式YouTubeチャンネルにて配信も行われた。あわせて、ここで発表された「日産サクラ」には、一般公開された試乗用のワールド「NISSAN SAKURA Driving Island」においてバーチャル試乗をすることができた。

（1） https://www.nissan-global.com/JP/INNOVATION/DESIGN/DESIGNWORKS/VR-CROSSING/

(2) リアルとメタバースの相違点

(i) リアルの会場がないという違い

リアルの会場を設けるショールームと異なり、物理的な会場の手配や設営の必要がなくなる。物理的な会場を設ける場合は、来場者の案内のためのスタッフや警備や安全管理のためのスタッフが必要となるが、メタバースで実施する場合はこれらは必須ではない。来場者の人数についても、物理的な制約はなくなる。システム上の問題で同時接続人数に上限が設けられる可能性はあるものの、同じ空間をいくつも用意することが容易なので、会場に入りきれなかったり、これ以上入ると安全を確保できなかったり、といった物理的な収容限界の問題は発生しない。リアルでは必要な段差やスロープなどの物理的バリアフリー対応も、メタバース空間では不要となる。2020年からのコロナ禍で、リアルの場では感染症対策が必須となっていたが、メタバース上で実施する場合には、リアルの会場がないため、対応する必要がない。

来場者が本物の商品に触れることがないので、展示物について、来場者の故意・過失による破損の心配がない。また、会場までの輸送や設置をする必要がないので、大きい物や繊細な物など、輸送や管理に特別な配慮が必要な商品を取り扱う場合に、そうでない商品を取り扱う場合と比べて費用がかさむことがない。

リアル会場における開催を全国各都市で同時に実施しようとする場合には、各会場にそれぞれ商品を必要な個数分搬入するよう手配する必要があるが、メタバース上で実施する場合には、商品の3Dモデルのデータを1つつくってしまえばそれで済み、使いたい個数分の制作費はかからない。

リアルの会場で実施する場合、開催日の前日から会場を借りて事前に設営を行い、終了後も撤去の日程を確保する必要があるが、メタバース空間で実施する場合は前後の設営時間の考慮は必要ない。また、新商品発表会で事前に現地でリハーサルを行う場合や、会場案内スタッフの事前研修を行う場合、前日設営が終わった後など、本番の直前の日程で行う必要があり、スケジュール設定に制約がある。メタバース上の場合は、メタバース空間の開発スケジュールを早めに設定しておけば、現地でのリハーサルも本番の日程に縛られないため、柔軟なスケジュール設定が可能である。

(ii) メタバース開催の特性

メタバース空間においてショールームなどを設置する場合、建造物の物理的制約を無視した会場レイアウトや演出が可能である。商品の特性を伝える表現に幅が出るというメリットがある。リアルの会場を作るために必要な費用は、セットが大きくなるのに比例して増大し、安全面でも対策が必要となるが、デジタル空間に再現する場合は、リアルほど大きさに比例して制作費が増大するという関係にはない。メタバースでは、再現するオブジェクトの種類数、複雑さ、設定したい機能、求める再現度などが費用を左右すると考えられる。また、メタバースでは、安全面についても、設置物が落下したり壊れたりなどすることで来場者が怪我をする懸念はない。気象環境、季節・気候・時刻の影響を受ける物についても、メタバース上では、来場者に影響を与えない形で自由に環境設定ができる。展示中に顧客の要望に応じて即時に環境を変えることも可能である。

前述のように、来場者数に物理的制約はないが、同じ空間に入れる人数の制約はあり得、また、案内スタッフを設置する場合は上限人数が自ずと決まり得る。ＡＩなど、人間のスタッフを介さない案内ロボットを置くことも考えられる。同じ内容のメタバース空間をいくつも複製できるので、同時来場人数に制約を設けないことは可能である。リアルの場合は複数箇所の会場を設置しようとすると、設置費用が倍増していくが、メタバース空間の場合は、制作した空間はデジタルデータであるので、コピーして増やすのは容易である。コピーして増やすこと自体にはほとんどコストの負担はないものの、用意する会場数に応じて、プラットフォームの利用料や、サーバ費用など運用保守費用がかかってくることになる。

リアルでは、施設の営業時間や公共交通機関の運営時間などを考慮して会場の運営時間を決めることになる。メタバースではこうした制約が特にないため、24時間開場も容易である。案内スタッフを設置する場合は24時間のシフトを設定することも可能だが、必ずしも運営側の人間がいなくとも問題はないので、有人案内は一定時間に限り、夜間はスタッフ不在とする選択肢もある。

リアルでは、会場を見てまわる順路を設定しても、実際に来場者がみる順序やスピードは来場者にゆだねられている。会場案内のスタッフが、安全面から逆流禁止の旨を案内することはできても、強制することは難しいことが多い。メタバース上では、必要があれば、順路を設定したり、導線を制限したりの設定が可能なこともある。ただ、メタバース空間は、ユーザーが空間内を自由に動きまわれるのが本来の形であるので、これを制限してしまうとメタバース空間で実施することの意義が減少してしまうおそれもある。

メタバース上でこそ実現可能な内容は多々あるが、一方でメタバース上での体験は、現実の体験そのものではなく、実際の体験にどれだけ近づけられるかという次元ではある。メタバース空間でアバターにより新車に試乗する場合、HMDに流れる走行風景とコントローラに伝わる振動により乗ったときの感覚を体験させるなど、技術を組み合わせて一定の体験を提供することは可能だが、実物の車に乗れるわけではなく、実際の乗り心地そのものを体験してもらえるわけではない。

PR活動においてはニュースなどで自社の活動を取りあげてもらうことが重要だが、メタバース空間にはカメラや録音機を持ち込むことができない。そのため、新商品発表会など報道陣を招く場合、発表の様子の写真・映像素材をどう確保してもらうか、あらかじめ主催側で準備しておく必要がある。PCなどの画面を撮影するのか、画面録画・画面撮影機能を用いて報道用素材を確保してもらうのか、それとも、主催側であらかじめ画像・映像を配布するようにするかである。メタバースのプラットフォームによってはユーザー側に撮影機能が提供されていることがあるため、この機能を利用してもらうことも考えられる。

一方、来場者にみせる内容のうち、権利関係上または情報管理上の問題により撮影不可とした場合、リアルでは手荷物検査をしたり、目視により注意することが考えられるが、メタバース上の場合は、ＰＣなどの画面を撮影されることは制限できない。ＰＣ画面の向こう側で来場者が何をしているかを開催側で把握できないので、制御が難しいという問題がある。

(iii) メタバースショールーム設置に必要な機材など

メタバース空間にショールームを設置する場合、既存のメタバースプラットフォームを利用するか、自社で独自に制作するか、大きく2つのパターンが考えられる。前者の場合も、既存のメタバース空間の一部として設置する方法と、ベースのシステムの提供は受けつつ、空間としては自社独自のものとして設置する方法がある。

メタバース上で開催する場合、３Ｄ空間の会場とデジタル化した商品を制作する必要がある。商品は、２Ｄの画像や映像でも問題はないが、３Ｄオブジェクト化しない場合は、メタバース以外の自社ウェブサイト上に掲載する場合と変わりがなく、メタバース上でショールームなどを設置する意味が薄れると考えられる。そのため、通常は、あらゆる方向からみることができて、立体感やサイズ感がわかりやすい3Ｄモデルを制作することが多いと思われる。当然ながら、３Ｄオブジェクトとしてメタバース空間上に再現された商品は、本物の商品そのものではないので、再現度がどれだけ高められるかという問題がある。再現度には限界があるので、「本物」を感じてもらうことを突きつめず、あくまで利用イメージを持ってもらう、としてもよいかもしれない。また、知名度の高い既存商品と並べて展示することにより、新製品の特徴をわかりやすくすることも考えられる。

前述したように、会場のセットや3Ｄ化した商品はデジタルデータにすぎないので、リアルの会場セットとは異なり次回開催まで倉庫など物理的な保管場所を確保する必要はない。とはいえ、データを保管するＨＤＤやサーバなどは必要であり、トラブルによりデータが消えてしまったときのためにバックアップを取ることは必要である。ＯＳやプラットフォーム側のアップデートに応じた対応が必要なこともあるが、物理的な物品と異なり、経年劣化や耐用年数の問題はない。

リアルの場で開催する場合、足りない備品は近所で買い出しをしたりすることもある。メタバース上での開催の場合、メタバース空間で利用する備品オブジェクトの制作が急に必要となった場合、通常メタバース空間で使える３Ｄオブジェクトは、一般に販売されていることがあっても、事業活動に利用可能で自社が必要としているものに合致するようなものがあることは多くないと考えられるため、即時に導入することは難しい場合がある。アバターについても同様で、急に社長が壇上で挨拶することとなったとき、社長に似せたアバターの姿で登壇できるのが望ましい場合も、そのようなアバターの準備がすぐにできるとは限らない。

メタバース上での開催では、現地スタッフが必須でないかわりに、保守のためのエンジニアスタッフが必要となる。そのほか、司会者や商品案内をするスタッフが利用する機材などに関して、機材や回線トラブルに対応するための人員も必要となる可能性がある。

(3) 個別の問題と法的論点

前述のとおり、リアルで実施する場合も、メタバース上で実施する場合も、景品表示法など表示に関する法令の制約があることは同じである。

自社商品や既存施設などをメタバース空間に再現する際には、何をもとにして何を制作するかに応じて権利処理が必要となることがある。比較対象などとして第三者の商品をも再現しようという場合にはなおさらである。これは、いずれも、商品の写真・イラストなどをＥＣサイトに掲載する場合と問題状況は変わらない。

メタバース上にショールームを制作するために開発・制作を第三者に委託する場合は、開発のための契約が必要となる。既存のプラットフォームを利用する場合は、プラットフォーム事業者との間でプラットフォームの利用契約が必要となる。自社独自に開発して独自に運用する場合は、サーバなどインフラ環境の構築のほか、運用中のバグやトラブルに備えるために保守・運用の契約が必要である。

制作発表などのステージに司会者や著名人に出演してもらう場合、出演者をアバターで再現するときは肖像権の処理をする必要がある。既存のパーツを組み合わせるなど、再現度が高くない場合は肖像権が問題にならないこともあるが、本人に似せたアバターを制作する場合には肖像権の処理が必要となる可能性がある。また、出演内容については、実演家人格権の処理について契約上で定める必要がある場合もある。音声、映像、全身のモーションキャプチャなどの利用対象を、メタバース上でリアルタイムで出演してもらうほか、録画配信をするなどどのように利用するかを整理して出演者側と交渉する必要がある。

(4) VR展示

前記で取りあげたメタバース上でのショールームの設置は、前記**第1部**において述べたように、「同時接続性・リアルタイム性」のあるメタバース空間上での実施を前提としている。案内や説明を担当するスタッフや、ほかの来場者のアバターが同じ空間に同時に存在して、それぞれ展示商品をみてまわったり、説明を受けるということになる。

単に3D空間で自社商品をみてもらいたい、体験してもらいたい、という場合は、同期性を不要とすることも考えられる。つまり、単なるVRショールームである。同期性がなくなるので、1人での体験となり、友人や家族と一緒に、という体験は基本的に提供できない点が大きな違いである。自社サイトにVRショールームのコーナーを設置すると同時に、リアルタイムでやりとりができるチャット機能を設けたりすることで顧客の質問に答えることもできる。やり方次第では、メタバース上で案内するのと同じような効果が得られる場合もあるので、必ずしも「メタバース」での実施にこだわる必要はないと思われる。

◆コラム・2-5-1　そもそも「広告出演」とは何か

自社の商品やサービス、また企業自体のイメージや認知度を高めることは、企業にとって至上命題であるが、これを実現する1つの方法として広告へのタレント起用がある。広告の種類としては商品広告、企業広告などがあるが、これらへのタレントの出演が「広告出演」である。

契約内容によるものの、広告出演においてタレント側は競合企業の広告への出演が制限されるケースが多く、また広告企業の不祥事などが生じた場合、タレントイメージの棄損のリスクを負う。このため「番組出演」よりも出演受託に関する判断は慎重になされ、出演料も高額になり、これはリアルであってもメタバースであっても同様である。そこで広告を依頼する企業としては、その点をあらかじめ念頭に置き、当該出演依頼が広告出演の依頼にあたるかについて検討した上で依頼する必要がある。

そこで、そもそも「広告」とは何かが問題となるが、広告という概念それ自体は必ずしも明確ではなく、広告に該当するか微妙なケースもある。こういったグレーゾーンに該当し得る依頼では、出演依頼側とタレント側で広告出演の該当性の判断が分かれることがあり、この場合、双方で取扱いについて協議することになる。

グレーゾーンの例としては、イベントに冠スポンサーがついており、イベント名に「Supported by～」というようにスポンサー企業名がついていたり、ステージ上の背景に大きくスポンサー企業名や商品名が掲げられているようなケースが考えられるだろう。そういったケースでは、冠スポンサー側でイベントと連動したキャンペーンを実施して出演タレントのグッズを制作するようなケースもある。出演タレントが単独でない場合は判断が分かれる可能性があるが、こういった場合は通常のイベント出演と比較して冠スポンサー企業との結びつきが強まるため、タレント側から広告出演とみなされる可能性も一段上がるのではないだろうか。広告出演にあたるか否かは広告費用に大きく影響するため、見解が分かれる可能性がある依頼については、早期の段階でタレント側と協議が必要である。

なお、ここまで出演依頼の主体について企業を念頭において述べてきたが、広告の該当性は依頼者が誰かにより決まるものではなく、出演依頼内容や実施方法などを踏まえ総合的に判断される。依頼者が自治体や教育機関などの場合、企業による依頼と比較して出演料などの交渉がしやすくなる可能性はある。しかし、出演依頼側とタレントイメージの結びつきが発生すると考えられる出演依頼であれば、広告出演に該当すると判断される可能性は十分にある点について、念のため申し添える。

第6章 バーチャルタレント（VTuber）の起用

I タレントビジネス総論と最新動向

メタバースを考える場合に密接にかかわってくるのが、VTuberの存在である。CGで描かれたキャラクターであるアバターの姿で活動する彼らは、リアルの「人」であるリアルタレント（いわゆる「芸能人」）との対比で「バーチャルタレント」と呼ばれ、現在ではタレントとして起用されることも増えている。

従来リアルタレントは一般の人々にとって、才能や容姿といったものに恵まれた自分とは異なる特別な存在であり、スターであった。しかし、直接会話をすることができるような距離感の近いアイドルの活躍や、SNSで発信される情報や発言から、タレントとしてだけではない人柄や日常を感じられるようになったことで、以前と比較してタレントは人々にとって身近に感じられる存在となっている。

そして現在、YouTuberやインスタグラマーといったインフルエンサーも、リアルタレントと同じくらい、また時にはそれ以上に情報や流行の発信源となる影響力を持っている。彼らはリアルタレントと比較すると一般の人々にとって身近に感じやすい存在であるが、顔出しをして人気が出ることも多い。

この点、アバターで配信することができる動画・ライブ配信サービスの選択肢の増加と共に、顔出しをせずに気軽に配信可能なことから配信活動を行う人も増え、人気バーチャルタレントが多数生まれており、ビジネス面を考慮したタレント起用の観点からも、現在ではバーチャルタレントは欠かせない存在である。

バーチャルタレントは、リアルタレントやインフルエンサーとは様々な面で異なるため、メディアや広告などでの起用にあたってはこれまでにリアルタレントやインフルエンサーを起用したことがある場合も、あらかじめその特性などを把握しておくことが重要である。

そこで本章では、リアルタレント、インフルエンサー、バーチャルタレント、それぞれの特性における共通点や相違点を考察し、それらを踏まえた上で起用の際のポイントについて検討する。

検討にあたり、まず本章における各々の定義の取扱いについて考えたい。インフルエンサーは、「ＳＮＳなどを通じて情報発信し、それによって多くのフォロワーに影響を与えている人物」[1]であるため、リアルタレントもインフルエンサーに含まれるといえ、またアバターを通しての活動ではあるがバーチャルタレントも含まれ得る。

この点、本章では便宜上インフルエンサーには、リアルタレント・バーチャルタレントを含まないものとして取り扱う点、またタレントとしての起用の観点に着目することからインフルエンサーについても文脈に応じ「タレント」と呼ぶ点についてあわせてご了承いただきたい。

（1）「新語時事用語辞典」。http://www.breaking-news-words.com/2020/02/blog-post_13.html

Ⅱ 起用におけるタレントの特性による相違点

1 バーチャルタレントとは何か

バーチャルタレントは、一般的に「VTuber」「ライバー（Vライバー）」と呼ばれており、インターネット上で動画配信やライブ配信などを行う2Dまたは3DのCGグラフィックスのキャラクターである。

バーチャルタレントの先駆け的存在といわれている「キズナアイ」が登場したのが2016年であり、その後バーチャルタレントを取り巻く状況は常に変化しているが、「バーチャル YouTuber」が語源であるように、バーチャルタレントは基本的には動画配信プラットフォームでのライブ配信、動画投稿やSNSでの発信などインターネット上をメインに活動している。

バーチャルタレントはAIではなく、いわゆる「中の人」と呼ばれる演者が存在し、アバターを利用しての活動であることから、あえて演者自身とは全く別の人格としてそのキャラクターを「演じる」ような楽しみ方も、逆に自身の個性をそのまま活かして活動することもできる点に特徴がある。その活動における個性が人気につながるという点を考えると、リアルタレントと同様にVTuberもまた「タレント」であり、アイドルや音楽アーティストの専門誌があるようにVTuber専門情報誌「VTuberスタイル」（アプリスタイル社）などが発売されていることからも、広くタレントとして認知されていることがわかる。本章ではそのタレント性に注目し、VTuberをバーチャルタレントと呼ぶこととしたい。

◆ 事例紹介・2-6-1　バーチャルタレント

1　ホロライブプロダクション[1]

カバー株式会社が運営するバーチャルタレント事務所であり、女性VTuberグループ「ホロライブ」、男性VTuberグループ「ホロスターズ」を展開している。傘下ではインドネシアで活動するVTuberグループ「ホロライブインドネシア」、英語圏向けVTuberグループ「ホロライブEnglish」も活動している。アイドルグループとして打ち出しているのが特徴であり、グループ全体やグループ内メンバー同士のコラボレーションユニットによるオリジナル楽曲リリースや音楽ライブも開催されている。

2　にじさんじプロジェクト[2]

ANYCOLOR株式会社が運営するVTuber/バーチャルライバーグループであり、2023年8月現在で約150名のライバー（バーチャルタレント）が所属している。所属ライバーは、動画配信プラットフォームでの配信活動はもちろんのこと、イベントや各種メディアの番組への出演など幅広く活躍している。同社が運営する「バーチャル・タレント・アカデミー」では、同社が受講料などを負担し、タレントとして活躍するスキルを身につけるためのプログラムを用意して所属タレント候補の育成も行っている[3]。なお国内にとどまらず、英語圏ではVTuberグループ「NIJISANJI EN」、中国VTuberグループ「VirtuaReal」も活動しており、海外でのVTuber事業も展開している。

（1）https://www.hololive.tv/
（2）https://www.nijisanji.jp/
（3）https://vta.anycolor.co.jp/audition/

◆コラム・2-6-1　「ダイバーシティ&インクルージョン」が体現された世界

「SDGs：Sustainable Development Goals（持続可能な開発目標）」という言葉を目にするようになって久しい。性別、年齢、人種や国籍、性的指向、宗教、価値観といった個人の特性による差別をなくすことが求められ、社会貢献の1つのキーワードとしてSDGsに取り組む企業も増えている。しかし、トランスジェンダーである会社員が、上司から性的指向・性自認に関しハラスメントを受けてうつ病を発症するに至り、神奈川県の労働基準監督署に労災認定された事実が2022年11月にニュースとなったことが示すように、SDGsの達成には依然として高いハードルがある。

また、業種や職種により、これら個人の特性がより強く影響することもある。接客業、営業職など、人に接する機会の多い業種や職種については、外見や性別、年齢といった要素が評価や態度、成績に影響を及ぼすことがあるのは否定できない。

特に顕著なのが、役者やタレント、音楽アーティストといった職業である。彼らは常にその外見などが注目され、時には実力に見合った評価や人気を得られなかったり、SNSの心ない書き込みで心理的な傷を負うことも多い。それ以前に、実力や才能にかかわらず、外見や年齢が枷となり、夢の実現自体が難しい場合があることも残念ながら現実である。

筆者がそれを実感したのが、ある新人発掘オーディションに委員として携わった時だ。そのオーディションでは、コンセプトとの関係で応募対象者の性別や年齢が定められており、応募書類への顔やスタイルがわかる写真の添付が要件となっていた。これは、オーディションとしては決してめずらしいことではない。しかし、書類上の情報のみをもって不通過として分類した応募書類の山をみて感じた何ともいえない感情は、今でもはっきり記憶としている。

リアルにおいて、生まれ持った外見、性別、年齢、国籍などを変えることは、手術や移住・国際結婚といった方法により可能な場合もあるが、基本的に極めて難しい。しかしメタバースでは、自らの分身として活動するアバターを、現実の自分に近いデザインにすることも、理想とする外見、性別、年齢などで表現することも、また「人」ではないキャラクターになることも可能である。「人」に限らない様々なアバターが当然のように同じ空間で存在するメタバースでは、アバターに対する批評・批判は起こり得るが、リアルにおける個人の外見や人種、LGBTQといった理由でのハラスメントや差別、名誉棄損、侮辱などは、必然的に起きづらいといえるだろう。

「生きづらさ」を感じている一部の人々から、すでに事実として、メタバースはリアル以上に自らの新たな居場所となっているという声も届いている。その時々により、新たな自分、なりたい自分として存在すること。そして、自分で自分を選択すること。外見などによるしがらみを捨て、純粋に自らの個性や才能で評価されるチャンスがあり、「なりたい自分で、生きていく。」ことができる世界がメタバースである。

「誰1人取り残さない」持続可能で多様性と包摂性のある社会——これを実現する1つの糸口に、メタバースはなり得るのではないだろうか。

2 タレントごとの特性

ここからは、前記Ⅰでの定義に応じた、リアルタレント、インフルエンサー、バーチャルタレントについて、各タレントの特性を考察する。

なお、インフルエンサー、バーチャルタレントはフリーで活躍しているケースも多いが、本章では法人所属（契約形態はマネジメント契約に限らないものとする）のケースを念頭におく。またインフルエンサーについては、タレントとしての特性に注目する観点から、フォロワー数が１００万人以上でＳＮＳに限らずメディア出演なども行う「トップインフルエンサー」と呼ばれる層を対象に考える。

⑴ リアルタレントのプロフェッショナリズム

「リアルタレント」と一言でいっても、俳優、タレント、アイドル、音楽アーティストなど様々だが、自らの才能を磨き、メディアや視聴者・ファンの期待に応えつづける彼らは、まさにプロフェッショナルである。

たとえば俳優はセリフに限らない表情や目線などのちょっとした仕草での演技や役柄にあわせた印象作りや体型のコントロールまで徹底して役作りを行う演技のプロであり、タレントであれば、他の共演者との間で臨機応変でウィットに富んだやりとりを行い、自らの立ち位置を踏まえて番組や出演作品に華を添える機転のプロである。

リアルタレントの場合、ＳＮＳは事務所スタッフが運営するアカウントのみであったり、タレント本人による投稿であってもファンと直接やりとりをするケースは少ない傾向にあり、一方通行での情報発信の場として活用されることも多い。出演するテレビ・ラジオといったメディアの特性からも、視聴者やファンからの反応はあるものの「双方向」と呼べるコミュニケーションは少ないため、依然として視聴者やファンと一定の距離感がある。しかし、それは良い意味での距離感でもあり、だからこそ人々にとっての憧れの対象であり特別な存在として、リアルタレントをより輝かせているともいえる。

リアルタレントは、メディア出演の際に戦略上あえて顔を出さないケースもあるが、基本的には生身の人間の姿でメディアに出演するため、外見やタレント本人の個性がそのまま魅力につながる。

リアルタレントもまた1人の人間であり、その時々の状況によっては、メディア出演時に体調、精神状態、生活スタイルなどが外見やパフォーマンスに影響したり、また年齢を重ねることによる変化もある。しかし、そういった変化もまた人間らしさの表れであり、だからこそ特別な存在と感じながらも、時に人々は彼らに親近感を覚えたりもするだろう。

リアルタレントは活動にあたり特定の事務所と専属マネジメント契約を締結して所属しているケースが多く、基本的に事務所がタレント活動のすべてを取りしきる。マネジメント契約は拘束力の強い契約であり、事務所が社外の関係者も含めてチームとしてタレントの才能や魅力を引きだし、各部門でプロモーション活動、ファンクラブの運営や情報発信などを行いタレントの活動を全面的にプロデュース・サポートしてコミットしているのも、そういった契約形態ゆえといえる。また一概にはいえないものの、基本的にはリアルタレントと所属事務所の結びつきは極めて強く、単にビジネス上の関係にとどまらない関係が構築されたり、事務所間同士、また事務所・メディア間の関係性が重視されるカルチャーであることからも、事務所の移籍はそれほど発生しない傾向にある。

(2) インフルエンサーの訴求力と共感性

インフルエンサーの活動は、YouTubeやInstagram、X（Twitter）、TikTokといったSNSが中心である。現在ではテレビやラジオ、雑誌といったメディアに起用されることも多いが、やはりSNSを通じての影響力が強い。インフルエンサーは直接自身のフォロワーと双方向のコミュニケーションをとり、フォロワーとの距離感が近い傾向にある。この点、本章での考察対象であるトップインフルエンサーは、フォロワー数の多さから必然的にフォロワー1人1人とのコミュニケーションの頻度は減るものの、フォロワーからの声が活動に反映されることも多く、依然としてリアルタレントよりも身近に感じやすい存在といえるだろう。

動画投稿や情報発信の内容は、バラエティ的な企画性のあるコンテンツはもちろんのこと、ファッション、美容、インテリア、料理といった特定の分野に特化しているケースも多く、その中でもさらに特定のブランドやモノ・コト、コンセプトに絞られた非常にコアな情報のみを扱うこともめずらしくない。フォロワーもインフルエンサー本人と同様の興味に基づきフォローしているため、好きだからこそのこだわりに基づくインフルエンサーの本音ベースでの投稿に共感する。このため、インフルエンサーは人々にとって憧れの存在になり得る一方で、同じものを好み、また興味を持つ者同士として親近感を感じる存在という面も持ち、ターゲットにピンポイントに訴求することができる強みがある。これは「インフルエンサーマーケティング」という言葉が浸透していることからも読みとれる。

また、インフルエンサーはライブ配信や動画の内容につき基本的に本人が企画をし、動画や投稿にかかわる制作や写真撮影なども自ら行うことが多くクリエイターとしての側面も併せ持つことから、リアルタレントに多くみられる事務所主導型ではなく、セルフプロデュース型のタレントといえ、コンテンツにはそれぞれのクリエイティブのセンスが反映される。

インフルエンサーが事務所に所属する経緯としては、一定以上のフォロワー数を獲得しているインフルエンサーに事務所側がアプローチして所属となる場合もあれば、インフルエンサー側が事務所へ自らアプローチして所属する場合もある。後者の場合、たとえばUUUM株式会社(2)が「ビジネスを共創する専属クリエイターを育てる場」として提供するUUUMネットワークのように企業が提供するサービスに参加するような形式もあり、従来型のリアルタレントのような専属マネジメント契約には限られずに活動するようなケースもある。

（3） バーチャルタレントの多面性とキャラクターとしての魅力

バーチャルタレントは、活動をアバターで行う点でリアルタレント、インフルエンサーと大きな相違があるものの、様々な面で共通点もあり、リアルタレントとインフルエンサーの両者の要素をあわせ持つタレントであるといえる。インフルエンサーとの類似点としては、①メインとなる活動の場、②ファンとの距離感、③事務所所属の契約関係、④クリエイターとしての側面などがあげられる。

バーチャルタレントは、現在はテレビやラジオ、雑誌といったメディアや、リアル開催のイベントへの出演と活動の場を拡げているが、メインの活動の場はライブ配信や動画投稿といったインターネット上である。ライブ配信やSNSを通じたコミュニケーションが多いことから、バーチャルタレントのファンには「推し」を積極的に応援・サポートする文化が根づいており、これはファンがライブ配信時に積極的にSuper Chat（YouTubeの投げ銭）などギフティングを行ったり、推しのバーチャルタレントの応援広告を出稿したりすることからもみてとれる。[3]

バーチャルタレントの場合もインフルエンサーの場合と同じく、事務所側が一定の人気のあるタレントにアプローチしてその事務所へ所属となる場合も多い。契約形態がエージェント契約など専属マネジメント契約に限らない点やライブ配信や動画の内容などについて、タレント本人が単なる出演者にとどまらず配信内容にかかわる

（2） https://www.uuum.co.jp/2022/01/28/75557

（3） たとえば、ANYCOLOR株式会社は株式会社ジェイアール東日本企画 jeki 応援広告事務局に「にじさんじ」所属のタレントに関する応援広告の運用を委託している（ANYCOLOR応援広告規程。https://www.anycolor.co.jp/terms-of-cheering-ad）。

企画や配信・動画制作・編集も行う点においても、インフルエンサーと近い側面があるといえる。バーチャルの姿であっても、出演者、脚本家、演出家、メディアといった様々な役割を担っているバーチャルタレントは、多才で様々な可能性を秘めた「talent（才能あふれる人）」である。

事務所が所属のためのオーディションを行ったり、タレントとしての育成を行うような場合もある点はリアルタレントとの類似点としてあげられ、従来からの芸能事務所が新たにバーチャルタレントのマネジメントを始めるケースも増えている。

一方で、バーチャルタレント自体が比較的新しく、また活動において取りいれられる技術が常に更新されることから、バーチャルタレントに特化したバーチャルタレント事務所やIT系の企業の1事業部門がマネジメントを行っているような場合（便宜上、契約先企業も「事務所」と呼ぶ）も多く、事務所側の関係者（業界）が異なる。このため、リアルタレントを起用したことがある場合においても、バーチャルタレントの起用にあたっては、従来からの芸能事務所とは契約に対する意識や重視する規定（損害賠償条項など）が異なること、また実務面においてもUGCの推奨などコンテンツの取扱いや収益化の方法、投げ銭機能のあるECサイトの利用といった販売方法の違いなど、カルチャーや考え方が大きく異なる点に留意する必要がある。タレントと事務所の契約形態や関係性についても同様といえ、バーチャルタレントの場合事務所の移籍も比較的めずらしくない傾向がある。

そのほかの大きな相違点として、バーチャルタレントは、タレントでありながら「キャラクター」でもある点があげられる。これはバーチャルタレントの出演契約やグッズ制作に伴うライセンス契約において、バーチャルタレントが「タレント」と定義されていることもあれば、「キャラクター」と定義されている場合もあること、また事務所が公式にアバターの二次創作ガイドラインを出して二次創作を認めたりしていることからもわかる。

バーチャルタレントのキャラクターデザインはアニメやマンガに近い可愛らしいものも多く、リアルタレントやインフルエンサーでは難しいデザインの衣装も纏うことができ、純粋なキャラクターとしての魅力もあることから、キャラクターを利用したグッズも多く展開される。しかし、ライブ配信活動やＳＮＳでの情報発信などを通じて、キャラクターとタレントの個性は強く結びついており、それがバーチャルタレントとしての人気につながっている点で、従来のキャラクタービジネスとは大きく異なるといえる。

なお、詳細は後記⑷に譲るが、リアルタレントでは（リアルタレントのアバターを利用する場合をのぞき）生じない、対クリエイターのアバターの権利処理などが必要になる点についても留意が必要である。

◆ コラム・2-6-2　生成ＡＩとAI VTuber

生成ＡＩ（ジェネレーティブＡＩ）は、画像、文章、音楽など様々なものを生成可能な人工知能である。生成ＡＩが改めて大きな注目を集めるきっかけとなったのが、2022年11月にOpenAIが公開したChatGPTの登場である。ChatGPTは、資料作成といった業務の効率化を目的として一般企業のみならず行政でも活用が進んでおり、2023年8月23日には、東京都デジタルサービス局が「全局で約5万人を対象に利用できる環境を整備」し、今後業務への活用を進めていくにあたり「文書生成ＡＩガイドライン」を公表した(1)。

画像生成ＡＩは様々な活用方法が考えられるが、例として、ミーチュー株式会社運営のバーチャルタレント事務所「ほへとプロダクション」があげられる。本章で触れているようにバーチャルタレントはアバターの姿で活動を行うが、ほへとプロダクションの所属タレントのアバターは画像生成ＡＩで生みだされている(2)。

このように生成ＡＩはバーチャルタレントビジネスにも影響を与えているが、リアルの「人」がバーチャルの姿で活動する従来のVTuberからさらに形を変えたのが「AI VTuber」（「AITuber」と呼ばれることもある）である。AI VTuberには演者が存在せず、人に代わってＡＩがコミュニケーションを行い、「日本で最も共感力のあるＡＩ」を打ち出した「りんな」(3)、ゲーム実況などを行う「Neuro-sama」などがいる。

また、生成ＡＩはリアルの世界だけではなくメタバースでも活用されており、株式会社スペースデータは、同社の衛星データから仮想世界を生成するＡＩ技術(4)により「Fortnite」にバーチャル新宿を導入したが、開発期間はわずか3日(5)だという。

その利便性から大きな可能性を秘める生成ＡＩではあるが、活用にあたっては法的な論点に留意する必要がある。

著作権に関しては、①ＡＩ生成物に著作物性が認められるかどうか、②「ＡＩ開発・学習段階」「生成・利用段階」における著作権侵害の成否について文化庁などから基本的な考え方が示されているが(6)、ＡＩ技術の進歩の促進とクリエイターの権利保護といった観点を考慮した場合に引き続き様々な論点があり、政府の「知的財産推進計画２０２３」においても、具体的な事例の把握・分析、法的考え方の整理を進め、必要な方策などの検討を行っていく旨の方針が示されている。

また個人情報との関係では、ＬＬＭ（大規模言語モデル）の開発、ＬＬＭの入力における個人情報の利用や国外を含めた第三者提供等の問題が指摘されている。たとえば、個人情報保護委員会は「個人情報取扱事業者が、あらかじめ本人の同意を得ることなく生成ＡＩサービスに個人データを含むプロンプトを入力し、当該個人データが当該プロンプトに対する応答結果の出力以外の目的で取り扱われる場合、当該個人情報取扱事業者は個人情報保護法の規定に違反することとなる可能性がある」ことから、「このようなプロンプトの入力を行う場合には、当該生成ＡＩサービスを提供する事業者が、当該個人データを機械学習に利用しないこと等を十分に確認すること」などの内容を含む注意喚起を行った[7]。

法的な面に限らない議論もあり、たとえば前記のAI VTuber「Neuro-sama」はTwitchからアカウントを停止されたことがあるが、これは発言内容が倫理面で問題があるとされたためのようである[8]。人のようでありながら、ＡＩならではの自由な発言による注目度、学習能力による可能性は、AI VTuberの大きな強みといえる。一方で、リアルタレントやバーチャルタレントについても発言が物議を醸すことはあるものの、AI VTuberの「マネジメント」を行う場合、所属事務所はそれ以上に予測不可能な一定のリスクを負うといえるだろう。

（１）https://www.metro.tokyo.lg.jp/tosei/hodohappyo/press/2023/08/23/14.html
（２）https://prtimes.jp/main/html/rd/p/000000079.000035027.html
（３）https://rinna.jp/profile
（４）https://prtimes.jp/main/html/rd/p/000000008.000080352.html
（５）スペースデータ社代表である佐藤航陽氏の２０２３年３月30日のツイートより（https://twitter.com/ka2aki86/status/1641294409483583489?s=20）。
（６）文化庁著作権課令和5年度 著作権セミナー「ＡＩと著作権」講義資料（令和5年6月）より。
（７）個人情報保護委員会「生成ＡＩサービスの利用に関する注意喚起等について」（https://www.ppc.go.jp/news/careful_information/230602_AI_utilize_alert/）。
（８）https://www.moguravr.com/neuro-sama-twitch-account-ban/

(4) 個別の問題点と法的論点

(i) 著作権とパブリシティ権

パブリシティ権は、著名人の氏名・名称と肖像などに及ぶ。肖像については、実在の人物の肖像でない場合またはこれに似ていない場合には及ばないものの、名称については芸名などにも及ぶ余地がある。この点、バーチャルタレント自体は人ではないため、リアルタレントと同様にパブリシティ権が及ぶかどうかについては議論の余地がある。

アバターの肖像は著作権によっても保護することが可能なため、パブリシティ権が及ぶ場合、アバターの著作権者がアバターの利用を許諾した場合に、パブリシティ権を根拠に止められるかといった問題も生じ得る。

(ii) アバターと不正競争防止法(4)

メタバースでは、アバターが着用する衣装(デジタルデータとしての服やバッグ)などを販売することが可能である。この点、完全にオリジナルでデザインをしたり、特定のブランドと公式にコラボレーションし、リアルの商品のデザインをデジタル化してアバター用の衣装として販売するようなケースにおいてはもちろん問題とならない。一方、無断でリアルの商品のデザインを再現したデジタルアイテムを作成し販売したようなケースにおいて、商品形態模倣(不正競争防止法2条1項3号)に該当するかについては議論があったが、2023年6月「不

(4) この問題についての法的な見解については野口香織編著『Web3への法務 Q&A』240頁(きんざい、2022年)、岡本健太郎「メタバースによる『現実の再現』とその権利関係」骨董通り法律事務所2022年6月29日コラム) https://www.kottolaw.com/column/220629.html を参考にした。

正競争防止法等の一部を改正する法律」が可決・成立し公布された。これにより、デジタル化に伴う事業活動の多様化を踏まえたブランド・デザインの保護強化を目的として、デジタル空間における他人の商品形態を模倣した商品の提供行為も不正競争行為の対象となり、差止請求権などを行使することが可能となった。なお改正法のうち商品形態模倣に関する部分の施行は2023年6月14日から起算して1年を超えない範囲内の政令で定められる日である。

3 タレントとしての起用

(1) タレントとしての起用のポイント

リアルタレントがメタバースにアバターで出演するのと同じように、バーチャルタレントの活動はオンラインがメインであるものの、リアルでも活躍することができる。

「タレント起用」という場合、起用方法としては、メディア出演、広告出演、イベント出演などがあげられ、バーチャルタレントの特性上、出演内容・方法により対応が難しい場合はあるが、これまで実際に起用されている実例を踏まえても、リアルタレントやインフルエンサーに近い出演も可能であるし、またバーチャルタレントだからこそ可能な起用方法もある。

起用にあたり検討すべき点があるのはリアルタレントやインフルエンサーも同様であり、どのタレントを起用するかの検討にあたってのポイントを考えたい。

◆ 事例紹介・2-6-2　バーチャルタレントの活躍場面

1　謎解き戦士！ガリベンガーV

バイきんぐ小峠英二がMCを務め、著名なバーチャルタレントである電脳少女シロが出演するバラエティ番組（テレビ朝日系列）である。電脳少女シロ以外にも、毎回人気のバーチャルタレントが2名出演し、「Vチューバーと生身の人間が机を並べ」、同じようにタレントとして番組出演している。また、本番組と連動したリアルイベントにもバーチャルタレントが出演し、映像配信も行われた(1)。

2　カレーメシ×ホロライブ　コラボレーション(2)

女性VTuberグループ「ホロライブ」と日清食品「カレーメシ」のコラボレーションである。大空スバル、湊あくあ、兎田ぺこらによる特別ユニット「スパイスラブ」によるオリジナル楽曲のCDなどをセットにした「日清カレーメシ ホロライブ特別BOXセット」の販売や(3)、スパイスラブによるカレーメシのコラボ曲と「ホロライブ」公式曲を織りまぜたスペシャルライブ「スパイスライブ！」の配信などの積極的な展開が行われた。

地上波でテレビCMが放送されたタイミングでは、ハッシュタグ「#カレーメシ SUMMER」がSNSの世界トレンド1位を獲得し、「夏はカレーメシ カレーメシ×ホロライブ コラボ動画」が「YouTube Works Awards Japan 2022」でYouTube Creator Collaboration 部門賞を受賞するなど、注目を集めたコラボレーションである。

---

(1) テレビ朝日「謎解き戦士！　ガリベンガーV」番組公式ホームページ。https://www.tv-asahi.co.jp/garibenv/
(2) https://prtimes.jp/main/html/rd/p/000000305.000030268.html, https://prtimes.jp/main/html/rd/p/000000710.000030268.html
(3) https://www.nissin.com/jp/news/8995

(2) 起用方法による違い

ここでは、前記2で検討したタレントによる特性を踏まえ、リアルタレント・インフルエンサーと比較した場合のバーチャルタレントにかかわる共通点および相違点について、リアルタレントとの比較を中心に、まず各起用方法に共通するもの、次に起用方法に応じたものを検討する。

(i) 起用方法によらない共通点と相違点

ア リアルであることの強みとタレントとしての知名度・影響力

バーチャルタレントと異なり、リアルタレント・インフルエンサーだと起こり得ないこととして、①（メタバースでの出演を除き）3Dモデルのモデルデータ破損による影響、②過去の出演映像や宣材写真を利用する場合などを除き、出演に際しタレント本人が稼働しないこと、③専属マネジメント契約の締結後において、タレントの肖像にかかわる許諾権限をタレント本人や現事務所が持っていないことなどがあげられる。

一方、バーチャルタレントは人である演者が存在するため、リアルタレント・インフルエンサーで生じる問題の大部分は、バーチャルタレントでも生じる可能性がある。

たとえば、病気や怪我による出演のキャンセルや、出演中における怪我、失言などによる炎上、契約期間中における引退もあり得る。またタレント（バーチャルタレントについては演者）が未成年の場合は、労働基準法を遵守した出演時間に限る必要がある。

リアルタレント・インフルエンサーの起用の大きなメリットとしては、ⓐ知名度、ⓑ起用できるリアルタレント・インフルエンサーの世代や分野の幅広さなどが考えられ、様々な層に受け入れてもらいやすい。

テレビやラジオといったメディアにメインで出演しているのは現状はリアルタレントであり、全世代に認知されやすいため、起用側はその知名度を活用して幅広い世代に訴求することが可能である。インフルエンサーも地上波のテレビやラジオで一出演者としてのみならずレギュラー番組やコーナーを持ったりCMに出演することも増えており、SNSをみない人にも認知されやすくなっている。

また現在はインターネットの影響力がかなり大きいものの、特に一定以上の年齢層に対し、テレビやラジオなどが持つ影響力は依然として大きく、これらのメディアへの事務所によるプロモーション効果で出演依頼する案件の認知が高まることが期待できる点は、リアルタレントの起用を検討する上で大きなメリットといえる。なおインフルエンサーの場合、特定の分野に強いケースが多いのは前述したとおりであり、たとえば料理コーナーであれば料理に関し発信しているインフルエンサーを起用するなど、企画内容と親和性があるインフルエンサーを起用することで、濃い内容にすることができるだろう。

一方、リアルタレント・インフルエンサーを起用するデメリットとしては、出演に際してタレント本人の稼働が必須となるため、様々な調整、準備、検討が必要となる点があげられる。たとえば、事前準備としては、物理的な移動などを考慮したスケジュール調整、控室の手配、導線確保、食事の手配なども必要となる（ただし、バーチャルタレントも自宅からの出演などを除くと同様といえる）。さらには起用したタレントが、たまたま撮影のタイミングで体調を崩してしまい本来の魅力が上手く活きなかった、というようなことも起こり得るし、依頼する企画画面についても、身体的に危険が伴う可能性のある演出などは問題となる。

企画との関連では、タレントにより程度は異なるものの、リアルタレントの場合は事務所側によるタレントイメージのプロデュースの度合いが強いことから、タレントが感想などを述べた際に、情報の受け手側が「つくられている感」を感じることもあり得るだろう。しかし、この点は本音でのトークが支持されているタレントを起用するといった方法で解決可能ではある。

さらにリアルタレントの場合は基本的にはヘアメイク、スタイリストが必要であることから、出演案件により、ヘアメイク・スタイリスト料などを出演依頼側が負担したり、大物のリアルタレントの場合は出演料自体が高額であるというコスト面での考慮事項もある。

他にも特にリアルタレントは週刊誌などのメディアからの注目を集めやすく、タレント本人について認知されている情報量が多いことから、バーチャルタレントと比較した場合に必然的にプライベート関連の情報流出によるトラブルは生じやすいだろう。このため、万一、タレントイメージが大きく棄損されるようなスキャンダル情報が流出したような場合には、起用したタレントが契約期間中に活動休止や引退といった状況になる可能性もある。

イ　バーチャルのインパクトとキャラクターとしての「出演」

現状ではタレントが起用される場面においては依然としてリアルタレントが起用されることが多い。裏を返せばバーチャルタレントを起用することによって他と差別化を図り、話題性とインパクトを与えられる状況にあるともいえる。

ターゲット層との関係では、バーチャルタレントは活動のベースがインターネット上であり、ファン層は日常的にインターネットに触れている若い世代が中心であることから、新たなインターネット関連サービスを活用した施策を積極的に取りいれていくことができ、プロモーションについてもインターネット媒体に訴求しやすい。また、海外向けに活動しているバーチャルタレントがいることからもわかるように、キャラクターの魅力からキャラクターやアニメといった日本のカルチャーが好きな外国の人々からも人気があり、海外戦略の一環としての起用にも適しているといえる。

また、起用におけるリアルタレントとの大きな相違点として、「出演」であっても、平面媒体の場合などは、タレント本人の稼働が不要なケースがある点があげられる。写真集を例に考えると、リアルタレントであれば写真集用に撮りおろす写真撮影のための稼働が必要だが、バーチャルタレントの場合、写真撮影にあたるものが3

Dアバターの撮影やキャラクターデザインを用いた新たなイラストの制作（この場合、写真集というよりはイラスト集といえる）にあたり、制作側としてはイラスト制作をイラストレーターに発注すればよいことになる。

そうすると出演依頼から出演までのスケジュールがタイトな場合においても、アバターの著作権者からの許諾の取得とイラストレーターの確保ができれば、有名バーチャルタレントを起用できる可能性があったり、またタレントの病気や怪我などで出演がキャンセルになるというようなこともない点でメリットがある。稼働が必要な場合においても、出演方法がモーションキャプチャに対応したスタジオでの収録やタレント本人の自宅などからの出演が可能な場合もあるため、遠隔地間での出演などについて融通がきく傾向にある。ただし、収録スタジオとタレントの自宅自体が物理的に遠い場合は、スタジオへの移動について考慮が必要だろう。

バーチャルタレントの起用に伴っては、あらかじめ、①世間からのとらえられ方、②稼働に伴う設備・技術面、③タレントケア、④機密保持、⑤演者の交代、といった点について把握しておく必要がある。

①について、バーチャルタレントという存在自体がサブカルチャー的なとらえられ方をされる可能性があり、特に普段からあまりインターネットに触れない世代からはその傾向が強まると思われる。しかし、現在ではバーチャルタレントも地上波のテレビやラジオでの出演が増えてきていることから、今後は認識も変わっていくだろう。

②の稼働に伴う設備や技術面としては、タレントが生身で出演できないことによる一定の出演方法の制限や、3Dモデルの取扱いに対応できるエンジニア、モーション収録用のスタジオや機材が必要になるなど、出演依頼側としても、案件の遂行に必要となる前提や基本的な技術的理解が求められる。タレント側の機材通信環境によっては、生放送やリアルタイムで出演する有観客のイベントの際などに進行に支障が出る可能性がある点についても留意が必要である。

③のタレントケアについては、バーチャルタレントは契約形態がエージェント契約の場合があるのは前述のと

おりであり、事務所と契約があっても直接タレント本人と連絡を取りあったり、契約の相手先がタレント本人になる可能性、出演現場に事務所スタッフがいないケースにおけるケアの必要性などについての考慮が必要となる。

④の機密保持については、バーチャルタレントの場合、演者の「身バレ」は起用側としても特に注意が必要な点である。万一演者の特定につながる情報が洩れた場合は大きな問題となるため、起用タレント本人のみならず、他の出演者や報道陣などに対し、バーチャルタレントとのやりとりに対してあらかじめ理解を求めるなどの対応が必要になる。

⑤の演者の交代は、リアルタレントではグループにおけるメンバーチェンジのようなケースをのぞけば起こり得ないが、バーチャルタレントの場合には個人であっても「魂が入れ替わる」と表現される演者の交代という事象が発生し得る。演者の交代は稀ではあるが、出演契約締結時点と出演時点で演者が変わる可能性については念のため留意する必要がある。

(ii) メディアへの起用（テレビ、ラジオなど）

バーチャルタレントは、声優や俳優と同様に声の出演との相性がいい。このため、媒体にかかわらず声優としての出演が可能であり、また日常的にライブ配信や動画配信を行っているため、出演者としてのみならず番組MCとしての活躍が期待できる。起用例としては、ホロライブの星街すいせいがMCを務める「ぶいあーる！――VTuberの音楽Radio」（NHK－FM）などがある。

リアルアーティストと同様、VSingerのオリジナル楽曲をテレビやラジオ番組のオープニングやエンディング曲としてタイアップする方法もあり、タイアップ例として◁▶TRiNITY▶◁（「にじさんじ」所属の鷹宮リオン、葉加瀬冬雪、フレン・E・ルスタリオによるユニット）の楽曲「インプリンティング」が、TVアニメ「魔法使い黎明期」エンディング主題歌として起用された例などがあげられる。[5] また株式会社CHET Groupは、合格者を地上波TVドラマの主題歌シンガーとして起用することを特典として打ちだしたオーディション「VSinger Audition――地上波ドラマ主題歌起用」を開催し、合格者およびプロプロプロダクション所属VTuberの共演による「恋乃夜まい／白瀬あおい／夢咲ミア／一（はじめ）」の楽曲「君が眠る前に（Prod. By 40mP）」がドラマ「マクラコトバ」（CBCテレビ）の主題歌として起用された。[6]

リアルタレントの起用が適しているケースとしては、前記**2**であげたように、ドラマや映画といった繊細な表現力が求められる俳優としての起用があり、これはリアルタレントだからこそ可能といえる。

バーチャルタレントの起用が適さない場合としては、アバターでの出演であることに起因して違和感が生じる場合や物理的に不可能な場合が考えられる。たとえば、リアルタレントのみが出演する実写のドラマや映画の登場人物（リアルの人間役）の1人としてバーチャルタレントを起用した場合に作品に不自然さを生むことは否めず、また現時点におけるモーションキャプチャの技術面からも生身の人間と同じレベルでの細かい表情や完璧な動きの再現は難しいのでリアルタレントのような表現は難しい。

一方でバーチャルタレント本人が本人役を演じるなど、バーチャルのキャラクターを演じることは可能である。実際に本人役として登場した例としては、出演者全員がバーチャルタレントであり、ミライアカリ、電脳少女シロ、月ノ美兎といった人気バーチャルタレントが出演する「バーチャルさんはみている」のような作品例がある。[7]

また、タレント本人が生身の人間として出演の場にいる必要がある企画、たとえばその場で実食しての食レポが必要であったり、動き回る必要がある企画なども物理的に難しいだろう。

（5）TBS、BS11にて2022年に放送された。https://www.tbs.co.jp/anime/reimeiki/music/
（6）https://prtimes.jp/main/html/rd/p/000000309.000058915.html
（7）TOKYO MX にて2019年に放送された。https://virtualsan-looking.jp/

(iii) 広告での起用

広告それ自体に関する検討については前記**第5章**を参照してもらうこととして、ここではタレントの広告起用の観点から検討する。なお広告イベントでの起用については、後記(iv)で検討することとし、「広告出演」という概念については、**コラム・2-5-1**も参照してほしい。

各タレントに共通して問題となり得る点は、まず広告出稿自体が広告期間開始前または開始後に取りやめになった場合の損害賠償がある。起因する事情としては、①企業の不祥事など広告主側にある場合、②タレントのスキャンダルなどタレント側にある場合、③そのどちらでもない場合（例：災害時などの世相にかんがみての広告自粛）の3つの場合が考えられる。①②の場合、相手方にとってはタレント、企業イメージの棄損につながるため、契約内容などにもよるが、相手方から損害賠償請求を受けることもあり得る。

広告商品や出演タレントの起用決定に関する情報の情報解禁前の流出についても、広告主側・タレント側はどちらも流出元になり得るため、広告の取りやめと同様である。

リアルタレント・インフルエンサーの起用が適しているケースとしては、ターゲット層との関係では、特定の年齢層や職業、未婚か既婚か、子供の有無といった個人のライフステージに紐づくような商品やサービスの広告が考えられる。ターゲット層と同じようなライフステージにあるタレントを起用して、CMで実際に使用しているシーンを演出したりPR投稿をしてもらうことで、広告の受け手にそれを利用している自身をイメージさせることを狙うのである。特に広告商品が日用品で、起用するタレントが親近感のある人柄・雰囲気であれば、商品に対する親近感にもつながるだろう。憧れの対象となっているタレントであれば、理想とする自分自身や生活に近づきたいとの想いに訴求して、その商品やサービスへの興味・関心、イメージアップにつなげることもできる。ただし、逆に広告のターゲット層と起用したタレントが結果的にミスマッチだった場合は、広告の訴求力が弱まるため、ターゲット層と起用するリアルタレントの親和性が重要である。

なお、リアルタレントやインフルエンサー特有の問題として、出演依頼時とはタレント自身のライフステージが変わる可能性が考えられる。たとえば、学生がターゲット層の商品の広告に学生のタレントを起用しオファー後にタレントが卒業したような場合、広告内容とのイメージに一定程度のミスマッチが生じる。

次に、バーチャルタレントの広告起用について[8]、バーチャルタレントの①タレント、②クリエイター、③キャラクターとしての側面から考える。

①のタレントとしての側面からは、親和性がある広告媒体としてSNS広告があげられる。バーチャルタレントとSNS広告は非常に親和性が高く、タレント側による発信はもちろん、ファンによる情報拡散を狙うことができ、この点はインフルエンサーも同様と考えられる。バーチャルタレントが広告する商品やサービスとしては、「インターネット」「デジタル」といった共通点からインターネット関連サービスや情報機器・電子機器関連商品はタレントのイメージとマッチするし、若年層や、国内のみならず海外もターゲット層として訴求したい場合にも親和性がある。

一方で「人」を起用すること自体が重要な要素となる広告、たとえばスキンケアやメイクといった商品の広告で実際に商品を使用している様子を映像や写真でみせたいケースにおいては、アバターの姿での使用は購買意欲につながりづらいだろう。

またバーチャルタレントの出演方法に制約があるケースがあるのは前述のとおりである。様々な媒体・方法での広告展開を検討しており、展開の一環として報道陣を招いて新商品発表イベントを行いたいようなケースにおいて、タレントにステージ上で出演してもらうのは出演自体が難しい可能性があったり、後記ⅳ**ア**のように演出

(8) 広告起用の分析については、6PLUS「VTuberを広告に起用しよう！　動画広告で起用するメリットは？」(2022年7月29日。https://rokujigen.co.jp/6plus/2987/#VTuber-5)を参考にした。

などに工夫が必要となるだろう。

②のクリエイターとしての側面からは、広告動画の制作のみならず企画自体もタレント側に考えてもらったり、また広告と連動したライブ配信を行ってもらう形も考えられる。たとえば**事例紹介・2-6-2**で紹介した「カレーメシ×ホロライブ　コラボレーション」では、地上波でのテレビＣＭ放送のタイミングでYouTubeでタレントによる「見守り生配信」を実施するといった施策も行われた。

③のキャラクターとしての側面からは、広告ポスターなどの平面媒体や商品のコラボレーションパッケージでの起用があり、①で起用が適さないケースとして例にあげた化粧品広告についても、たとえば化粧品の商品パッケージやポスターにキャラクターとして起用してコラボレーションすることで、キャラクターとしての魅力を購買につなげることができる。

ⅳ　イベントでの起用

イベントの種類としては、①リアルイベント、②オンラインイベントがあり、それぞれの開催形態に応じたタレント起用について考える。

ア　リアルイベント

リアルタレント・インフルエンサーの場合、普段テレビやインターネット上でしか直接みることができないタレントが同じ会場にいるというプレミア感があり、またイベントによっては出演者と参加者が近い距離感で交流可能であることから、イベントの盛り上がりが期待できる。

集客の観点からも、特にインフルエンサーは事前のＰＲ投稿により実際の集客につなげやすいと考えられ、またイベント中やイベント後に出演の模様を投稿してもらうことで、イベント後の情報拡散を狙うことも可能である。ただし、多くの集客が見込めるのは大きなメリットである一方、特に知名度が高く人気のあるタレントの場合には人が集まりすぎることによって混乱が生じたり、または怪我人が発生したり、タレント本人にも危険が及ぶ可能性があるので事前の警備体制や導線などの検討が重要である。

照明などの演出を効果的に利用した屋内イベントなどでバーチャルタレントを起用する場合には、リアルとバーチャルの融合により、リアルタレント・インフルエンサーとはまた違う目新しさやインパクトを与えることが可能と考えられる。出演にあたって、リアルイベントの会場その場にバーチャルタレント本人がいる必要がないため、タレントに危険が及ぶ懸念が払拭されるのもメリットである。稼働が必要な場合にも、基本的にはスタジオなどからの出演となるため、海外向けのイベントなども実施しやすい。

しかし屋外のリアルイベントで、他の出演者が全員リアルタレントやインフルエンサーである中、1人だけバーチャルタレントが出演するようなケースでは、ディスプレイを設置しての出演が観覧側に違和感を与える可能性があるため、みせ方や演出の工夫は必要となるだろう。

イ　オンラインイベント

新型コロナウイルス感染症の拡大により、様々なイベントがオンラインで行われるようになったことで、リアルタレントの場合もオンラインでのイベント開催が一般化しているのは前記**第4章6**で述べたとおりであり、リアルタレントを起用する音楽イベントやファッションショーをオンライン限定で配信するようなケースも増えた。

一方で、リアルイベントに慣れているファンが感じる物足りなさの解消のためには、企画や実施方法自体に工夫やプレミア感が求められる。たとえば、今ではリモートワークなどの影響で人々がZoomやGoogle Meetといったツールにも慣れている。そういったツールを利用して、人気のあるリアルタレントやインフルエンサーと直接コミュニケーションがとれる当選者のみ参加可能なオンラインイベントを開催した場合、非常にプレミアム感のあるものになるだろう。

一方でバーチャルタレントの起用が特に適している場面としては、リアルイベントの模様をそのまま配信するのではないバーチャルイベントがある。リアルタレントやインフルエンサーは生身の姿のままではバーチャルイベントに出演することができないが、逆にバーチャル空間はバーチャルタレントにとってのメインステージであり、バーチャル空間のプロとして出演してもらうことができる。

その他、リアルタレント・インフルエンサーが出演する映像配信形式（バーチャルではないもの）でのファッションショーのようなイベントに出演者の1人としてバーチャルタレントが混じるのはオンラインではあっても画的な違和感を生むことから現時点では難しい面もあるだろう。しかし将来的に人々が自らのアバターを保有するのがあたりまえの状況になった際にはアバター用の衣装のファッションショーを開催することも想定される。そのショーでバーチャルタレントがモデルとして活躍する日がくることを楽しみに待ちたい。

(v) メタバースでの起用

バーチャルタレントの場合、メタバースに限らない通常の活動もアバターで行うが、リアルタレントやインフルエンサーも、メタバースではアバターでの出演となる。このため、普段あまりメディアに顔出しをしていないリアルタレント（リアルライブのみ出演する方針の音楽アーティストなど）を起用できる可能性があるのは大きなメリットである。しかし、リアルタレントやインフルエンサーはアバターを保有していないケースも多く、メタバースでの出演依頼にあたっては、依頼側とタレント側のどちらがアバターを制作するか、また制作したアバターにかかわる権利の取扱いについてタレント側と協議が必要となることもあるだろう。とはいえ、現在はメタバース事業とタレント事業に注目するリアルタレントの事務所も増えている。吉本興業株式会社が２０２２年にメタバース事業とタレントアバター事業を主軸とする取組み「FANY X（ファニーエックス）」を開始したように[9]、今後所属タレント

（9）https://x.fany.lol/news/fanyx-start/

のアバターを保有する事務所も増えていくと思われる。

なお、タレントを起用する目的としては、自社からの発信はもちろんのこと、タレント側での情報発信・拡散があると思われるが、事務所によりネットメディアとのつきあいの程度は大分異なると考えられる。特に老舗のリアルタレントの事務所の場合はテレビ、新聞といった従来のメディアとの緊密な付き合いを重視する傾向があることから、インフルエンサーやバーチャルタレントと同じレベルでのSNSによる拡散は難しいケースもあるだろう。しかし、一般的にはメタバースはまだ目新しいものとして注目されているため、逆に従来のメディアに対し効果的にプロモーションをしてもらえた場合、積極的に取りあげられる可能性もある。

なお、リアルタレントやインフルエンサーの場合、事務所やタレント本人がメタバースというもの自体は知っていても、詳細までは把握していない可能性も高い。このため、メタバースでの出演方法やタレント側で必要な対応といった前提の部分についてタレント側がイメージしづらい可能性があり、起用側とタレント側で認識に齟齬が発生して契約や出演段階でトラブルが発生することも考えられる。たとえば、メタバースでのリアルタイムでのイベント出演で起用側がその場にいない形で出演してもらう場合、タレント側がイベント場所がわからない、勝手がわからないといった事情でイベント開始時刻が遅れるといったことも発生し得るのである。また、タレント側がファンやフォロワー向けの出演告知やメディアへのプレスリリースの際に誤った説明をしてしまい、結果として意図していない情報の拡散や報道をされるリスクが考えられるため、出演依頼時にはメタバースの概要や通常の映像配信での出演との違いなどについて、十分に説明を行う必要があるだろう。

(3) 個別の問題点と法的論点

(i) 締結権限の確認

バーチャルタレントの場合、事務所・演者間の契約がエージェント契約のケースも多いのは前述のとおりであり、事務所がどこまで演者から代理権を付与されているかは契約により異なる。また、バーチャルタレントは、元々リアルタレントとして活動しており、並行してバーチャルタレントとしても活動を始めることもめずらしくない。この場合、バーチャルタレントとしての活動に紐づく所属事務所や所属レコード会社とリアルタレントとしての所属が異なる場合や、（実際に活動に関与しているかタレント本人に任せているかは別として）契約上はバーチャルタレントにかかわる活動も拘束している場合も想定される。このため、起用を検討している相手先（演者本人または事務所）が当該契約の締結権限を有することの事前確認をし、契約上でも保証をとることが重要である。

(ii) アバターの権利処理

バーチャルタレントを起用する場合、タレント側との契約では、２Dイラストや３ＤＣＧモデルの権利処理が必要となる。現所属事務所がアバターを新たに制作し、そのアバターを利用して活動している場合は明確だが、所属以前から元々個人で活動していたタレントの場合、２Dイラストや３ＤＣＧモデルにかかわる知的財産権が演者に帰属していたり、帰属自体が曖昧なケースがある。

演者本人が制作した場合は演者から許諾を得ればよいが、演者がクリエイターにアバターの制作を発注していた場合などには両者間で契約書の締結をしておらず、権利帰属や利用可能な範囲について演者とクリエイター側で認識に齟齬がある可能性もある。結果としてクリエイターに権利帰属していた場合は、クリエイター側との折衝が必要となるが、一口に「クリエイター」といっても、ビジネスとして行っている場合もあれば、趣味的に行っている場合もある。後者の場合には金額の相場感覚がプロと異なっている可能性も高く、金額交渉が容易なケースもあれば逆に難航する可能性もある。案件の成立よりも自身のオリジナリティを大事にするクリエイターに依頼する場合、様々な用途にあわせてアレンジすることについて納得を得にくくなることもあるだろう。取引相手をよく理解し、事業目的にあった契約先、内容を検討するのがよい。

なお、二次的著作物の利用にあたっては、二次的著作物の著作権者のみならず、原著作物の著作権者の許諾も取得する必要がある。このため、利用する2Dイラストのアバターに原著作物にあたるキャラクターデザインが別に存在し、当該アバターが二次的著作物である場合は、原著作物の著作権者の許諾が必要となる。また、2Dイラストのキャラクターを基に制作された3DCGモデルの利用にあたっては、3DCGモデルの著作権者だけでなく、2Dイラストの著作権者からも許諾を取得する必要がある。

(iii) 機密保持規定の重要性

バーチャルタレントにとって、演者の「身バレ」はクリティカルになり得る。万が一、起用側に起因して身バレにつながった場合、起用した側へタレント側から多額の損害賠償を求められる可能性がある。このため、バーチャルタレントにかかわる契約では機密保持規定が重要である。

なお、リアルタレントやインフルエンサーの場合、所属事務所と締結する契約書の前文で「A事務所が出演管理する実演家B（実名:C）に関し……」というように実演家の実名を記載することはめずらしくないが、バーチャルタレントの場合、実名の記載を求めること自体について契約書であっても事務所側が極力避けたいと考える可能性があるため、記載の必要性については当該契約の内容に応じ検討することになる。もちろん所属事務所ではなく直接タレント本人と契約するケースでは、対価の支払いなどの関係で契約書上への実名の記載は当然に必要となる。

◆ コラム・2-6-3　モーションデータ

VRパフォーマー達のVR空間でのアバターの複雑な動きは、主にモーションキャプチャという仕組みにより実現されている。

たとえば、光学式のモーションキャプチャは、マーカーがついたモーションスーツを着用したモーションアクター（実演する人）の動きを複数台のカメラによりキャプチャする。HMDを用いた場合には、頭の動きと両手に持ったコントローラの3点のトラッキングが用いられることが多くある。また、より手軽なものとして、REALITY株式会社のアプリ「REALITY」では、スマートフォンのカメラを用いたフェイストラッキング機能が使われている。スマートフォン1つで、横を向いたりなどの頭の動きと目と口の開閉を画面上のアバターにリアルタイムに反映させることができる。それぞれ動きの精度やアバターに反映可能な動きの範囲に違いがある。

このようにして作成したモーションデータをアバターに反映させることにより、アバターに現実の人と同じような動きをさせることができるようになった。モーションデータを任意のアバターに使うことで、異なるアバターに同じ動きをさせることもできる。

もともとの人の動きが、著作物を演劇的に演じたり、歌ったりする著作権法上の「実演」にあたる場合でも、それがモーションデータになったときに、創作的要素が反映された動きになっていなければ、モーションデータそれ自体に実演家の権利が及ぶとはいえないと考えられる。たとえば頭と両手の3点のみの簡易なトラッキングであれば、身体や手の繊細な動きはモーションデータには反映されず、頭や両手を動かした軌道だけのデータとなり、実演家の権利が及ばない可能性がある。一方、モーションキャプチャの専用機材（スーツなど）を用いて全身の動きを正確にトラッキングすることにより得られたモーションデータについては、実演した人について実演家の権利が発生する可能性がある。モーションデータが反映されたアバターの動きについても同様に考えられる。

モーションキャプチャを用いない場合には、マウスやコントローラでアバターを操作するほか、立ち上がったり座ったり、手を振ったりなどの基本的な動作が、エモート機能としてメタバースのプラットフォームなどから提供されることがある。これは、あらかじめプログラミングされた動きをアバターに反映するものである。プログラミングされたアバターの動きについてはプログラム作成者に著作権が発生する可能性があり、この動きをしているアバターを撮影したデータの利用については、各ソフトウェアやプラットフォームの規約の定めに従うことになる。

第3部

メタバースビジネスの未来

Ⅰ　メタバースの普及

1　ハードウェアの進化による代替できるサービスの増加

ここまでみてきたように、メタバースは幅広い分野に活用される可能性を秘めているが、今日の時点においては、技術的な制約による限界が存在する。たとえば、メタバースで食事をしても実際に腹がふくれるわけではなく、一般家庭で使用するデバイスでは味や匂いの再現も困難である。そのため、メタバースでレストランを開いても、リアルでの飲食店に代替するものとはならない。

視聴覚以外の五感の再現に関わる技術は徐々に開発が進んでおり、食事に関するものでも、味を定量化する味覚センシング技術や、電気で味を感じさせたり、増幅したりする技術、音や振動、電気刺激で食感を再現する技術、錯覚を用いて実際に食べた量以上の満腹感を感じさせる技術など様々である。こうした技術が一般家庭向けのデバイスとして普及するまでにはまだ課題も多いと考えられるが、遠くない将来、「エンターテインメントとしての」食事はメタバースでも遜色なく楽しめるようになる可能性がある。

そして、このように技術革新を経てリアルでのサービスがメタバースでも受けられるようになると、ユーザーが滞在する時間は徐々に増えていくものと考えられる。

2　メタバース人口の増加に伴うビジネスの在り方の変容

同様に、メタバースを支えるプラットフォームも種類、数ともにまだ多いとはいいがたい。インターネット・

ビジネスにおいてもそうだったように、今後、様々な事業での実用に足るプラットフォームが生まれてくるだろう。これに伴い、メタバースに進出するビジネスも徐々に増えていくことが予想される。もちろん、最初のうちは既存のビジネスの補助的にメタバースを使うことが多くなるだろうが、メタバース上で利用できるサービスが充実し、メタバース上で過ごすユーザーが増えるにしたがって、現在のオンライン専門店のように、メタバースのユーザーのみを対象としたサービスが成立する余地が生じてくるものと考えられる。なお、プラットフォームの種類や、そこで取り扱われるコンテンツ、サービスの充実のためには、そうしたものを生み出せる人を如何に増やしていくかという視点も忘れてはならない。それには様々な開発をするためのスキルを持ったデジタル人材の育成はもちろん、専門知識がなくとも開発や創作ができる環境の構築など、様々な工夫が必要になってくると考えられる。

3　メタバースを利用するための心理的、物理的なハードルの低下

これまでみてきたとおり、メタバースといっても様々なものがあるが、ＨＭＤのような特別な機材を用意しなければならないなど、一般ユーザーがメタバースを始めるには高いハードルがあると考えられているのではないだろうか。ユーザーの裾野を広げていくためには、こうした心理的、物理的ハードルを乗り越えていく必要がある。メタバースの利用に関するハードルを下げることは、結果的に、高齢者を始めとしたデジタル技術や新しいデバイスに不慣れな層にも幅広くメタバースを利用してもらうことにもつながっていくと考えられる。

たとえば、ＡＲ／ＭＲ技術を用いた仮想空間と現実空間の融合は今後さらに進んでいくことが予想される。いずれデバイスの進化により、特別な準備をしなくとも仮想空間と現実空間の違いを意識せずに両者をシームレスに利用できるようになる可能性もある。そうした技術革新が起きるのがいつになるかを予想するのは困難である

が、インターネットやスマートフォンが登場してからわずか20年、30年で大きく技術が進んだことを考えれば、今後10年、20年といった時間軸で生じることも否定はできない。もしこのような世界が実現するのであれば、メタバースはより「あたりまえ」の存在として世の中に受け入れられていくのではないだろうか。

なお、そこまでのドラスティックな技術革新が起きなかったとしても、HMDのようなデバイスがより使いやすくなって一般に普及する可能性は十分にあるだろう。実際、令和4年度版情報通信白書（2022年公表）によれば、2010年に10%に満たなかったスマートフォンの普及率が、2021年には9割弱となっている。スマートフォンなどのすでに広く普及しているデバイスの性能向上や周辺技術の発展により利用できるサービスが広がるといったことも当然に想定される。たとえば、スマートフォンを高性能な翻訳機として利用する、アシスタントAIに操作を補助してもらうといったことは、草創期のスマートフォンにはできなかったことである。さらには、UI／UXの改善といったサービス提供者による工夫も相まって、潜在ユーザーのメタバースを利用することに対する心理的、物理的なハードルは徐々に下がっていくものと考えられる。

Ⅱ　リアルとともに成長するメタバース

1　ビジネスを変える可能性を秘めた新たな技術の登場

メタバースとは、仮想空間において現実空間と同じように社会経済活動を営むことのできる世界であると述べたが、メタバースに関わる技術が進化するのと同様に、メタバース以外の技術も今後大きく進化していくことが予想される。今後のビジネスを大きく変えると話題の技術としては、ＡＩやブロックチェーン技術などがあげられるだろう。定まった規格があるわけではないが、５Ｇの次とされる６Ｇなども重要である。こうした技術の進化により、現実空間におけるビジネスやインターネットそれ自体も大きく変容していくと考えられるが、こうした流れを受けて、当然にメタバースビジネスもアップデートされることになる。

たとえば、ＡＩ分野では OpenAI が公開した ChatGPT をはじめとする生成ＡＩが話題となっている。自然な受け答えをするチャットボットなど新たなサービスが続々と生まれているが、こうした新たなサービスの中にはメタバース上で展開可能なものも含まれており、ＡＩアバターなど、今後メタバースにおいても生成ＡＩを用いたサービスが順次生まれていくものと思われる。他方、ＡＩ技術についてはいくつかの問題点も提起されている。学校の課題や論文の作成にＡＩを用いたことが疑われる例が生じたことから、これらにＡＩを利用することを禁じる例が出ているほか、画像生成ＡＩを用いて特定の作風を模した画像を作成することの是非について議論を呼ぶといったことも起きている。また、画像生成ＡＩについては、作成された画像の権利の取扱いについても議論があり、ファンアートを活用する VTuber 関係者の一部から、ＡＩイラストを自作であるかのようにみせないで欲しいという要望も出ているところである。当然、メタバース上でビジネスを展開する上でも、生成ＡＩが持つこうした問題に配慮しつつ、業務効率化によるクリエイター支援などのポジティブな側面を活かすことができる運用を模索することが望ましい。

このように、新たな技術の登場によって、これまでになかったビジネスや課題が生まれ、それらへの対処が求められるのはリアルの世界ではあたりまえのことであるが、メタバースにおいても同様の対応が求められるということを念頭に置いておく必要がある。

2　新たなビジネスが生まれる場は常にリアルの世界とは限らない

技術革新以外にも、価値観の変化など、時代の流れとともに今後また新たなビジネスが次々と生まれてくるだろうと考えられる。昨今でいえば、クラウドファンディングやシェアリングエコノミーなどの例があげられるだろう。そうした新たなビジネスは、技術的にそれらのビジネスを行う場が制限されるといった事情がない限り、メタバースにおいても普及していくことになる。ここで注意が必要なのは、新たなビジネスが生まれる場が常にリアルの世界とは限らないということである。もちろん、リアルでのビジネスの規模がメタバースにおけるそれよりも大きいうちは、リアルの世界で新たなビジネスが生まれることが多いであろう。しかし、メタバースの市場規模が大きくなるにつれて、メタバース側が先行する確率も高くなる。したがって、メタバースでビジネスをすることを考えていない場合であっても、メタバースビジネスを調査研究することは無駄にはならないし、今後重要になっていくものと考えられる。

III　「なりたい自分」になれる世界

1　生まれ持った属性に縛られないこと

他人に与える印象に関して、人のみた目や声の占める割合が大きいという話を聞いたことがないだろうか。一般にメラビアンの法則と呼ばれ、感情や態度などに関するコミュニケーションにおいて、言語情報、聴覚情報、視覚情報に矛盾がある場合に、言語情報（7％）、聴覚情報（38％）、視覚情報（55％）の割合で影響を及ぼすというものである。ありとあらゆるコミュニケーションに適用される法則ではなく、また、言語情報が重要でないという意味ではないことに十分に留意すべきであるが、経験則としても、人のみた目や声といった要素が相手に与える印象を大きく左右するのは否定しがたいところである。

こうした容姿や声のほか、人種や性別など、生まれ持った性質をリアルで変えることには相当な困難を伴うが、メタバースであれば比較的容易である。結果として、メタバースはリアルよりも実力で勝負がしやすい世界ということができるだろう。もちろん、先天的な要素は容姿や声だけではないし、人によって用意できるアバターや声は異なるであろうから、完全に平等な世界というわけではない。しかし、リアルでは土俵に上がることが難しかった人々が、スタートラインに立つことができるようになったという意味で、メタバースは大きな可能性を秘めているといえる。

もちろん、すべてのメタバースにおいて自分のアバターに個性を持たせられるわけではなく、あるメタバースで使っているアバターを当然に他のメタバースで使うことができるわけでもない。この辺りはプラットフォーム事業者の考え方によるところが大きいが、今後、メタバースにおけるアバターがリアルの自分とは独立した「なりたい自分」の発露ともいうべきものになり、アバターの持つ重要性が高まるにつれて、メタバース間での相互運用を念頭に置いた設計になっていく可能性が高いだろうと考えられる。

2 「なりたい自分」になることと自分ではない誰かを演じることの違い

「なりたい自分」になることと、自分ではない他の誰かを演じることには違いがあるように思われる。俳優がドラマの役を演じたり、声優がゲームやアニメのキャラクターを演じたりする場合と、家の中での自分と仕事での自分を使い分ける場合の違いといえばイメージできるだろうか。バーチャルタレントについても、物理的にアバターを操作する人物がいることは確かであるが、それだけをもって生身の誰かが何かしらのキャラクターを演じていると解するのは早計である。確かに、バーチャルタレントには一定の「設定」が加えられていることが多いが、リアルタレントにおいてもキャラクターを際立たせるための「設定」があることは少なくない。リアルタレントが「設定」に基づいて私生活とは異なる口調で話したり、私生活ではありえない突飛な行動を取ったりすることと、映画やドラマで役柄を演じることとの間には差異があるであろう。その意味において、リアルとバーチャルの違いはあれど、リアルタレントとバーチャルタレントとの間に本質的な差異はないように思われる。まして、一般の個人がメタバース上でアバターを操作する場合に他の誰かを演じているわけではないのは明らかであろう。

メタバースといっても様々な性質のものがあり、個々のユーザーがそれぞれ個性を持ったアバターを有している世界もあれば、そうでない世界もあるなど、個人とアバターの結びつきも様々である。こうした違いがアバターや名称といったようなものの法的な保護にも影響を及ぼすのか否かについては、今後の研究を待ちたいところである。

3 リアルな世界と同じルールが適用されるべきか

メタバースでは、仮想空間において現実空間と同じように社会経済活動を営むことができると述べてきた。では、メタバースにはリアルな世界と同じルールが適用されるべきなのだろうか。それともメタバースはメタバースであって、あくまでメタバースに適した形でルールが適用されればよく、無理にリアルな世界と同じ扱いとする必要はないと考えるべきであろうか。

たとえば、文化祭において、学生バンドにより著名な楽曲のコピー演奏が実施されたとする。リアルな世界であれば、こうした行為が問題とならないのは経験上明らかであろう。法律上も営利を目的とせず、かつ、聴衆などから料金を受けないのであれば、著作権者の許諾が不要であることが明記されている（著作権法38条1項）。もし、メタバースはリアルな世界において「演奏」した場合とまったく同じルールが適用されるべきだと考えるのであれば、メタバース上の文化祭での無料ライブについても同じく著作権者の許諾なしに開催できるべきということになる。他方、メタバースはあくまでインターネットを利用したものであるのだから、メタバース文化祭でのライブはインターネット上における著作物の配信と同じ取扱いとすべきという考え方もできるだろう。この場合、「演奏」とは異なり、非営利かつ無償での利用であっても、著作権者の許諾がなければ実施できないという結論になる。

前者のようにメタバースでの活動に現行の法律をそのまま適用すると妥当な結論が導かれないとする言説の中には、リアルな世界とメタバースのいずれで活動するかによって結論を異にするのは適切ではないという話者の価値判断が含まれていることが多い。他方、これまで述べてきたとおり、後者のようなリアルな世界とメタバースが全く同一ではない以上、基本的には共通した法規制が適用されるが、一部異なるルールが適用されるとしてもおかしくはないという考えもあるだろう。そのため、メタバースに関する制度を議論する際には、どのような価値観に基づいた主張なのかを明確にすることで、より建設的な議論が行えるのではないかと考える。

◆コラム・3-1-1　REALITY 社の目指す「メタバース」

REALITY 株式会社では、「メタバース」には大きく3つの要素が重要だと考えている。まずは、1つめの要素は、アバターを通じてほかの人とリアルタイムで音声コミュニケーションが取れることである。すなわちテキストチャットではなく、リアルタイムで話ができるということだ。

2つめの要素は、空間的な広がりがあり、その空間にユーザー自身が手を加えたり、何かを作りだすことができることである。平面的な画像・映像にとどまることなく3Dの空間が広がっており、これにUGC（User Generated Contents）要素が加わって、ユーザーが3D空間内に変化を加えることができることである。

最後の要素は、ユーザーがお金を稼ぐことができることである。これはメタバース空間内だけでリアルのお金を得ることができるような、いわばクリエイターエコノミーを内包しているということである。

REALITY社が提供するスマートフォン向けメタバース「REALITY」は、あらゆる人が人種・性別・外見といった肉体の制約から解放され、アバターを通じて「なりたい自分で、生きていく。」ことができる。そんなビジョンを掲げたサービスだ。「REALITY」では、誰もが簡単に、スマートフォン1台で、高性能な3Dアバターの姿を手に入れることができる。モーションキャプチャ技術を用いたライブ配信を通じて視聴者とコミュニケーションを取ったり、受け取ったギフトを通じて収益化したり、アバターの姿で3Dのバーチャル空間を自由に歩き回り、ほかのユーザーと一緒にゲームをプレイしたりできるようにしている。

REALITY社では今後、人類の総アバター時代が来ると考えている。これまでのSNSでは、アイコンとニックネームを用いていたところを、3Dアバターを使って自分を表現するようになる。「REALITY」は、いわばアバター版SNSという立ち位置である。X（Twitter）．Facebook. Instagramなど、それぞれのSNSを使い分けているのと同じように、メタバースは1つに収束するものではなく、コンセプトの違ったものが複数併存していくものと考えている。

人々は、現実に加えて、自分の好みのメタバース空間を1つないしは複数選んで、そこで生活を営んでいくという選択肢が一般的になっていく。REALITYもそのようなメタバースの代表的な1つとして、「なりたい自分で、生きていく。」ための世界をつくっていきたい。

4 最後に

以上、メタバースについて解説してきたが、本分野は発展が著しい分野である。本書で触れた内容についても、陳腐化のスピードは速く、ものによっては脱稿時点での情報が刊行時にすでに古くなっているということもあるだろう。ただ、インターネット・ビジネスが時代とともに変遷しても、インターネットそれ自体は社会インフラとしての立場を維持し続けているように、個々のメタバースビジネスの内容が変わったとしても、現実空間と同じように活動を営むことができる世界というメタバースの在り様は変わらないという点が大事である。

これまで述べてきたように、メタバースに関する問題の多くは、リアルな世界の事業において生じる課題と、既存のインターネットビジネスやコンテンツビジネスに関する課題を掛け合わせたものにすぎない。もちろん、中には新しい論点もあるが、日々のビジネスにおいても同じように見えて全く同一の取引は存在せず、個々の案件に応じて前回までの取引とは違う対応を求められるように、既存の課題への対処法をメタバース用に調整すれば足りるのである。

しかしながらメタバースを、さも今までに存在しなかった全く新しい概念であり、これまで考えもしなかったような難解な課題が数多く潜んでいるかのように説明する者が少なからず存在し、それによってメタバースの普及が妨げられていることについて、実際にメタバースに関わる仕事をしている者として忸怩たる思いがあった。そのような思いを原動力として本書を執筆するに至ったが、本書を手に取ってくださった方が、メタバースビジネスに対して過度な不安を抱くことなく、メリットとデメリットを比較して、フラットな目線でご自身の事業に合ったメタバース活用法を考えていただけるようになったならば望外の喜びである。

ビジネスのためのメタバース入門
――メタバース・リアル・オンラインの選択と法実務

2023年10月20日　初版第1刷発行

編　　者　グリー株式会社コーポレート本部法務知財部

編著者　関　真也　平井佑希

発行者　石川雅規

発行所　株式会社 商事法務

〒103-0027 東京都中央区日本橋 3-6-2
TEL 03-6262-6756・FAX 03-6262-6804〔営業〕
TEL 03-6262-6769〔編集〕
https://www.shojihomu.co.jp/

落丁・乱丁本はお取り替えいたします。　印刷／広研印刷㈱

ISBN978-4-7857-3052-9
*定価はカバーに表示してあります。